プリント形式のリアル過去問で本番の臨場感！

徳島県

徳島県立中高一貫校
（富岡東・川島中学校・城ノ内中等教育学校）

2025年春 受験用

解答集

本書は，実物をなるべくそのままに，プリント形式で年度ごとに収録しています。
問題用紙を教科別に分けて使うことができるので，本番さながらの演習ができます。

■ 収録内容

・解答集(この冊子です)

書籍ＩＤ番号，この問題集の使い方，最新年度実物データ，リアル過去問の活用，
解答例と解説，ご使用にあたってのお願い・ご注意，お問い合わせ

・2024(令和６)年度 ～ 2015(平成27)年度　学力検査問題

・リスニング問題音声《オンラインで聴く》　詳しくは次のページをご覧ください。

○は収録あり

年度	'24	'23	'22	'21	'20	'19
■ 問題(適性検査Ⅰ・Ⅱ)※	○	○	○	○	○	○
■ 解答用紙	○	○	○	○	○	○
■ 配点						

全分野に解説
があります

上記に2018～2015年度を加えた10年分を収録しています
※2024年度より検査Ⅰで英語(リスニング)を実施(音声・原稿ともに収録しています)
注)問題文等非掲載:2022年度適性検査Ⅰの課題1

問題文の非掲載につきまして

著作権上の都合により，本書に収録している過去入試問題の本文の一部を掲載しておりません。ご不便をおかけし，誠に申し訳ございません。

JN132418

教英出版

■ 書籍ＩＤ番号

リスニング問題の音声は，教英出版ウェブサイトの「ご購入者様のページ」画面で，書籍ＩＤ番号を入力してご利用ください。

入試に役立つダウンロード付録や学校情報なども随時更新して掲載しています。

書籍ＩＤ番号　101237

（有効期限：2025年9月30日まで）

【入試に役立つダウンロード付録】

「要点のまとめ(国語／算数)」

「課題作文演習」ほか

【リスニング問題音声】

オンラインで問題の音声を聴くことができます。

有効期限までは無料で何度でも聴くことができます。

■ この問題集の使い方

年度ごとにプリント形式で収録しています。針を外して教科ごとに分けて使用します。①片側，②中央のどちらかでとじてありますので，下図を参考に，問題用紙と解答用紙に分けて準備をしましょう（解答用紙がない場合もあります）。

針を外すときは，けがをしないように十分注意してください。また，針を外すと紛失しやすくなりますので気をつけましょう。

① 片側でとじてあるもの

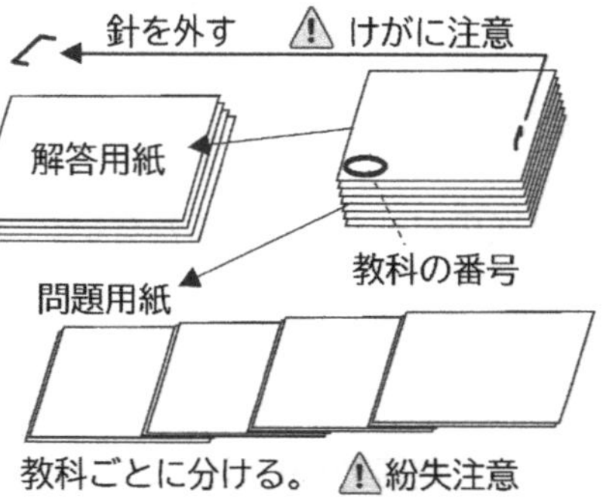

② 中央でとじてあるもの

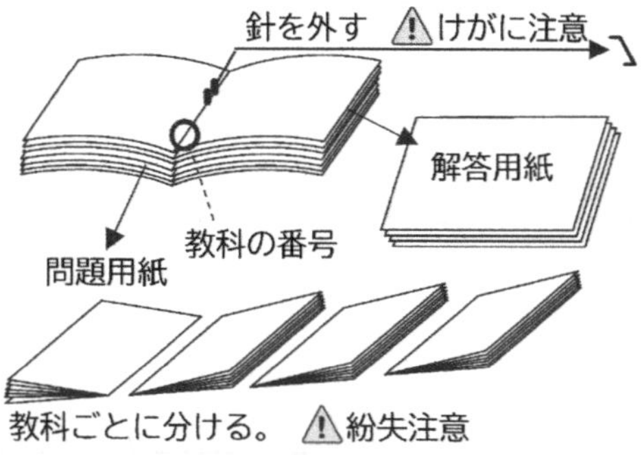

※教科数が上図と異なる場合があります。
解答用紙がない場合や，問題と一体になっている場合があります。
教科の番号は，教科ごとに分けるときの参考にしてください。

■ 最新年度 実物データ

実物をなるべくそのままに編集していますが，収録の都合上，実際の試験問題とは異なる場合があります。実物のサイズ，様式は右表で確認してください。

問題用紙	Ａ４冊子(二つ折り)
解答用紙	Ｂ４片面プリント

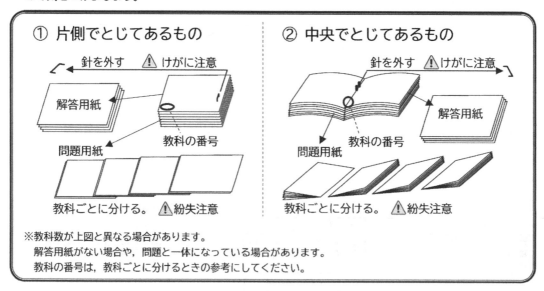

リアル過去問の活用

～リアル過去問なら入試本番で力を発揮することができる～

本番を体験しよう！

問題用紙の形式（縦向き / 横向き），問題の配置や余白など，実物に近い紙面構成なので本番の臨場感が味わえます。まずはパラパラとめくって眺めてみてください。「これが志望校の入試問題なんだ！」と思えば入試に向けて気持ちが高まることでしょう。

入試を知ろう！

同じ教科の過去数年分の問題紙面を並べて，見比べてみましょう。

①　問題の量

毎年同じ大問数か，年によって違うのか，また全体の問題量はどのくらいか知っておきましょう。どのくらいのスピードで解けば時間内に終わるのか，大問ひとつにかけられる時間を計算してみましょう。

②　出題分野

よく出題されている分野とそうでない分野を見つけましょう。同じような問題が過去にも出題されていることに気がつくはずです。

③　出題順序

得意な分野が毎年同じ大問番号で出題されていると分かれば，本番で取りこぼさないように先回りして解答することができるでしょう。

④　解答方法

記述式か選択式か（マークシートか），見ておきましょう。記述式なら，単位まで書く必要があるかどうか，文字数はどのくらいかなど，細かいところまでチェックしておきましょう。計算過程を書く必要があるかどうかも重要です。

⑤　問題の難易度

必ず正解したい基本問題，条件や指示の読み間違いといったケアレスミスに気をつけたい問題，後回しにしたほうがいい問題などをチェックしておきましょう。

問題を解こう！

志望校の入試傾向をつかんだら，問題を何度も解いていきましょう。ほかにも問題文の独特な言いまわしや，その学校独自の答え方を発見できることもあるでしょう。オリンピックや環境問題など，話題になった出来事を毎年出題する学校だと分かれば，日頃のニュースの見かたも変わってきます。

こうして志望校の入試傾向を知り対策を立てることこそが，過去問を解く最大の理由なのです。

実力を知ろう！

過去問を解くにあたって，得点はそれほど重要ではありません。大切なのは，志望校の過去問演習を通して，苦手な教科，苦手な分野を知ることです。苦手な教科，分野が分かったら，教科書や参考書に戻って重点的に学習する時間をつくりましょう。今の自分の実力を知れば，入試本番までの勉強の道すじが見えてきます。

試験に慣れよう！

入試では時間配分も重要です。本番で時間が足りなくなってあわてないように，リアル過去問で実戦演習をして，時間配分や出題パターンに慣れておきましょう。教科ごとに気持ちを切り替える練習もしておきましょう。

心を整えよう！

入試は誰でも緊張するものです。入試前日になったら，演習をやり尽くしたリアル過去問の表紙を眺めてみましょう。問題の内容を見る必要はもうありません。どんな形式だったかな？受験番号や氏名はどこに書くのかな？…ほんの少し見ておくだけでも，志望校の入試に向けて心の準備が整うことでしょう。

そして入試本番では，見慣れた問題紙面が緊張した心を落ち着かせてくれるはずです。

※まれに入試形式を変更する学校もありますが，条件はほかの受験生も同じです。心を整えてあせらずに問題に取りかかりましょう。

《解答例》

【課題１】(問１)ウ　(問２)イ，オ　(問３)エ　(問４)ウ

【課題２】(問１)イ　(問２)エ　(問３)自由　(問４)はじめの５字…そうした限　おわりの５字…が読書だ。
(問５)想像力を全開にして読んだ　(問６)これまでに記おくの中にちく積されているさまざまな知識や出来事や思いが連想される　(問７)ア　(問８)イ

【課題３】(問１)ア　(問２)エ　(問３)いねからもみをとる場面　(問４)グラフ…B　船で輸送する長所…半導体等電子部品などの小さくて軽いものを運んでいる航空機に対して，船は，乗用車などの重い荷物を一度に多く運ぶことができる。　(問５)原料や製品を船で運びやすいから。　(問６)税金を納める義務／子どもに教育を受けさせる義務　(問７)ウ→ア→エ→イ　(問８)生産額や従業員数が減ってきていることから，社会のニーズを見通した，新たな「ものづくり」をして，その製品を消費者に買ってもらうことで，生産額を増やすとともに，伝統的な技術を受けつぐあとつぎの確保につなげていきたいという思い。

【課題４】(１字あける)私は、長なわとびがよいと思います。なぜなら、一体感を味わうことができるからです。同じチームの仲間が、かけ声をかけて協力したり、いっしょに回数を数えたりして一体感が生まれ、仲良く楽しめます。さらに、長なわとびは、なわ一本でできるので、準備が簡単で、気軽に取り組むことができます。(改行)中には、長なわとびが苦手な人もいると思います。そこで、苦手な人も楽しんで参加できるように、ルールをくふうしたらよいと思います。例えば、とぶのが苦手な人は、なわをとばないで下をくぐってもよいとすれば、安心して参加することができます。だれもが参加しやすいルールにすると、みんなで仲良く楽しむことができると思います。

《解　説》

【課題１】

(問１)　ダニエル先生の話「こんにちは，みなさん。私はダニエルです。カナダ出身です。私は２枚の写真を持っています。まず，これは私の家族の写真です。私は５人家族です。次に，カナダではペットを飼っています。３匹《びき》飼っています。黒い犬が１匹と白い猫《ねこ》が２匹です。とてもかわいいです！」…黒い犬が１匹と白い猫が２匹いるウが適切。

(問２)　ももこ１回目「こんにちは。私はももこです。先生のかばんは大きいですね」→ダニエル１回目「友達からの誕生日プレゼントです」→ももこ２回目「それはいいですね。誕生日はいつですか？」→ダニエル２回目「私の誕生日は７月 20 日です。ももこさんの誕生日はいつですか？」→ももこ３回目「私の誕生日は９月 12 日です。私は歌うことが好きです。先生は歌うことは好きですか？」→ダニエル３回目「いいえ，好きではありませんが，ピアノをひくことができます」→ももこ４回目「わあ！私にピアノをひいてくれませんか？」→ダニエル４回目「いいですよ。ももこさんの誕生日にピアノをひきます」→ももこ５回目「わあ！素敵です。ありがとうございます」…ダニエル先生の２回目の発言より，イが適切。また，ダニエル先生の３回目の発言より，オが適切。

(問３)　ももこ１回目「こちらが給食のこんだてです。私たちは毎日牛乳を飲んでいます」→ダニエル１回目「素晴らしい。日本の牛乳は美味しいです」→ももこ２回目「ごはんは好きですか？」→ダニエル２回目「はい，好きです。みそしるも好きです」→ももこ３回目「どんな食べ物が好きですか？」→ダニエル３回目「とり肉は好きで

すが，魚は好きじゃないです」→ももこ4回目「フルーツは好きですか？」→ダニエル4回目「はい，好きです」→ももこ5回目「私はみかんが好きです。みかんは好きですか？」→ダニエル5回目「いいえ，好きではありません。りんごが好きです」→ももこ6回目「はい，わかりました。これが先生にぴったりです」→ダニエル6回目「ももこさん，ありがとうございました。それを食べたいです」…ダニエル先生の3回目と5回目の発言より，とりのからあげとりんごがあるエが適切。

（問4）　ももこさんの発表「こんにちは！ももこです。8月に大阪の大きなイベントに行ってきました。私は大好きな選手に会いました。彼女《かのじょ》はサッカーが得意です。私は彼女とサッカーをして楽しみました。彼女はとても親切でした。とても楽しくてわくわくしました。ありがとうございました」…ももこさんは8月に大阪のイベントに行き，大好きなサッカー選手とサッカーをして楽しんだので，ウが適切。

【課題2】

（問1）　主語は，述語の示す動作の主体を表す語。「なにが」「だれが」にあたる語。

（問2）　「目からうろこが落ちる」は，あることをきっかけとして，急にものごとの真相や本質が分かるようになること。

（問3）　2に「子どもは空想の世界をもつことで大きな自由を手に入れる」とある。

（問4）　6で，「いくらごっこ遊びでも～非日常の味わいにも限界がある」と，ごっこ遊びの限界について述べた後，7で「そうした限界を突《つ》き破り，空想の世界への扉《とびら》を開いてくれるのが読書だ」と，「ごっこ遊び以上に，空想の世界へ導いてくれるのが読書だ」ということを述べている。

（問6）　＝＝部の前後の「そのように本の世界に引き込《こ》まれ～さまざまな知識や出来事や思いが連想され，頭の中にうかび上がってくる。これまでに記おくの中にちく積されているものが多いほど，想像力豊かに楽しむことができ，また多くの気づきを得ることができる」を参照。「記おくの中にちく積されている」のが「知識や出来事」であるということを落とさずにまとめる。

（問7）　10に書かれている「読書の魅力《みりょく》を味わった子」が「読書によって日常とは別の世界を楽しむ」ことの事例として，11で筆者が子どものころ，コロボックルの物語や秘密の花園《その》などの「現実離《ばな》れした物語」や「探偵《たんてい》物語」に夢中になったことを挙げている。

（問8）　ア．「子ども時代に読書をする習慣を身につけるためには」が誤り。子ども時代に読書する習慣を身につけることによって，語彙《ごい》力や読解力がちく積されるのである。10に「そうした（読書の）楽しみに浸《ひた》ることで～語彙力や読解力も高まっていく」とある。　イ．9の内容と一致《いっち》するので，適する。　ウ．「想像力が必要なのは～ファンタジーやミステリーを読むときに限られる」が誤り。13に，「小説に限らず～ノンフィクションものを読むときも～想像力や思考力がフル稼働《かどう》することになる」とある。　エ．本が手もとにない場合については書かれていないので，適さない。

【課題3】

（問1）　ア　　蚕のまゆから生糸を生産する富岡製糸場があった。

（問2）　エ　　従業員 300 人以上の工場を大工場，300 人未満を中小工場と定義する。工場数，働く人の数，生産額の大工場と中小工場の割合は必ず覚えておきたい。

（問3）　千歯こきは，刈り取った稲を脱穀するときに利用した。

（問4）　資料3から，Aは，小型軽量で単価が高い製品が並んでいること，Bは，重量があったり，かさばったりする製品が並んでいることを読み取る。資料4から，船は航空機より多くの荷物を一度に運べることを読み取る。

（問５） 戦後から日本では原料や燃料を輸入して，製品を輸出する加工貿易が営まれてきた。そのため，太平洋ベルトと呼ばれる太平洋から瀬戸内海にかけての沿岸部に工業地帯や工業地域が集中して立地した。

（問６） 子どもに教育を受けさせる義務と教育を受ける権利との違いに注意しよう。

（問７） ウ→ア→エ→イ　　ウ（国風文化・平安時代）→ア（東山文化・室町時代）→エ（化政文化・江戸時代）→イ（文明開化・明治時代）

（問８） 資料５から，伝統的工芸品の生産額と従業員数が減少していること，資料６から，職人さんの後継者不足や高齢化が問題になっていることを読み取る。

《解答例》

【課題1】(問1)10.5　(問2)①12　②サラダ油，5　(問3)①8150 以上 8249 以下　②0.6　(問4)24

【課題2】(問1)脈はく　(問2)あ．イ　い．心臓から肺に送られた血液は，肺で二酸化炭素を出し，酸素を受け取る

(問3)ウ　(問4)6912　(問5)2つ以上の条件を同時に変えると，どの条件が結果に関係しているかわからなくなる

(問6)4　(問7)記号…イ　1本目のくぎから真下に…10

(問8)上　理由…[実験結果]から，ふりこの長さが長いほどふりこの1往復する時間は長くなっていることがわかる。おもりを上に動かすと支える点からの長さが長くなり，1往復する時間は長くなるから。

【課題3】※(問1)正しくない　(問2)2　(問3)33 分 36 秒

(問4)右図　※(問5)4

(問6)①あ．5　い．3　う．5　え．1　②5

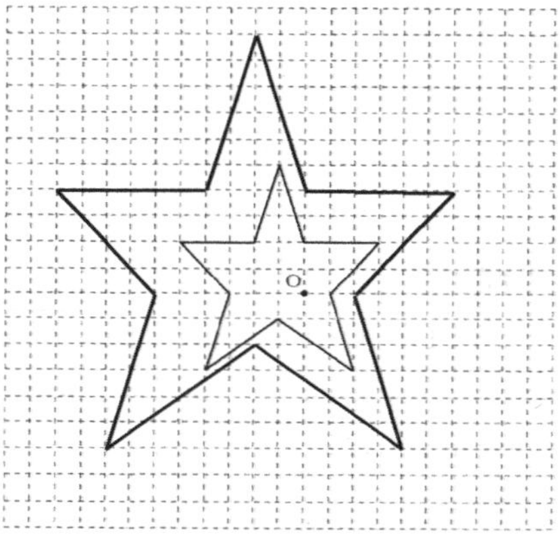

※の理由と考え方は解説を参照してください。

《解　説》

【課題1】

(問1)　モモの今の体重は，生まれたときの 2100÷200＝10.5(倍)である。

(問2)①　この三角柱の底面積は底辺が6cm，高さが4cmの三角形の面積だから，6×4÷2＝12(cm²)である。

②　たけしさんのドレッシングは酢《す》とサラダ油を 30：40＝3：4で混ぜている。正しい配分は2：3であり，酢の比の数を3と2の最小公倍数の6にそろえると，たけしさんのドレッシングは(3×2)：(4×2)＝6：8，正しい配分は(2×3)：(3×3)＝6：9だから，たけしさんのドレッシングはサラダ油が少ない。よって，サラダ油を $40\times\frac{9-8}{8}=5$ (mL)増やせばよかった。

(問3)①　十の位以下の数が 50 以上のときは切り上げ，49 以下のときは切り捨てするので，四捨五入をして 8200 になる整数の範囲《はんい》は 8150 以上 8249 以下となる。

②　3年間のヒットの本数の合計は 0.4×5＋0.4×10＋0.8×15＝18(本)だから，1試合平均のヒット数は 18÷(5＋10＋15)＝0.6(本)である。

(問4)　1年たつごとに，おばあさんの年れいは1才，私の年れいの3倍は3才ずつ増えていくから，1年間に 3－1＝2(才)ずつ差がちぢまる。おばあさんの年れいと私の年れいの3倍の差は 60－12×3＝24(才)だから，未来日記は今から 24÷2＝12(年後)のことを書いているので，たけしさんの年れいは 12＋12＝24(才)である。

【課題2】

(問2)　全身から心臓にもどってきた血液は二酸化炭素を多くふくみ，心臓から肺に送られる。肺で二酸化炭素を出し，酸素を受け取った血液は心臓にもどり，心臓から全身に送られる。

(問3)　体内でできた不要なものは，血液によってじん臓に運ばれると，水とともにこし出されて尿《にょう》ができる。

その後，ぼうこうにしばらくためられた後，体外に出される。

（問４）　１分間に60×80＝4800(mL)→4.8Ｌの血液が送り出されるから，１日(1440分)では，4.8×1440＝6912(Ｌ)の血液が送り出される。

（問６）　アのふりこの長さと,ふりこが１往復する時間がアの２倍になっているエのふりこの長さを比べると，エはアの４倍になっていることがわかる(イとオにも同様の関係がある)。

（問７）　図３のようなふりこは，くぎの左側では１本目のくぎを支える点とするふりこ，くぎの右側では２本目のくぎを支える点とするふりことして動くから，このふりこが１往復する時間は，それぞれの長さのふりこが１往復する時間の和の半分に等しくなる。したがって，１往復する時間の和が１秒の２倍の２秒になる組み合わせを探すと，ア(ふりこの長さが20㎝)とイ(ふりこの長さが30㎝)の組み合わせが見つかる。よって，イのふりこを使い，２本目のくぎを１本目のくぎから真下に30－20＝10(㎝)の位置に打てばよい。

【課題３】

（問１）　１・２・３年生で的当てと書いた人は全体の67－45＝22(％)だから，200×0.22＝44(人)である。４・５・６年生で的当てと書いた人は全体の40－20＝20(％)だから，240×0.2＝48(人)である。よって，４・５・６年生の人数の方が多いので，正しくない。

（問２）　切り取る長さは最も短くて１㎝，最も長くて12÷２－１＝５(㎝)となる。よって，切り取る長さ，箱の縦の長さ，横の長さ，高さ，箱の容積をまとめると右表のようになるので，切り取る長さを２㎝にしたとき，箱の容積は最大になる。

切り取る長さ(㎝)	縦，横，高さ(㎝)	容積(㎤)
1	10，18，1	180
2	8，16，2	256
3	6，14，3	252
4	4，12，4	192
5	2，10，5	100

（問３）　１分12秒＝72秒であり，さとるさんとゆうきさんの折りづるを折る速さの比は，１個作るのにかかる時間の比の逆比となるから，48：72＝２：３の逆比の３：２である。よって，２人合わせて70個作るとき，さとるさんはちょうど $70\times\frac{3}{3+2}$＝42(個)，ゆうきさんはちょうど $42\times\frac{2}{3}$＝28(個)折る。よって，かかる時間は，48×42＝2016(秒)→33分36秒である。

（問４）　右図のように，Ｏから星形のマークの各頂点に引いた直線の２倍の長さの直線を引いていく。これらの直線とマス目が交わる点を順に直線で結んでいけばよい。

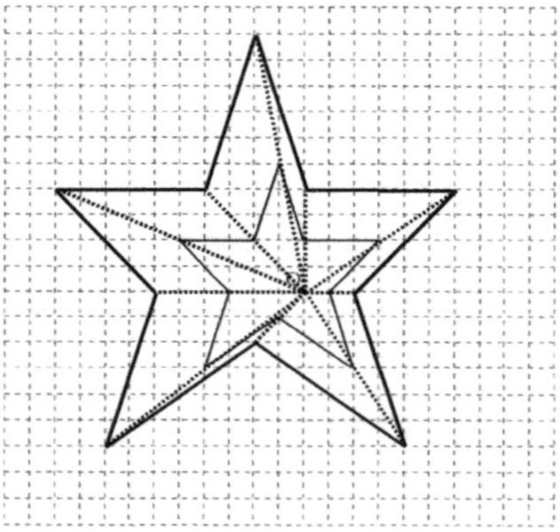

（問５）　１分間に印刷できる枚数は，印刷機Ａが50枚，印刷機Ｂが200÷５＝40(枚)である。印刷機Ａで４分間印刷すると，50×４＝200(枚)印刷できるので，実際に印刷機Ｂで印刷した時間は(480－200)÷40＝７(分間)である。よって，実際にかかった時間は４＋５＋７＝16(分)となる。印刷機Ｂで480枚すべてを印刷したとすると，480÷40＝12(分)で印刷できるから，実際にかかった時間よりも16－12＝４(分)短くなる。

（問６）①　30点の部分を半径１の円の面積とする。このとき30点の部分の面積は１×１×3.14＝3.14となる。20点の部分の面積は半径１×２＝２の円の面積から，半径１の円の面積を引いた値《あたい》だから，２×２×3.14－3.14＝３×3.14となる。10点の部分の面積は半径１×３＝３の円の面積から，半径２の円の面積を引いた値だから，３×３×3.14－２×２×3.14＝５×3.14となる。よって，10点の部分と20点の部分の面積の比は(５×3.14)：(３×3.14)＝５：３，10点の部分と30点の部分の面積の比は(５×3.14)：3.14＝５：１である。

② 表の割合にもとづくと，２人が 10 回ずつ投げた場合，それぞれの得点に当たった回数は右表のようになる。この場合の得点差は 200－180＝20(点)だから，２人が投げた回数は，$10\times\frac{40}{20}=20$(回)である。さらに 10 回投げることで，しおりさんの合計得点が 200×３＝600(点)になるから，みつるさんがさらに 10 回投げたときの得点が 600－180×２＋10＝250(点)以上になる必要がある。この 10 回がすべて 20 点だとすると，合計得点は 20×10＝200(点)となり，250－200＝50(点)少なくなる。20 点１回を 30 点１回に置きかえると，合計得点は 30－20＝10(点)上がるから，30 点の部分には少なくとも 50÷10＝５(回)当てなければならない。

	しおり	みつる
30 点	5 回	2 回
20 点	2 回	5 回
10 点	1 回	2 回
0 点	2 回	1 回
合計	200 点	180 点

《解答例》

【課題１】（問１）ウ　（問２）自分の興味のあるもの　（問３）ウ　（問４）[8]　（問５）ものごとの本質はきちんと残しながら，伝わる言葉を必死でさがし，かみくだいて伝える　（問６）イ　（問７）心を豊かにしてくれる言葉との出会い

【課題２】（問１）エ　（問２）ア．○　イ．○　ウ．×　エ．×　（問３）武家諸法度　（問４）自分たちが日常に使う商品の多くにもエコマークがついているため，エコマークがついた商品を選ぶことを通して，身近な生活の中でかん境を守る活動に協力することができるから。　（問５）イ　（問６）どこにいても，24 時間，買いたいときに利用できるようになる。　（問７）地方自治

（問８）問題…着ていない服が多くあるのに服を買い足している一方で，たくさんの服を手放している。そして，手放された服はごみとして捨てられる割合が高く，大量の服が燃やされたりうめ立てられたりしており，かん境の悪化につながる。　取り組み…買った服はできるだけ長い期間着て，手放す服を少なくしたり，ごみとして捨てずに，店にある古着回収ボックスに出したりする。

【課題３】（例文）　選んだ案…Ａ

私がＡ案を選んだ理由は、Ａ案のポスターでは、応えんをしている人がえがかれているからです。運動会は、競技をしている人だけでなく、応えんをしてくれる人がいるからこそ一体となって盛り上がるのだと思います。また、応えんをしてもらうことで、友達のよさや感謝の気持ちを感じたこと、運動会の意義や人との関わりの大切さを学ぶこと、その一つ一つが大切な思い出になると思います。

ポスターをさらによくするために、放送係や道具係などの係としてがんばっている人たちもえがくとよいと思います。運動会を支えている人の姿をえがくことで、さらにみんなでつくり上げているという実感が強くなり、より思い出に残る運動会になると思います。

《解　説》

【課題１】

（問２）　しおりさんは，直前でたけしさんが「歴史が好きなので～町の歴史を調べていましたが～自然にも目を向けてみました。すると～新しい発見がありわくわくしました」と言ったことと，筆者の述べていることが結びついて，このように発言したのだと考えられる。よって，[2]段落の「自分の興味のあるものだけにアクセスするのではなく，そうでないものにも触《ふ》れる機会を作る～主体的に接するように心がけるといいと思う」より，下線部をぬき出す。

（問３）　「本質について」述べている[7]段落に着目する。「この出来事の本質は何か，この情報が意味することの本質は何か。その問いを～いつも繰《く》り返すことにしている～その問いを繰り返していかなければ，その奥深いところにたどり着くことはできないと思う」と述べていることから，ウのようなことが言える。

（問４）　「伝えることについて」の内容に移るのは，「そうして～理解したあとで，他の人にそれを伝えなくてはならない機会も出てくるかもしれない」とある[8]段落。

（問５）　「わかりやすく伝えること」については，[13]段落で述べている。「わかりやすく伝えるというのは，複雑

なものごとの本質はきちんと残しながら，かみくだいて伝えることだ。考えぬいて，伝わる言葉を必死でさがさなければならない」という部分をまとめる。

(問６) ⑩段落の「じゃあ，どうするか」という問いかけに，⑪段落で「そう，わかりやすく伝えることだ」と端的《たんてき》に答えた上で，⑫～⑭段落で，それがどういうことか，そのために必要なことなどを具体的に説明し，主張をまとめている。よって，イが適する。

(問７) 「この新聞記事の本質(大事なところ)」を表現するので，「恩《おん》送り」という具体的なエピソードが何を述べるためのものかを考える。［新聞記事］の最後で「美しい言葉との出会いは，私の心をいつも豊かにしてくれる」とまとめていることに着目するとよい。

【課題２】

(問１) ア．米づくりが始まってしばらく経った，弥生時代中期以降についての記述である。米づくりが始まり，米をたくわえることができるようになったことで貧富の差が生まれ，農業に必要な治水やかんがいなどの共同作業を行うためにムラができていった。イは江戸時代，ウは平安時代中期以降のようす。

(問２) 種子島に鉄砲が伝わったのは 1543 年のことである。アは室町時代の北山文化，イは室町時代の東山文化であり正しい。ウは平安時代中期の国風文化，エは江戸時代の元禄文化。

(問３) 武家諸法度には，無許可で城を修理したり，大名家どうしが無断で結婚したりすることを禁止するなど，大名が守るべききまりが定められている。1615 年，徳川家康の命令で徳川秀忠のときに武家諸法度が定められ(元和令)，1635 年，徳川家光によって，参勤交代の制度が追加された(寛永令)。

(問４) エコマークは，さまざまな商品(製品やサービス)の中で，「生産」から「廃棄」までのサイクル全体を通してかん境への負荷が少なく，かん境を守ることに役立つと認められた商品につけられるラベルである。エコマークが表示されていることで視覚的にもわかりやすく，また，資料２より，子どもが使う商品にも多くつけられていることから，子どももエコマークがついた商品を選ぶことで，かん境を守る活動に協力することができる。

(問５) アは図書館，ウは消防署，エは警察署。

(問６) 「無人であることに着目して」とあるので，無人であることのメリットを盛りこもう。無人にすることで，夜間や休日に開店させるための人件費なども必要ないので，開店時間が制限されない。

(問７) 地方自治は「民主主義の学校」と言われている。中央政府から一定の独立性を持ち，地方自治で決めることは身近なことが多いので，地方の政治に参加することが主権者意識の育成につながる。

(問８) 資料３より，着ていない服が多く，１年間で買う服の数，手放す服の数がともに多いことが読み取れる。また資料４より，服を手放す際の方法は，「ごみとして捨てる」が 68%と高く，ごみとして捨てられた服のほとんどが燃やされたり，うめ立てられたりしていることが読み取れる。最近，衣料品店では，着なくなった服を回収し，発展途上国へ送ることでリユースしたり，燃料などにリサイクルしたりする取り組みが行われている。

【課題３】

条件をよく読み，「『思い出に残る運動会にしよう』というメッセージがこめられたポスターを作る」という目的に応じたくふうを考えよう。

徳島県立中高一貫校　2023 令和5年度　検査Ⅱ

《解答例》

【課題１】(問１)5.2　(問２)シュートが入る割合が，$\frac{2}{5}$，$\frac{1}{2}$，$\frac{3}{5}$になり，だんだんと高くなっている
(問３)①ア，ウ　②96　(問４)①㋐12　㋑3.14／４号サイズのケーキの円周　②9.42

【課題２】(問１)目をいためる　(問２)東　(問３)月の見える位置は，太陽の見える位置の変わり方と同じように，東から南，西へと変わる。　(問４)イ，ウ，エ　(問５)ア　(問６)あたためたり冷やしたりしたとき，空気の方が水よりも体積の変化が大きい　(問７)あたためると灯油の体積が大きくなって液の先が上がり，冷やすと灯油の体積が小さくなって液の先が下がる　(問８)気温の高い夏は，レールの温度が高くなり，体積が大きくなった金属のレールどうしがおし合うことで，つなぎ目が盛り上がったり，変形したりしてしまう

【課題３】(問１)100円玉１枚の重さ　(問２)８，45　(問３)39
(問４)※①$\frac{2}{5}$　②３枚組…４　２枚組…２　(問５)右図
(問６)第２位…79　第３位…78　第５位…25　(問７)39　(問８)$14\frac{9}{19}$

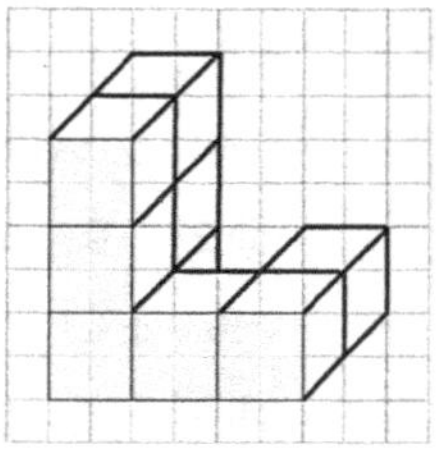

※の考え方は解説を参照してください。

《解　説》

【課題１】

(問１)　156ｔ÷30ha＝5.2ｔ／ha

(問２)　シュートが入る割合は，$\frac{(入ったシュートの数)}{(打ったシュートの数)}$で求められる。

３週間前は$\frac{6}{15}=\frac{2}{5}$，２週間前は$\frac{4}{8}=\frac{1}{2}$，１週間前は$\frac{6}{10}=\frac{3}{5}$だから，だんだんよくなっている。

(問３)①　「ア．正三角形」の１つの角の大きさは60°で，360°÷60°＝６だから，正三角形を１つの点のまわりに６枚しきつめれば，すきまも重なりもなくしきつめることができる。したがって，１つの角の大きさが360の約数になっている正多角形を選べばよい。「イ．正五角形」の１つの角は，180°×(５－２)÷５＝108°，「ウ．正六角形」の１つの角は180°×(６－２)÷６＝120°，「エ．正八角形」の１つの角は，180°×(８－２)÷８＝135°である。このうち360の約数は120だけだから，アとウを選べばよい。

②　縦1.2m＝120㎝，横1.8m＝180㎝の長方形の板に１辺が15㎝の正方形の折り紙をしきつめると，縦に120÷15＝８(枚)，横に180÷15＝12(枚)並ぶ。よって，この板は正方形の折り紙，８×12＝96(枚分)の大きさである。

(問４)　(12＋３)×3.14＝12×3.14＋３×3.14＝12×3.14＋9.42で，12×3.14は(４号サイズのケーキの直径)×3.14だから，４号サイズのケーキの円周を表している。

【課題２】

(問２)　たけしさんのスケッチブックでは，午後７時に満月が地平線付近にあることがわかる。満月は午後６時ごろに東の地平線からのぼり，午前６時ごろに西の地平線にしずむので，満月が見えたのは東の空である。

(問３)　月は太陽と同じように，東の地平線からのぼり，南の空で最も高くなって，西の地平線にしずむ。これは，地球が自転していることによって起こる見かけの動きである。

（問４） イは満月になる２～３日前の月，ウは新月になる２～３日前の月，エは下弦《かげん》の月である。

（問５） アはビーチボールの中の空気がプールの水によって冷やされて，体積が小さくなったからである。イは息にふくまれる水蒸気が冷やされて，小さな水てきになって目に見えるようになったからである。ウはサッカーボールの中の空気が少し抜けたからである。エは空気でっぽうの中のおしちぢめられた空気が，もとに戻ろうとして前の玉を押したからである。

（問６） 実験結果より，空気が入っているＡのゼリーの位置の変化の方が，水が入っているＢの水面の位置の変化よりも大きいことがわかる。よって，空気の方が水よりも体積の変化が大きいことがわかる。

（問７） 温度計では，温度が上がると液の先が上がり，冷やすと液の先が下がる。これは，液だめに入っている灯油をあたためると体積が大きくなり，冷やすと体積が小さくなることを利用している。

（問８） 鉄道のレールでは，夏に気温が高くなって体積が大きくなることを想定して，すき間をあけている。なお電線を少したるませているのも，冬に気温が低くなって体積が小さくなることを想定してのことである。

【課題３】

（問１） 「100円玉が入っているときの貯金箱の重さ」から「空のときの貯金箱の重さ」を引けば，100円玉の重さの合計になる。これを「100円玉１枚の重さ」で割れば，100円玉の枚数を求められる。

（問２） 午前９時30分－40分＝午前８時50分以前のバスに乗る必要があるから，おそくとも午前８時45分発のバスに乗ればよい。

（問３） グリーンサービスで追加されるのがミックスジュースだとすると，グリーンサービスを追加してもしなくてもにんじんの割合が30％であることに変わりがないので，がい数で求めるという問題の指示に合わない。したがって，グリーンサービスではにんじんが追加されると考える。

元気にんじんにふくまれるにんじんは，$300\times\frac{30}{100}=90$（g）で，その50％は，$90\times\frac{50}{100}=45$（g）である。

よって，たけしさんが注文したミックスジュースの重さは300＋45＝345（g），そのうちにんじんは90＋45＝135（g）だから，にんじんの割合は，$\frac{135}{345}\times100=39.1\cdots$より，約39％である。

（問４）① 右のような表にまとめて考える。㋐の人数の割合を求めればよい。㋑＝15－７＝８（人）だから，㋐＝㋑－２＝８－２＝６（人）

よって，求める割合は，$\frac{6}{15}=\frac{2}{5}$

		ビオラ		合計
		ｵﾚﾝｼﾞ色	白色	
パンジー	赤色	㋐	4人	
	白色	2人		
合計		㋑	7人	15人

② 1500÷270＝５余り150だから，３枚組は最大で５つ買うことができ，その場合150円余る。ここから３枚組を１つずつ減らし，余ったお金でなるべく多く２枚組を買うものとして，すべての組み合わせと枚数の合計を調べると，右表のようになる。

よって，最も多く変える枚数は16枚で，その買い方は３枚組４つと２枚組２つである。

３枚組	5	4	3	2	1	0
２枚組	0	2	3	4	6	7
枚数の合計(枚)	15	16	15	14	15	14

（問５） 右図のように真上から見た積み木を置く位置に㋐～㋔の記号をつけ，それぞれに何個の積み木が積み重なっているか考える。［正面から見た図］から，㋒，㋓，㋔には１個ずつしか積み重なっておらず，㋐と㋑にはそれぞれ最大で３個積み重なっているとわかる（㋐と㋑のどちらかは必ず３個）。㋐と㋑には合わせて９－３＝６（個）積み重なっているから，㋐と㋑に３個ずつである。

よって，［積み重ね方がわかる図］は解答例のようになる。

㋐		㋔
㋑	㋒	㋓

（問６） 全員の点数について，20点をこえたぶんの点数を考える。全員の合計点は39.8×10＝398（点）だから，

20点をこえたぶんの合計は398－20×10＝198(点)である。

たけしさんが20点をこえたぶんは26－20＝6(点)で，同じ得点の人がいないのだから，5位，6位，7位，……，10位の人の20点をこえたぶんはそれぞれ5点，4点，3点，……，0点である。したがって，4位以下の20点をこえたぶんの合計は，6＋5＋4＋3＋2＋1＝21(点)だから，1～3位の20点をこえたぶんの合計は，198－21＝177(点)である。3人の20点をこえたぶんの最大は(80－20)×3＝180(点)で，実際はこれより180－177＝3(点)低いから，1位，2位，3位の人の20点をこえたぶんはそれぞれ，60点，59点，58点である。

よって，2位，3位，5位の人の得点はそれぞれ，20＋59＝79(点)，20＋58＝78(点)，20＋5＝25(点)

(問7)　10m＝1000㎝だから，1000÷60＝16余り40より，17歩前に進めば出口をはじめて通りこす。

4小節で11歩前に進み，5歩後ろに下がるから，合わせて11－5＝6(歩)前に進み，歩数の合計は11＋5＝16(歩)である。したがって，4小節の繰り返しを2回行うと6×2＝12(歩)前に進む。3回目の繰り返しで何歩前に進んでいるかを数字で表すと右図のようになる。

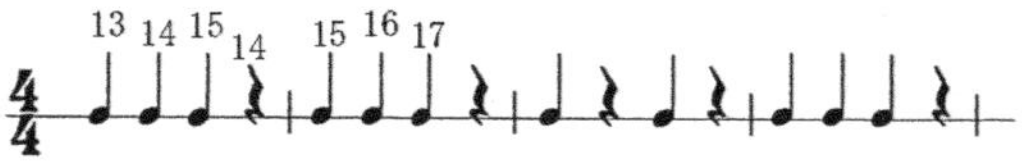

よって，求める歩数は，16×2＋7＝39(歩目)

(問8)　右のように作図する。平行四辺形ＣＤＦＧの面積は求められるので，ＣＧ：ＩＨがわかれば，平行四辺形ＨＩＪＫの面積を求められる。

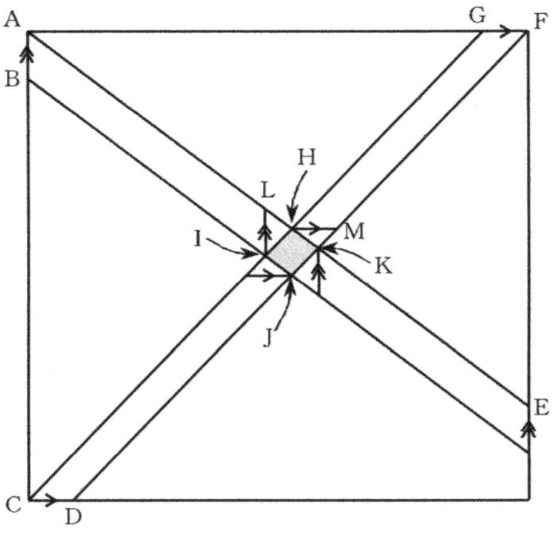

ＢＣとＬＩが平行だから，三角形ＩＢＣと三角形ＨＬＩは同じ形なので，ＩＣ：ＨＩ＝ＢＣ：ＬＩ＝45：5＝9：1

これより，ＩＣ＝$\boxed{9}$，ＨＩ＝$\boxed{1}$とする。

三角形ＨＬＩと三角形ＫＥＦは同じ形だから，

ＨＩ：ＫＦ＝ＬＩ：ＥＦ＝5：40＝1：8なので，

ＫＦ＝ＨＩ×8＝$\boxed{1}$×8＝$\boxed{8}$

三角形ＨＧＡと三角形ＫＭＨは同じ形だから，

ＨＧ：ＫＭ＝ＧＡ：ＭＨ＝50：5＝10：1

これより，ＭＦ：ＫＭ＝ＨＧ：ＫＭ＝10：1だから，ＨＧ＝ＭＦ＝ＫＦ×$\frac{10}{1+10}$＝$\boxed{8}\times\frac{10}{11}=\boxed{\frac{80}{11}}$

したがって，ＩＣ：ＨＩ：ＨＧ＝$\boxed{9}$：$\boxed{1}$：$\boxed{\frac{80}{11}}$＝99：11：80だから，ＣＧ：ＩＨ＝(99＋11＋80)：11＝190：11

平行四辺形ＣＤＦＧと平行四辺形ＨＩＪＫは，底辺をそれぞれＣＧ，ＩＨとしたときの高さが等しいから，面積比はＣＧ：ＩＨ＝190：11である。平行四辺形ＣＤＦＧの面積は，5×(45＋5)＝250(㎡)だから，

平行四辺形ＨＩＪＫの面積は，$250\times\frac{11}{190}=\frac{275}{19}=14\frac{9}{19}$(㎡)

《解答例》

【課題１】(問１)イ　(問２)はじめの５字…短いと，人　おわりの５字…あります。　(問３)リズムがいい　(問４)ア　(問５)エ　(問６)季節をどんなふうに感じたか　(問７)エ　(問８)季節も自分の感じ方も，どんどん変わるから，「今」をよく見て，そのなかに，自分だけの宝物を見つけて

【課題２】(問１)ウ　(問２)ア．×　イ．×　ウ．○　エ．×　(問３)消費税　(問４)作業時間が短くなり，作業が楽になる。また，身近に質問できる人がいなくても，知識や技術を学ぶことができる。そのため，体力や経験などに関係なく農業ができるので，ちょう戦してみようとする人が増えることが期待できる。

(問５)国に納める税のしくみが整ったから。　(問６)多くの費用を使って戦ったにも関わらず，幕府からほうびの土地をもらえず，不満をもったから。　(問７)イ→エ→ウ→ア　(問８)①すべての人がたがいに尊重し認め合い，だれもが安心してくらせる社会。　②外国人にもわかるように，外国語表示を加える。／現在地から目的地までの移動時間を加える。

【課題３】　(例文)

　調査の結果から、あいさつをし合う時を選んだ割合がいちばん高く、51%でした。また、気づかう言葉をかけてもらった時、言葉の大切さを感じる人が多いことがわかります。一方で、きびしい注意などを受けた時に、心と心が結ばれると答えた人も、９%いました。

　私は、陸上の練習をさぼった時、友達に、

「にげても、何も解決しないよ。」

と言われた経験があります。友達は、私のことを真けんに考え、きびしくはげましてくれたのです。その言葉は、今でも私を支える大事な言葉です。きびしい言葉であっても、その言葉のおくに相手を思いやる気持ちがあれば、私たちのように、おたがいにわかり合うことができ、きずなが深まるのだと思います。

《解　説》

【課題１】

(問４)　《俳句Ａ》の季語「梅」が表す季節は春。アの「雪とける」も春を表す。　イ．「すすき」が秋の季語。ウ．「大根」が冬の季語。　エ．「ほたる」が夏の季語。

(問７)　「万《ばん》緑」は、見わたす限り緑であることで、夏の季語。草木の緑のことを言っている。「吾子《あこ》」は、「我が子」のこと。草木の緑と、生えたばかり子どもの白い歯に生命力を感じている。よってエが適する。

【課題２】

(問１)　ウが正しい(右図参照)。

(問２)ア　×を選ぶ。日本と同じ緯度にあるのは韓国・中国・トルコ・ギリシャ・イタリア・スペイン・ポルトガル・アメリカなどで，オーストラリアとインドネシアは含まれない。　**イ**　×を選ぶ。日本と同じ経度にあるのはオーストラリア・ロシア・インドネシアなどで，

イギリスとインドは含まれない。　**ウ**　○を選ぶ。日本の端は右表参照。
エ　×を選ぶ。最北端の択捉島から最南端の沖ノ鳥島までのきょりは，約3000㎞である。

最北端		最西端	
島名	所属	島名	所属
択捉島	北海道	与那国島	沖縄県
最東端		最南端	
島名	所属	島名	所属
南鳥島	東京都	沖ノ鳥島	東京都

(問３)　2022年４月時点の消費税は10％(軽減税率により，「酒類と外食を除く飲食料品」と「定期購読契約が結ばれた週２回以上発行される新聞」は税率８％を据え置き)である。

(問４)　資料１より，ドローンの活用によって，農薬散布の作業時間が５分の１程度まで削減されたことがわかる。資料２より，タブレット端末の活用によって，みかんのてき果作業をモニタリングしながら行えることがわかる。農業では高齢化と人手不足が深刻化しているため，無人自動運転トラクターの共同利用なども導入されており，田植えや稲の刈り取りが人の手を借りずにできる。

(問５)　８世紀の初めには大宝律令などがつくられた。律は刑罰に関するきまり，令は政治のしくみや租税などに関するきまりである。律令制がとられていた飛鳥時代から奈良時代の税は，租(稲の収穫高の３％を地方の国府に納める)・調(絹，麻や地方の特産品などを都に納める)・庸(都での10日間の労役に代えて，都に布を納める)からなり，地方からもたらされる特産物を役人が木簡に記録していた。

(問６)　鎌倉幕府(将軍)は，ご恩として御家人の以前からの領地を保護したり，新たな領地を与えたりして，御家人は，奉公として京都や鎌倉の警備につき命をかけて戦った。しかし，元寇は防衛戦であったため，幕府は十分なほうびを御家人に与えることができなかった。そのため生活に困る御家人が増え，幕府に不満を持つ者も出てきた。

(問７)　イ．源氏物語絵巻(平安時代中期)→エ．平治の乱(平安時代末期)→ウ．キリスト教の伝来(室町時代)→ア．長篠の戦い(安土桃山時代)

(問８)①　車いすの人の他，お年寄り，乳幼児を連れた人，妊婦のピクトグラムが追加された。多目的トイレでは，車いすが回転しやすいように広く，便座へ移動しやすいように手すりを取り付けたデザインになっている。また，おむつ交換や衣服の着脱ができる多目的シートやオストメイト(人工肛門・人工膀胱《ぼうこう》造設者)のパウチを洗浄できる温水シャワーなども設置されている。このようなすべての人が使いこなせるようにつくられた製品や施設などのデザインをユニバーサルデザインと言う。　**②**　日本語のわからない外国人にも意味することが伝わるように，外国語表示やピクトグラムを追加すると良い。また，目的地までの移動時間を追加することで，観光地を効率的にまわれるのでより多くの施設に立ち寄ったり，長く滞在したりすることができる。飲食店やお土産店での滞在時間が長くなると，観光客の満足度が上がり，消費額も増える。

徳島県立中高一貫校

2022 令和4 年度　検査Ⅱ

《解答例》

【課題１】(問１)2.5　(問２)27　(問３)エ　(問４)

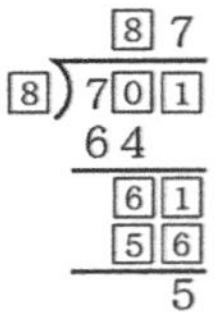

(問５)

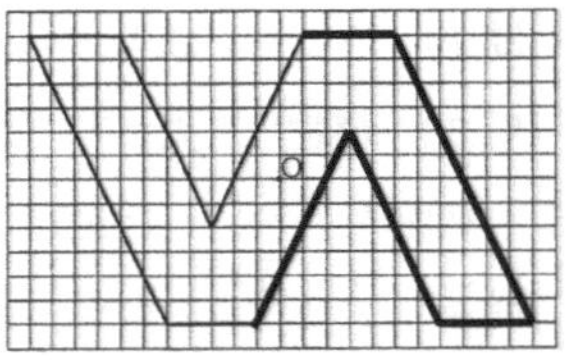

【課題２】(問１)ア　(問２)い．支える　う．守る

(問３)植物は，日光が当たることで，自分で養分をつくることができるから。　(問４)イワシを食べるサバの数，サバを食べるマグロの数は減り，イワシに食べられる水中の小さな生物の数は増えます。　(問５)食塩を水にとかす前後で，電子てんびんにのせてはかるものを同じにしなければ，正しい重さにならない　(問６)か．水の温度を上げると，とける量が増える　き．水の温度を上げても，とける量はほとんど変わらない　(問７)５

(問８)４Ｌの水にとける食塩の量は，100gの水にとける食塩の量の40倍であるので，４Ｌの水に40ｇの食塩は，水の温度に関係なくとける

【課題３】(問１)し，た　(問２)640

(問３)①あ．30000　い．36000　う．6000　②図…右図

言葉・数を使った説明…街灯のてっぺんを見上げた角度が45°なので，三角形ＡＢＣは直角三角形かつ二等辺三角形になり，ＡＣ＝ＢＣとなる。よって，地面からみつるさんの目までの高さとみつるさんから街灯までのきょりをあわせて街灯のおよその高さを求めた。

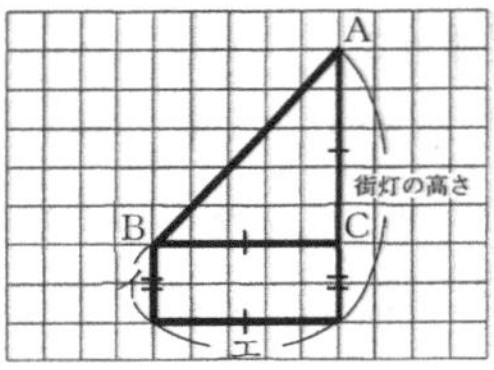

(問４)①1030円に，あと200円加えて出す。　②18　※(問５)みつるさん…69　おばあさん…71

(問６)※①43　②トイレットペーパー１個でも，長い期間，多くの人が使えるため。／ひ難所での保管スペースが小さくなるから。

※の考え方は解説を参照してください。

《解　説》

【課題１】

(問１)　求める割合は，(いちばん大きい魚の体長)÷(いちばん小さい魚の体長)＝30÷12＝2.5(倍)

(問２)　１時間20分＝$1\frac{20}{60}$時間＝$1\frac{1}{3}$時間＝$\frac{4}{3}$時間で36枚の書きぞめ作品を書いたので，求める枚数は，$36\div\frac{4}{3}=27$(枚)

(問３)　問題の音符の長さにしたがって，ア～エの音符の長さの和が４にならないものを探す。

なお，♫は２つ並んでいる♪が結ばれたものである。

ア．$\frac{3}{2}+\frac{1}{2}+\frac{1}{2}\times2+\frac{1}{2}+\frac{1}{2}=4$　イ．$\frac{1}{2}+\frac{1}{2}+1+\frac{3}{2}+\frac{1}{2}=4$　ウ．$\frac{1}{2}+1+\frac{1}{2}+\frac{3}{2}+\frac{1}{2}=4$

エ．$\frac{1}{2}+\frac{3}{2}+\frac{1}{2}\times2+1+1=5$　よって，あてはまらないものはエである。

(問４)　右のように記号をおく。Ａ×Ｂ＝64で，１けた同士の積が64となるのは８×８＝64のときだけなので，Ａ＝８，Ｂ＝８　７×８＝56より，Ｇ＝５，Ｈ＝６

Ｅ，Ｆに入る２けたの数は56＋５＝61だから，Ｅ＝６，Ｆ＝１

ＤからＦにおろすので，Ｄ＝Ｆ＝１　64＋６＝70より，Ｃ＝０

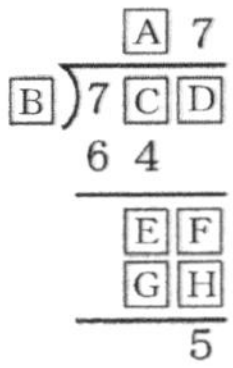

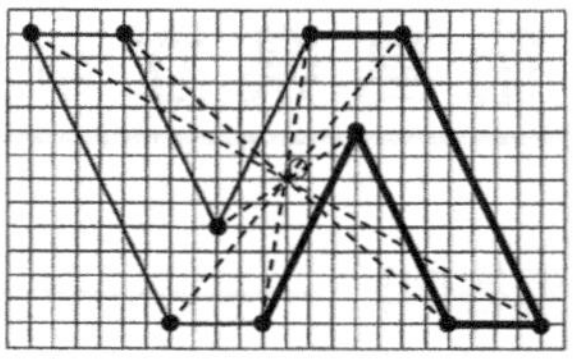

（問５）　対称の中心から，対応する２つの点までの長さは等しいから，右図のように各頂点から対称の中心を通る直線をひき，長さが等しくなるような点をそれぞれとることで，点対称な図形をつくることができる。

【課題２】

（問１）　うでをのばすときの筋肉のようすはイである。

（問３）　植物は日光が当たることで，水と二酸化炭素を材料に養分をつくり出す。このはたらきを光合成という。ウシは植物がつくった養分によって成長するから，牛肉を食べることは，間接的に牧草を食べているといえる。

（問４）　ある生物の数が一時的に減少したとき，その生物をえさとする生物の数は一時的に減り，その生物がえさとする生物の数は一時的に増えると考えればよい。このような増減をくり返すことで，やがてもとのつり合いのとれた状態にもどることが多い。

（問７）　［水の温度とものがとける量］より，砂糖は60℃の水100ｇに280ｇまでとけるから，砂糖14ｇをとかすのに必要な60℃の水は$100\times\frac{14}{280}=5$（ｇ）である。

（問８）　［水の温度とものがとける量］より，食塩は20℃の水100ｇに36ｇまでとけるから，４L→4000ｇの水には$36\times\frac{4000}{100}=1440$（ｇ）までとける。つまり，水がふっとうしていなくても（温度が高くなくても）４Lの水に食塩40ｇはすべてとけるということである。

【課題３】

（問１）　左の点字は，「い」に⑤と⑥の位置の点を加えているので，「し」を表す。
右の点字は，「あ」に③と⑤の位置の点を加えているので，「た」を表す。

（問２）　当日料金だと1000×２＋1200＝3200（円）になるので，前売り券を買うと，当日料金で買うより合計で3200×0.2＝640（円）安くなる。

（問３）①　１L＝10㎝×10㎝×10㎝＝0.1m×0.1m×0.1m＝0.001 m^{3}なので，１m^3＝1000L
よって，緊急《きんきゅう》貯水槽《ちょすいそう》の容量は，270×1000＝270000（L）なので，３日間供給できる人数は，３L使う場合は270000÷（３×３）＝あ30000（人），2.5L使う場合は270000÷（2.5×３）＝い36000（人）だから，36000－30000＝う6000（人）増える。
②　問題の図より，みつるさんが街灯を見ている位置は，地面よりも「イ．地面からみつるさんの目までの高さ」だけ高いことに注意する。

（問４）①　千円札に30円を加えて出すと，おつりは1030－730＝300（円）になる。おつりが500円になると，おつりのこう貨の枚数が500円玉１枚になるから，1030円にあと500－300＝200（円）加えて出せばよい。
②　当たりくじを６枚，はずれくじを３枚増やすと当たりとはずれが同じ枚数になるので，くじを増やす前は，はずれくじの方が当たりくじよりも６－３＝３（枚）多いことがわかる。
したがって，くじを増やす前の当たりとはずれのくじの数の比の数の差である５－４＝１は３枚にあたる。
よって，くじを増やす前の当たりくじは３×４＝12（枚）あるので，求める当たりくじの枚数は，12＋６＝18（枚）

（問５）　12個の中央値は，12÷２＝６より，大きさ順で並べたときの６番目と７番目の重さの平均となる。
おばあさんの記録を小さい順で並べると，67ｇ，68ｇ，68ｇ，68ｇ，69ｇ，69ｇ，69ｇ，…となるので，残りの１個の重さが何ｇでも，中央値に変化はなく，69ｇになることがわかる。みつるさんの記録を小さい順で並べると，64ｇ，65ｇ，67ｇ，68ｇ，68ｇ，69ｇ，72ｇ，…となり，中央値はおばあさんの記録と同じく69ｇとなるので，みつるさんの残りの１個の重さは69ｇになるとわかる。

２人の平均値は等しいから，合計も等しい。残り１個を除くと，みつるさんの記録の合計は，

64＋65＋67＋68×２＋69＋72＋73×２＋76×２＝771(ｇ)，おばあさんの記録の合計は，

67＋68×３＋69×３＋70＋73＋74×２＝769(ｇ)だから，おばあさんの方が 771－769＝２(ｇ)軽い。

よって，おばあさんの残り１個の重さはみつるさんの残りの１個の重さより２ｇ重くなるので，69＋２＝71(ｇ)

(問６)①　包装フィルムの横の長さは，図３をそれぞれ真上から見たときの包装フィルムの周りの長さに等しい。

１パック 12 個の包装フィルムは，縦の長さが 12＋11×３＋12＝57(cm)

図 i

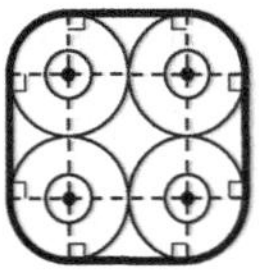

図３の 12 個の方を真上から見ると，図ｉのようになる(包装フィルムは太線)。

太線のうち，直線部分の長さの和は，12×４＝48(cm)

曲線部分の長さの和は，半径が 12÷２＝６(cm)の円の円周の長さに等しく，６×２×3.14＝37.68(cm)

よって，包装フィルムの横の長さは 48＋37.68＝85.68(cm)だから，面積は，57×85.68＝4883.76(㎠)

１パック４個の包装フィルムは，縦の長さが６＋11×２＋６＝34(cm)

図 ii

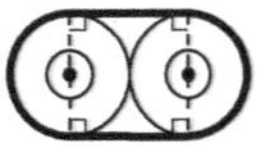

図３の４個の方を真上から見ると，図ⅱのようになる(包装フィルムは太線)。

太線のうち，直線部分の長さの和は，12×２＝24(cm)

曲線部分の長さの和は，半径が６cmの円の円周の長さに等しく，６×２×3.14＝37.68(cm)

よって，包装フィルムの横の長さは 24＋37.68＝61.68(cm)だから，面積は，34×61.68＝2097.12(㎠)

したがって，求める割合は，$\frac{2097.12}{4883.76}\times 100=42.9\cdots$より，約 43%となる。

②　１パック４個のトイレットペーパーの方が，１個に対して巻かれている長さが長い。さらに，１個あたりの体積は変わらないので，１パック４個のトイレットペーパーの方が保管のスペースをとらない。

《解答例》

【課題１】(問１)エ　(問２)ウ　(問３)水は温まると冷めにくいので，夜も暖かさを保てます。　(問４)イ
(問５)土の中に酸素を供給する効果　(問６)はじめの５字…土の表面は　おわりの５字…すのです。
(問７)ウ　(問８)(例文)私は，サッカーのドリブルが苦手ですが，毎日時間を決めてあきらめずに練習をして，中学校では，レギュラーになりたいです。

【課題２】(問１)①エ　②ア　(問２)ア．×　イ．×　ウ．○　エ．○　(問３)自分の借りたい本が県内のどこの図書館にあるかを調べることができ，予約をしたり，自分が住む地域の図書館に取り寄せをしたりすることができる点。　(問４)日本の食料全体の自給率は下がってきています。一方，世界の人口はだんだんと増えており，これからも増え続けることが予測されます。そのため，今後，食料の輸入が困難になってくるかもしれない　(問５)この地域の豪族たちが，強い勢力をもっていたと考えられるから。
(問６)ウ→エ→ア→イ　(問７)基本的人権の尊重　(問８)自然の美しさや食べ物のおいしさを魅力として挙げている人が多いので，旅行客や移住の希望のある人に向けて，そのよさをアピールするパンフレットをつくったり，インターネットを利用したりして，情報を発信すればよいと思います。

【課題３】(例文)

テーマ…エ

私たちの班がしょうかいするのは、百時間読書です。一つの目標に向かってがんばることで、学級が団結することができるので、他の人にもおすすめしたいと思ったからです。

百時間読書とは、みんなで考えた名前で、学級のみんなの読書時間をたして百時間にしようというチャレンジです。これを始めたきっかけは、読書をする時間をもっと増やしたいという意見でした。委員会や金管バンドの練習など、毎日いそがしいのですが、給食の後の空いた時間などを使って読書をしています。これを始めてから本を読むことが好きになった人が増えています。今、九十五時間でもうすぐ目標の百時間をクリアしそうです。みなさんも、チャレンジしてみませんか。

《解　説》

【課題一】

(問２)　A　の前では、乾燥《かんそう》地のことについて書かれている。一方、　A　の後では、水が容易に得られる場所について書かれている。前後が反対の内容になっているので、ウの「でも」が適する。

(問３)　[資料]の３～４段落目に、「三つの恩恵《おんけい》」が書かれている。

(問４)　[資料]の４段落目の最後に、「水の中は、イネにとっては、たいへん恵《めぐ》まれた環境《かんきょう》なのです」とある。「中干《なかぼ》し」した田んぼは、乾燥し、水が不足している。最後の段落に「水が不足するという逆境の中で」とある。よって、イが適する。

(問５)　[資料]には、「中干しすることで～土の中に酸素を供給《きょうきゅう》する効果もあり、このことが根の成長をさらに助けることに」なると書かれている。

(問６)　最後から２つ目の段落に「芝生《しばふ》やイネに限らず」とあり、この続きに他の植物たちのことが書かれている。「土の表面は乾燥していても～長い根を伸ばすのです」と説明し、この部分を受けて「これが、植物たちのハング

リー精神です」と述べている。

（問７） 二〜三日間、水を与《あた》えられなかったゴルフ場の芝生や、中干しされた田んぼの稲が、水を求めて一生懸《けん》命《めい》に根を伸《の》ばすことが説明されていて、植物が環境の変化にうまく適応していることが読み取れる。よって、ウが適する。

【課題２】

問１① エ．防犯教室では，不審者に遭遇した際の対応の仕方や，護身術などを指導している。　**②** ア．警察官は，パトロール中に市中の人に声かけをして，事件や事故の発生を防いでいる。交通安全教室は，交通事故を防ぐために行われている。

問２ア 「×」を書く。「霞ヶ浦」ではなく「猪苗代湖」である。霞ヶ浦は関東地方にある。　**イ** 「×」を書く。「奥羽山脈」ではなく「日本アルプス（飛驒山脈・木曽山脈・赤石山脈）」である。奥羽山脈は東北地方にある。

ウ 「○」を書く。四万十川は人の手が入らない自然が残っていることから，「最後の清流」と言われている。

エ 「○」を書く。筑紫平野では，米と小麦の二毛作が盛んである。

問３ 情報ネットワーク図書館システムにより，図書館で検索するだけでなく，インターネットで本の予約・取り寄せをしたり，貸し出し期限の延長をしたりすることができるようになった。

問４ 資料１より，日本の食料全体の自給率が下がってきていること，資料２より，世界の人口が増え続けていくことが読み取れる。日本は，食料の大半を海外からの輸入に頼っているため，飛行機や船などによる二酸化炭素排出量が多く，フードマイレージが高いという課題も抱えている。そのため，地域で生産した農産品を地元の人々が消費する「地産地消」の取組が進められている。

問５ 大和（奈良県）の豪族が強い勢力をほこり，やがて大和朝廷を中心にまとまるようになった。大和朝廷の中心となった大王は，後に天皇と呼ばれるようになった。日本最大の前方後円墳として，大阪府堺市の大仙古墳が有名である。

問６ ウ．奈良時代→エ．平安時代→ア．室町時代→イ．江戸時代

問７ 日本国憲法の三つの原則は「基本的人権の尊重」「平和主義」「国民主権」である。

問８ 資料３より，旅行などでおとずれたときに四国を移住先として考えた人が半分近くいること，資料４より，四国の魅力として「自然が豊かで景色が美しい」「魚介類や野菜・果物が豊富でおいしい」を挙げている人が60%以上いることが読み取れる。よって，四国を訪れた人が，四国の豊かな自然や食文化に対して好印象を持てる取組を考えればよい。

《解答例》

【課題1】(問1)11　(問2)①$\frac{3}{4}$　②2，$\frac{1}{6}$　(問3)①260　②あめ…3　チョコレート…5　ゼリー…1
(問4)①14　②$3\times x+2=y$

【課題2】(問1)ウ　(問2)温度計に日光が直接当たらないようにしてはかる。　(問3)方位…西　理由…午前10時の雲が南西から北東へ動いているようすから，午後1時に西の方から広がってきた雲は，東の方へ広がっていくと予想される。このことから，雨雲が野外活動をしていた地域の方へ移動してきたと考えたため。
(問4)方位磁針の針は磁石であるため，近くに磁石や鉄があると，正しい方位が調べられなくなるから。
(問5)エ　(問6)右図

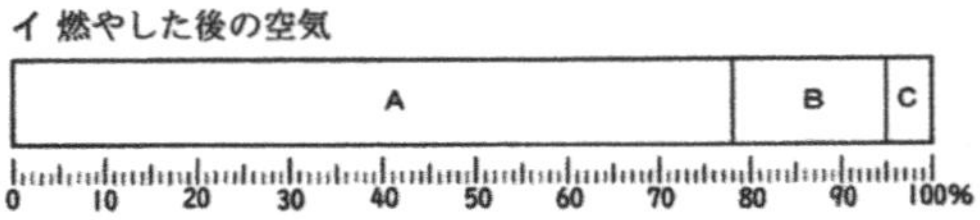

(問7)い．イ　う．ちっ素と二酸化炭素は，どちらもろうそくの火をすぐに消し，どちらも酸素用検知管に反応しないため，どちらがちっ素か判断できないからです。　(問8)4つの気体を酸素用検知管で調べると，反応しない気体がちっ素か二酸化炭素です。次に，その気体が入ったびんに石灰水を入れてふると，変化しないのが

【課題3】(問1)①C，E　②6　※(問2)1.6，B，A，3びき　(問3)①15　②37，22　(問4)64
(問5)ア．×　イ．△　ウ．○　エ．△　(問6)①ウがイに重なるように折って開き，その折り目と円周(の一部)が交わった点にウが重なるように折って開きます。
〔別解〕エがイに重なるように折って開き，その折り目と円周(の一部)が交わった点とイを結ぶ直線を折り目として折って開きます。
②右図

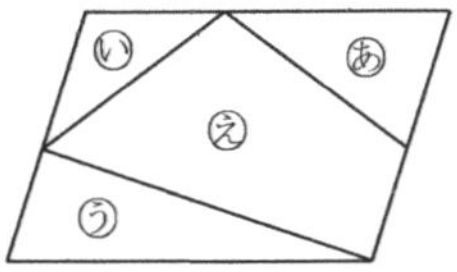

※の考え方は解説を参照してください。

《解　説》

【課題1】

(問1)　右の長方形ABCDの面積から，三角形AEFの面積を引けばよい。

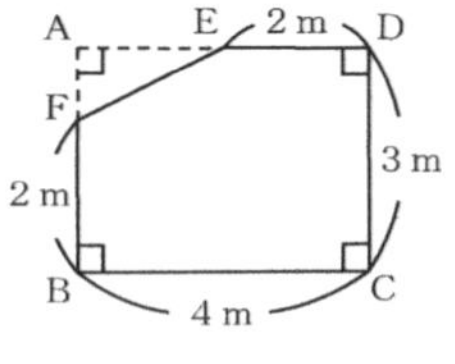

AE＝4－2＝2(m)，AF＝3－2＝1(m)だから，五角形BCDEFの面積は，
3×4－2×1÷2＝12－1＝11(㎡)

(問2)①　大人用の1切れは1本の$\frac{1}{6}$，子供用の1切れは1本の$\frac{1}{8}$である。
$\frac{1}{6}\times\square=\frac{1}{8}$の□にあてはまる数を求めるので，$\frac{1}{8}\div\frac{1}{6}=\frac{3}{4}$(倍)

②　①より，大人用の1切れの量を$\boxed{4}$とすると，子供用の1切れの量は$\boxed{4}\times\frac{3}{4}=\boxed{3}$であり，1本の量は，$\boxed{4}\div\frac{1}{6}=\boxed{24}$である。カステラは全部で$\boxed{24}\times3=\boxed{72}$あり，大人用に切り分ける量は$\boxed{4}\times2\times4=\boxed{32}$だから，残りは$\boxed{72}-\boxed{32}=\boxed{40}$である。ここから子供用の1切れを切り分けていくと，$\boxed{40}\div\boxed{3}=13$余り$\boxed{1}$より，13切れできる。子供は6人いるから，13÷6＝2余り1より，最大2切れずつ用意することができ，1切れ余る。子供用を用意したあとの残りは，子供用の1切れと$\boxed{1}$だから，$\boxed{3}+\boxed{1}=\boxed{4}$であり，カステラ1本の$\frac{\boxed{4}}{\boxed{24}}=\frac{1}{6}$にあたる。

(問3)①　あめ1ふくろはチョコレート1ふくろより90円高いから，チョコレート5ふくろをあめ5ふくろに置きかえると，代金は90×5＝450(円)高くなる。あめ1ふくろはゼリー1ふくろより40円安いから，ゼリー2ふ

くろをあめ２ふくろにおきかえると，代金は40×２＝80(円)安くなる。したがって，あめ２＋５＋２＝９(ふくろ)の代金は，1970＋450－80＝2340(円)だから，あめ１ふくろの値段は，2340÷９＝260(円)

②　紙ぶくろの数を，あめとチョコレートとゼリーの個数の最大公約数にすればよい。

あめは21×２＝42(個)，チョコレートは14×５＝70(個)，ゼリーは７×２＝14(個)ある。

42と70と14の最大公約数は，右の筆算より２×７＝14だから，紙ぶくろを14ふくろ用意し，

$$\begin{array}{r|rrr} 2 & 42 & 70 & 14 \\ \hline 7 & 21 & 35 & 7 \\ \hline & 3 & 5 & 1 \end{array}$$

１ふくろごとに，あめを３個，チョコレートを５個，ゼリーを１個入れればよい。

(問４)①　つなげたテーブルの両端《りょうはし》には１きゃくずついすを置き，この数は変化しない。テーブルの横には，１個のテーブルごとに３きゃくのいすを置く。したがって，テーブルが１個のときのいすの数は５きゃくで，テーブルを１個増やすごとにいすが３きゃく増えるから，テーブルが４個のときのいすの数は，

５＋３×(４－１)＝14(きゃく)

②　①より，$5+3\times(x-1)=y$だから，$5+3\times x-3=y$　　$3\times x+2=y$

【課題２】

(問１)　午前11時の気温が20℃で，オタマジャクシから成長したトノサマガエルが池の中にいるのは秋である。

ア×…ヘチマの葉もくきもかれる季節は冬である。　イ×…イチョウの枝から，緑色の葉が出てくるの春である。

ウ○…オオカマキリが草むらで卵を産んでいるのは秋である。　エ×…セミが活発に鳴いているのは夏である。

(問２)　温度計に日光が当たると，温度計そのものの温度が空気の温度よりも高くなってしまい，正確な値が測定できない。

(問３)　雲のようすと天気の変化の記録より，雲が動く方向についての言葉を見つけよう。午後10時に雲が南西から北東へ動いていて，午後１時に雲が西の方から広がってきていることから，雲は西から東へ動くことが読み取れる。

(問４)　方位磁針の近くに磁石や鉄があると，針が磁石や鉄に引かれて，正しい方位を指さなくなる。

(問５)　エ○…ものが燃えるためには，新しい空気が必要である。燃えた後の空気は上にあがるので，燃えるものに新しい空気が送られるようにするには，燃えるものの下から上に向かって空気の通り道ができるようにすき間がたくさんあるとよい。

(問６)　燃やす前の空気と燃やした後の空気で，ちっ素の割合(約78%)は変わらない。図５より，燃やした後の空気にふくまれる酸素の割合は約17%だとわかるので，二酸化炭素とその他の気体の割合は約100－(78＋17)＝５(%)である。

(問７)　火のついたろうそくでは燃え方のちがいから空気と酸素とその他，石灰水では二酸化炭素とその他，酸素用検知管では酸素の割合のちがいから空気と酸素とその他，二酸化炭素用検知管では二酸化炭素の割合のちがいから空気と二酸化炭素とその他を区別することができる。したがって，ア，ウ，エでは４つの気体を区別することができるが，イではちっ素と二酸化炭素を区別できない。

(問８)　酸素用検知管と石灰水を使って４つの気体を見つける。解答例以外に，(まず，)４つの気体を石灰水で調べると，反応しない気体がちっ素か酸素か空気です。次に，反応しなかった気体を酸素用検知管で調べると，反応しない気体が(ちっ素です。)と答えてもよい。

【課題３】

(問１)①　１人２票ずつ投票したと考えれば，全部で13＋３＋14＋11＋15＝56(票)あるのだから，56÷２＝28(人)いるとわかる。よって，28÷２＝14(票)以上の曲をかけるので，ＣとＥをかける。

②　最初の希望者の$1+\frac{40}{100}=\frac{7}{5}$(倍)が21人だから，最初の希望者は，$21\div\frac{7}{5}=15$(人)である。

よって，増やした分は，21－15＝6(人分)

(問2)　水そうAの水の体積は，$30\times50\times40\times\frac{4}{5}=48000$(cm³)，水そうBの水の体積は，$20\times30\times30\times\frac{4}{5}=14400$(cm³)だから，水の体積の合計は，48000＋14400＝62400(cm³)　　メダカは全部で27＋12＝39(ひき)いるから，1ぴきあたりの水の量を62400÷39＝1600(cm³)にすればよい。1L＝1000cm³だから，1600cm³$=\frac{1600}{1000}$L＝1.6L

水そうBのメダカを，14400÷1600＝9(ひき)にすればよいので，水そうBから水そうAへ3びき移せばよい。

(問3)①　このような作り方で冊子を作ると，どの紙を見ても表裏ともに，左右のページ番号の和が等しくなる。この問題では，左右のページ番号の和が11＋48＝59になっているから，1ページ目のとなりは59－1＝58(ページ目)である。したがって，表紙と裏表紙をふくめると全部で58＋2＝60(ページ)ある。1枚ごとに4ページあるから，用紙は全部で，60÷4＝15(枚)

②　例を参考にして裏の右側のページ番号を1枚目から順に見ていくと，表紙，2，4，…と2ずつ増えていくとわかる。よって，12枚目では2×(12－1)＝22になっている。そのとなりは，①より，59－22＝37である。

(問4)　等間隔《とうかんかく》に1周するように物を並べると，物と物との間の数は，物の数と等しくなる。したがって，花と花との間は全部で20かしょできるから，円周は20×20＝400(cm)以上にしなければならない。

よって，半径は，$400\div3.14\div2=400\times\frac{1}{2}\times\frac{1}{3.14}=\frac{200}{3.14}=63.6\cdots$より，64cm以上にしなければならない。

(問5)　ア．[本の総冊数]と[本の種類の割合]より，文学の本の冊数は，2018年度が$5150\times\frac{52}{100}=2678$(冊)，2019年度が$5450\times\frac{50}{100}=2725$(冊)である。よって，「×」　　イ．[歴史の本の2年ごとの冊数]を見ると，2015年度よりも2017年度の方が多く，2017年度よりも2019年度の方が多いことは確認できるが，2016年度と2018年度がどうなっているかはわからない。[本の総冊数]と[本の種類の割合]から2018年度については求めることができるが，2016年度の冊数がわかる資料は存在しない。よって，「△」　　ウ．[本の総冊数]と[本の種類の割合]より，自然科学の本の冊数は，2018年度が$5150\times\frac{70-52}{100}=927$(冊)，2019年度が$5450\times\frac{70-50}{100}=1090$(冊)で，2019年度の方が1090－927＝163(冊)多い。したがって，2019年度は2018年度より$\frac{163}{927}\times100=17.5\cdots$(%)増加しているので，「○」　　エ．全校児童の1か月に借りる1人あたりの平均を求めるためには，(全校児童の借りた冊数の合計)÷(全校児童の人数)を計算しなければならないが，各学年の人数がわからないため，[1か月に借りる1人あたりの平均冊数(2019年度)]だけでは，全校児童の借りた冊数の合計を求めることができない。各学年の人数が同じならば，全校児童の平均は，(19＋15＋11＋12＋8＋7)÷6＝12(冊)となるが，人数が同じかどうかはわからない。よって，「△」

(問6)①　右図Ⅰのように正三角形イウオを作ることを考える。直線オカはイウを2等分するから，ウがイに重なるように折ると，折り目が直線オカとなる。次にウがオに重なるように折ると，折り目が図Ⅱの直線イキとなり，角ウイキ＝60°÷2＝30°となる。

図Ⅰ

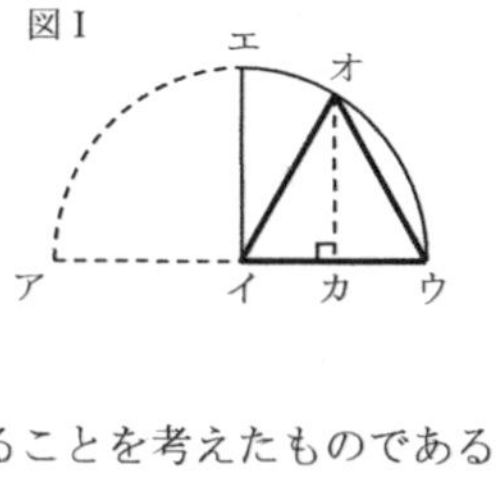

図Ⅱ

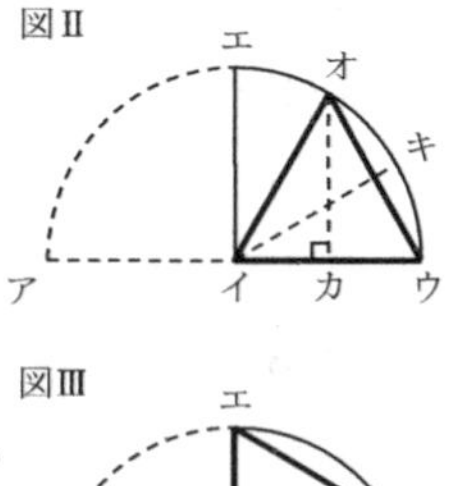

図Ⅲ

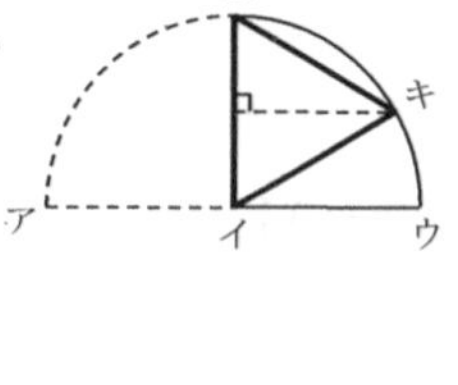

また，解答例の〔別解〕は，図Ⅲのように正三角形エイキを作ることを考えたものである。

②　まず，㋐，㋑，㋒，㋓の4つの図形の内角をそれぞれ調べる。次に，平行四辺形の内角の性質を利用して，並べ方を考える。

五角形の内角の和は 180°×(5－2)＝540° だから，正五角形の１つの内角は，

540°÷5＝108°　　また，三角形ＡＢＣは二等辺三角形だから，

角ＢＡＣ＝角ＢＣＡ＝(180°－108°)÷2＝36°

三角形ＢＣＤは三角形ＡＢＣと合同な二等辺三角形だから，角ＣＢＤ＝36°

以上のことから計算すると，図Ⅰのように角度がわかる。

平行四辺形の内角の性質は，「向かい合う内角はそれぞれ等しい」と

「となりあう内角の和は 180°」である。108° の角は頂点の位置に使いたいので，できる平行四辺形の内角は 108° が２つと 180°－108°＝72° が２つになると推測できる。あとは，108° の角を頂点の位置に持っていき，うまくあてはまる並べ方を探すと，図Ⅱの並べ方が見つかる(なお，(え)の 108° の角を頂点の位置に持っていっても，平行四辺形にならない)。

図Ⅰ

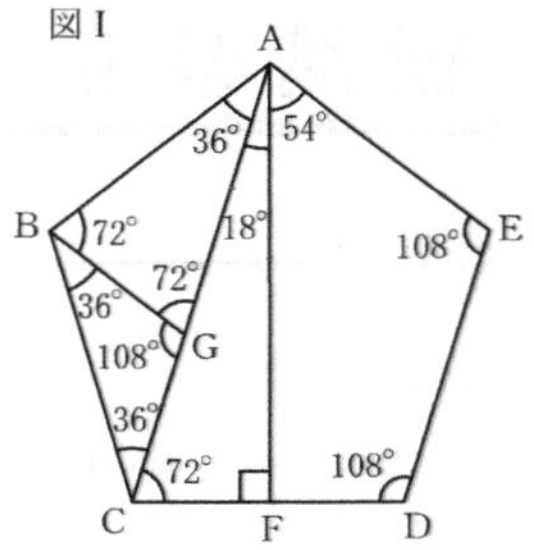

図Ⅱ

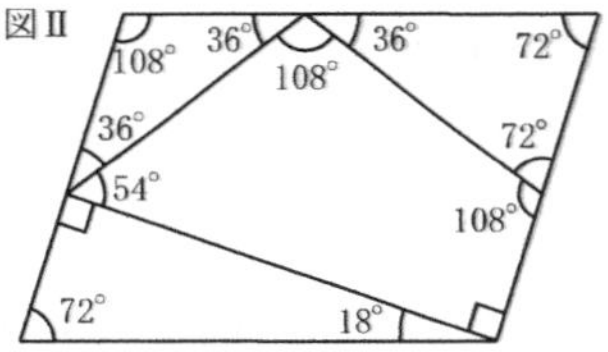

《解答例》

【課題1】(問1)ウ　(問2)記事の要点やポイント　(問3)はじめの5字…もし，見出　おわりの5字…つきます。　(問4)エ　(問5)イ　(問6)書き進めるうちに，書きたいことの重点が移っても，仮の見出しを変えることができる　(問7)読者に目を留めてもらう　(問8)ア

【課題2】(問1)①オ　②ウ　③ア　(問2)工場数は少ない／生産額は高い　(問3)イ　(問4)ビニールぶくろに入れずに，1本ずつ売る。　(問5)ウ→エ→イ→ア　(問6)当時の日常の言葉を使い，こっけいな動作やせりふで演じられたもの　(問7)ア，ウ　(問8)15～64 才の人口について男性と女性を比べると大きなちがいはないが，職業についている女性は男性よりもずいぶん少ない。そのため，国は，女性が働きやすい会社を増やし，だれもが働きやすい社会にしたいから取り組みを進めている。

【課題3】(例文)

大切さを実感した言葉…イ

高学年になり、登校、委員会活動、学校行事など、低学年のお世話が増えました。大変だなと思うこともありましたが、自分もしてもらっていたので、当然かなと思っていました。ある日、二年生の子が、こまっている一年生を手伝っている場面に出会いました。そこで、私たちの言い方をまねた言葉づかいで、ていねいに接していることに気づきました。

この体験から、自分の親切が相手に伝わると、その親切が相手の行動につながっていくのだと考えるようになりました。

四月から、私は再び一年生としてスタートします。新しい学校生活では、まわりの人の思いやりをしっかりと受けとめて、自分ができる親切へ生かしていきたいと思います。

《解　説》

【課題1】

(問1)　――部には、人でないもの(「見出し」)を、人にたとえて表現する擬人法《ぎじんほう》が用いられている。ウも同様。「空」は人ではないが、人の動作を用いて「泣いています」と表現している。よってウが適する。

(問2)・(問3)　第2段落の「新聞や雑誌の『見出し』は、記事の要点やポイントを表したフレーズ(語句)です～見出しがあれば、記事を読まなくても、およそ何について書かれているか見当がつきます」を参照。

(問4)　書く前に見出しをつける理由について、2～3行後で「自分が書こうとするもののポイントが、どこにあるかを自覚するため」と言っている。よってエが適する。　ア.［資料］には、「新聞記者が記事を書くとき、書き出す前に『仮見出し』というものをつけることがあります」とある。「必ず～つけている」とは限らないので、適さない。　イ.［資料］に書くべき内容を確認《にん》しやすくなるとはあるが、テーマを簡《かん》単に決められるとは書かれていない。　ウ.＝＝部の直後に「最終的に、その見出しを読み手に見せるかどうかは、とりあえず考えなくてかまいません」とあるので、「読み手に必ず見せる必要がある」が適さない。

(問5)　一字目に否定の漢字が入る三字熟《じゅく》語。それぞれ、ア「非常識」、イ「不自由」、ウ「無制限」、エ「未解決」となるので、イが適する。

(問6)　「仮の」だから、後から変えることができるという内容が入る。――部の3～6行後に、大工の棟梁《とうりょう》の

話を記事にする場合の具体例を用いて「もし、書き進めるうちに、『あれ～仕事の醍醐味《だいごみ》のほうに重点が移ってしまうな』と思ったら～仮の見出しを変えて～修正していきます」と説明されているので、この部分を参考にまとめる。

(問７) 広告と新聞の見出しの役割《わり》の共通点は、最後の２段落にまとめられている。「広告というのはとにかく人目を引いて読んでもらう～ことが目的」、「(新聞の見出しも) 読者の目を引くものにしようという気持ちは同じです」、最後の一文に「読者に目を留めてもらうという役割があるのです」とある。

(問８) アは、４～５行目の「小さな記事には見出しは一本だけですが、大きな記事～には、大小数本の見出しがつくのがふつうです」と一致《いっち》する。よってアが適する。　イ．══部をふくむ文で「長くまとまったものはもちろん、案内文や報告文など、どのようなものでも～見出しをつけることをおすすめします」と言っているので、「長い文章を書くときにだけ」ではない。　ウ．問２で見たように、見出しは「記事の要点やポイント」を表すので、「内容の一部を強調するだけ」では不十分である。　エ．記事の内容が、見出しほど衝撃《しょうげき》的な内容でないことはあるが、「関係はない」というわけではない。

【課題２】

(問１) 冬の北西季節風が日本海をわたるときに，暖流の対馬海流上空で蒸発した水分を大量に含むため，日本海側では大雪が降る(右図)。その後，山を越えて吹き下りてきた風(空っ風)は冷たくかわいているため，太平洋側では晴天の日が多くなる。

図　日本海側の地域で雪が降るしくみ

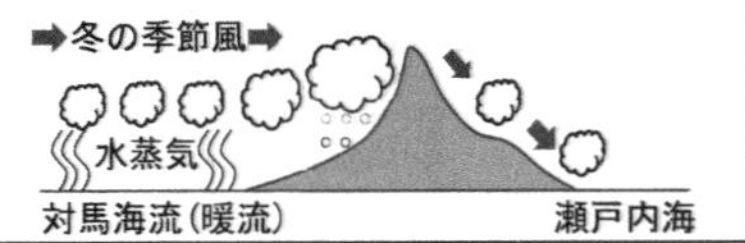

(問２) 資料１より，工場数の日本国内の割合は，中小工場に比べて大工場の方が圧倒的に少ないことが分かる。一方で，生産額を比べると，大工場と中小工場の割合にほとんど差がないことが読み取れる。大工場では大規模な設備や多くの工程が必要となる製品を，中小工場では生活に身近な製品や大工場から注文を受けた部品などをつくり，それぞれの特色を生かした生産を行っている。

(問３) イが誤り。119 番の電話は総合指令室が受け，火事の情報を集めてから，現場に最も近い消防署に出動の指令を出す。

(問４) 解答例の「１本ずつ売る。」は「量り売りする。」でも良い。ごみの発生を抑制することを「リデュース」と言い，リユース(そのままの形体で繰り返し使用すること)・リサイクル(資源として再び利用すること)と合わせて「３Ｒ」と言う。３Ｒを進めて新たな天然資源の使用を減らす循環型社会が目指されている。

(問５) ウ．応仁の乱(室町時代)→エ．五街道の整備(江戸時代)→イ．バスガールの活躍(大正時代)→ア．高度経済成長(昭和時代)

(問６) 狂言は対話を中心としたせりふ劇で，中世の庶民の日常や説話などを笑いの要素を取り入れて表現する。

(問７) アとウが正しい。織田信長は，公家や寺社などに税を納めて保護を受け，営業を独占していた座の存在が商工業の活性化のさまたげになっていると考え，楽市楽座を行った。また，仏教勢力と対立し，キリスト教を保護した。イは徳川家康・徳川秀忠，エは豊臣秀吉が行った政策である。

(問８) 資料５より，15～64 才の人口における男女の差がほとんどないのに対して，職業についている女性の人口は男性よりも 500 万人以上少ないことを読み取る。そのことを踏まえて，資料４のマークが「女性が働きやすい職場づくり」を取り組んでいる証明であることと関連付ける。なお，女性が働きやすい職場をつくる取り組みには，保育所の整備や短時間勤務の実現などが推進されている。

徳島県立中高一貫校　2020 令和2年度　検査Ⅱ

《解答例》

【課題１】(問１)①6.4　②８　　(問２)①５　②100　　(問３)［西］720，［北］360，［高さ］105

【課題２】(問１)エナメル線は，銅線の表面に電気を通さないエナメルをぬっているため，まくをはがして，電気をよく通す銅線を出すため。　(問２)コイルに流れる電流を強くすると，電じ石が鉄を引きつける力は強くなる。　(問３)右図　(問４)あ．逆にした　い．しりぞけ合う

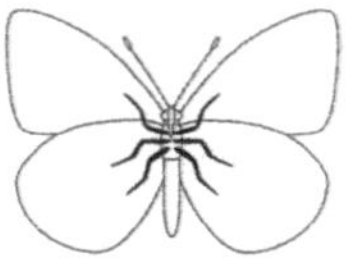

(問５)エ→ウ→ア→イ　(問６)う．オ　え．カ

(問７)熱した部分から順に熱が伝わって，あたたまっていく

(問８)あたためられた部分が上へ動き，上にあった部分が下に動いて，水全体があたたまっていく

【課題３】(問１)$\frac{4}{5}$　(問２)①50　※②900　(問３)７　(問４)３　(問５)イ　(問６)６　(問７)①３　②20

※の考え方は解説を参照してください。

《解　説》

【課題１】

(問１)①　1.4＋1.6×２＋1.8＝6.4(km)

②　９月から１月までは５か月あるので，１か月の平均ランニング日数は，(４＋５＋９＋12＋10)÷５＝８(日)

(問２)①　グラフの横軸の１めもりは１分なので，たけしさんが家を出てから，公園に着いたのは６分後，公園を出発したのは11分後なので，公園にいた時間は11－６＝５(分間)である。

②　グラフの縦軸は10めもりで１km＝1000mだから，１めもり1000÷10＝100(m)である。グラフより，家から公園までのきょりは900m，公園を出発してから家に着くまでにかかった時間は，20－11＝９(分)なので，求める速さは，分速(900÷９)m＝分速100mである。

(問３)　市役所からテレビとうは，西に120×６＝720(m)，北に120×３＝360(m)移動した位置にある。また，テレビとうの展望スペースの高さは105mなので，(［西］720m，［北］360m，［高さ］105m)と表せる。

【課題２】

(問１)　コイルに電流が流れなければ，電磁石にならない。

(問２)　実験結果の表で，電流の強さが強いと持ち上げることができるゼムクリップの数が多くなることに着目する。

(問３)　チョウなどの昆虫《こんちゅう》の体は，頭部，胸部，腹部の３つに分かれていて，６本のあしはすべて胸部についている。なお，はねがある場合は，はねも胸部についている。

(問４)　チョウが電磁石に引きつけられて動かなくなったのは，チョウにつけた棒磁石の下側のＳ極と，電磁石の上側のＮ極が引きつけ合っているためである。電流の向きを逆にすることで電磁石の上側の極がＳ極になるので，チョウにつけた棒磁石の下側のＳ極としりぞけ合うようになり，糸でつるしたチョウが動き続けるようになる。

(問５)　口から入った食べ物は，食道(エ)→胃(ウ)→小腸(ア)→大腸(イ)→こう門の順に通る。この一続きの管を消化管という。

(問６)(問７)　熱する部分に近いところから順に熱が伝わる。図５で，熱する部分から各点への最短距離《きょり》が短い順に並べると，ア→イ→ウ→オ→エ→キ→カとなる。このような熱の伝わり方を伝導という。

(問８)　あたためられた部分はまわりと比べて軽くなるので上に移動し，やがて全体があたたまる。このような液体や気体での熱の伝わり方を対流という。

【課題３】

(問１)　$\frac{3}{4}$dL で$\frac{3}{5}$㎡ぬれるので，１dL で$\frac{3}{5}\div\frac{3}{4}=\frac{3}{5}\times\frac{4}{3}=\frac{4}{5}$(㎡)ぬれる。

(問２)①　同じ味のホットケーキをつくるには，ホットケーキのもとと牛乳の比を 150：100＝３：２にすればよいので，ホットケーキのもとが 75ｇのときは，牛乳を 75×$\frac{2}{3}$＝50(mL)混ぜればよい。

②　ホットケーキは２×９＝18(枚)つくる。ホットケーキのもと 150ｇで３枚のホットケーキが作れるから，150ｇの 18÷３＝６(倍)必要になる。よって，150×６＝900(ｇ)のホットケーキのもとが必要である。

(問３)　折り紙を折って，直角二等辺三角形を切り取り，開く前の状態を考える。

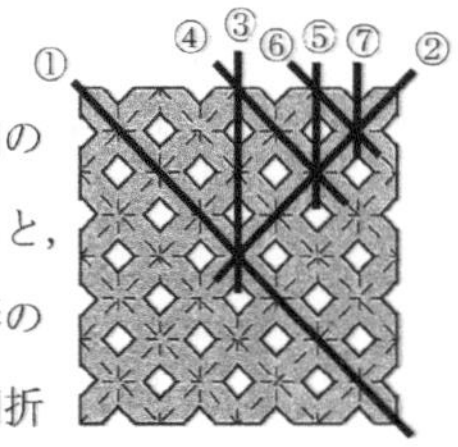

図３の模様を折って，開く前の大きさにする。１回め，２回め，３回めの折り目は，右図の①，②，③の太線のようになり，続けて，折り目について対称になるような折り方をすると，折り目は右図の④～⑦の太線のようになる。したがって，７回折ると，直角二等辺三角形の直角の部分と直角二等辺三角形になるように切り取った形となるから，図３の模様は７回折りの模様である。

(問４)　ゆかの面積全体の$\frac{2}{3}$と$\frac{1}{3}$の２つの長方形の場所に分けるので，図Ⅰまたは図Ⅱのような分け方の２通りしかない。図Ⅰの場合，バトミントンクラブは，縦 36×$\frac{2}{3}$＝24(m)，横 18mの長方形の場所にコートをつくるので，図Ⅲのように最大で３面つくることができる(コートの向きを逆にすると，縦に，24÷13.4＝１余り 10.6 より，１面，横に，18÷6.1＝２余り 5.8 より，２面となり，１×２＝２(面)しかつくれない)。

横に分ける場合，バトミントンクラブは縦 36m，横 18×$\frac{2}{3}$＝12(m)の長方形の場所にコートをつくるので，図Ⅳのように最大で２面コートをつくることができる(コートの向きを逆にすると，横が 13.4mとなり，12mをこえるのでコートをつくれない)。

したがって，つくることのできるコートは，最大３面である。

図Ⅰ

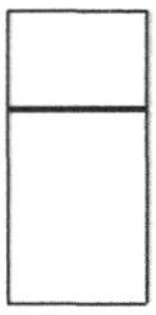

図Ⅱ

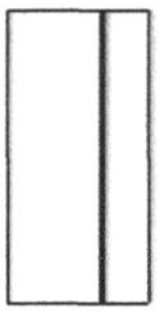

図Ⅲ

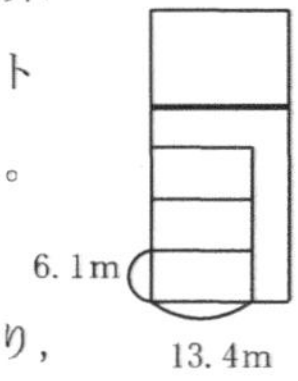

図Ⅳ

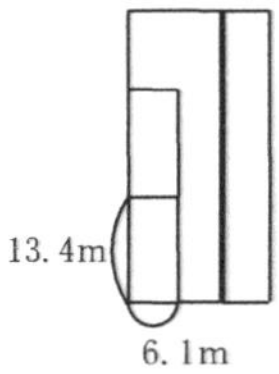

(問５)　１人１回ずつとぶと７回だから，275 回めまでに，275÷７＝39 余り２より，１人 39 回とび，その後に２人が１回ずつとぶ。よって，275 回めをとぶのは２人めのイの人である。

(問６)　試合数は，赤対白，赤対黄，白対黄の３試合ある。この３試合の順番の決め方は，１試合めが３試合あるうちの１つを選ぶので３とおり，２試合めは残った２試合から１つ選ぶので２とおり，３試合めは残った１試合を行うので，全部で３×２×１＝６(とおり)ある。

(問７)①　ピースを２つ使うと，図Aのような長方形ができる。この長方形を２つ使って正方形をつくるしきつめ方は(回したり裏返したりして同じしきつめ方になるものをのぞくと)，図B，図Cの２とおりある。

図A

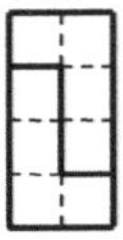

図B

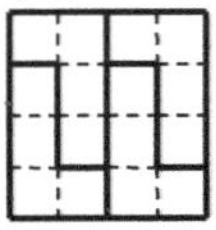

図C

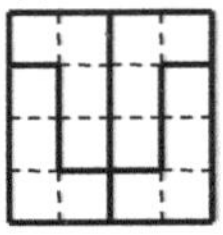

図D，図Eのようにピースの●印または○印の部分が正方形の左下にはまるようにおくと，回したり裏返したりすると図B，図Cと同じしきつめ方になる。図Fのように△印の部分が正方形の左下にはまるようにおくと，図Gのようなしきつめ方が見つかる(△印の部分が正方形の左下にくるようなおき方ならば，これ以外の向きでも回したり裏返したりすると，同じしきつめ方になる)。

これ以外のしきつめ方はないので，しきつめ方は全部で３とおりある。

図D

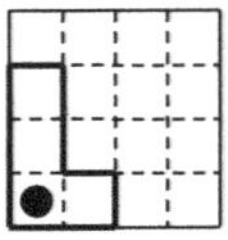

図E

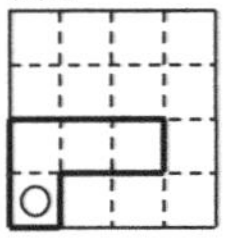

図F

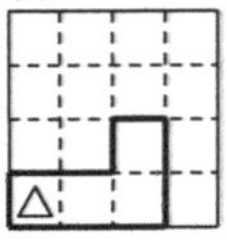

図G

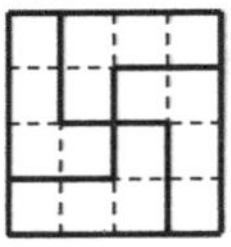

② それぞれの円について，厚紙１枚で最大何枚つくれるのかを調べる。

直径 18 cmの円は，図アのように１枚できる。直径 12 cmの円は，図イのように隅《すみ》に１枚つくると，空いたスペースに直径６cmの円を５枚つくることができる。直径９cmの円は，図ウのように４枚できる。

直径 18 cmの円と直径 12 cmの円を６枚ずつつくるのに厚紙は６枚ずつ必要となり，直径９cmの円を 24 枚つくるのに厚紙は 24÷４＝６(枚)必要となる。このとき直径６cmの円は５×６＝30(枚)できる。残りの 48－30＝18(枚)をつくる。

図ア，イ，ウのように円を切り取った後の厚紙で直径６cmの円をつくることは，図からできないとわかるので，直径６cmの円を図エのように厚紙からとると，９枚できるので，あと 18÷９＝２(枚)の厚紙が必要となる。よって，全部で６×２＋６＋２＝20(枚)使う。

図ア

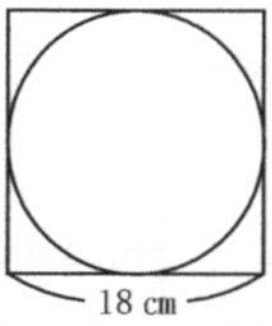

図イ

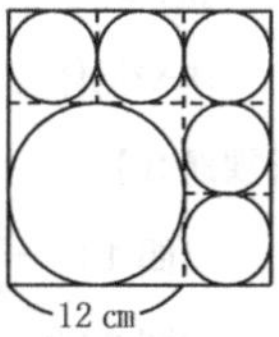

図ウ

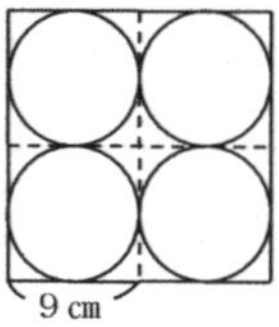

図エ

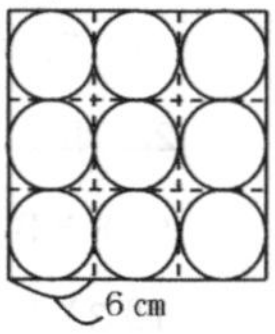

《解答例》

【課題１】(問１)ウ　(問２)エ　(問３)それぞれに個性がある　(問４)ア
(問５)はじめの４字…なのに、　おわりの４字…しまう。　(問６)きみは　だれ　(問７)名前にとらわれず，自分の五感のすべてを使って，ものそのものの本質に少しでも近づく　(問８)イ

【課題２】(問１)ア　(問２)A．ユーラシア　B．オーストラリア　(問３)資源ごみ／原料にもどして使う
(問４)場所と工夫…食堂やレストランに，外国語を話せるスタッフをやとったり，ほん訳の機械を備えたりする工夫が必要である。　理由…最も期待していたことに，日本食を食べることと答えた人が26.0%いるが，最も困ったこととして，し設等のスタッフとのコミュニケーションがとれないと答えた人が28.9%いるから。
(問５)A．ウ　B．カ　(問６)イ→ア→エ→ウ　(問７)全国から航路を通って特産物が集められ，商人によって，取り引きされていた。　(問８)日本の人工林には，二酸化炭素吸収量が下がってきている樹れい41年以上の木が多く，なえ木は，成長するにつれて二酸化炭素を多く吸収するようになるから，十分に成長した木を切り，なえ木を植えて育てることが地球温暖化の防止につながる。

【課題３】(例文)図書
図書委員会は、本の貸し出しや返きゃくのお世話をしたり、いたんだ本を直したりする活動をしています。また、本の整理やけい示物のはりかえもしています。
週に二回、昼休みや放課後に図書館の受付当番をしますが、新しい本がたくさん入ったときは、登録作業も加わり、とてもいそがしくて大変でした。しかし、活動に取り組む中で、仲間と助け合い協力して委員会活動を進めることのすばらしさを学びました。
わたしたちの学校では、一人あたりの読書時間の短さが問題になっています。図書委員がおすすめの本を選び、ポップやポスターを作って、それらの本のみ力を、みなさんにお知らせしてはどうでしょう。

《解　説》

【課題１】

(問１)　ア．「アリくん　アリくん」という言葉をくり返すことでリズム感が生まれている。　イ．「アリくん　アリくん　きみは～」と「アリくん」に語りかけているところに，作者のアリに対する親しみが感じられる。
ウ．「たとえ」は用いられていないので，これが正解。　エ．漢字を多用するとかたい印象をあたえることがあるが，この詩は平仮名と片《かた》仮名だけで表記され，親しみやすさがある。

(問２)　主語は，「何が―どうする」「何が―どんなだ」「何が―何だ」の「何が」にあたる文節。動作や作用などの主体を表す。たとえば，「犬が走る」の「犬が」，「海は青い」の「海は」にあたる部分。(問２)では「これが―咲いてたなぁ」が主語・述語の関係になっている。したがって，エが適する。

(問３)　こうじさんの言葉の「よく見れば，そっくりに見えるすべての存在にも～」は，［資料２］の「どっちもそっくりみたいだけれど，よく見れば違《ちが》ってますよね」に対応している。このことを直後で「それぞれに個性がある」とまとめている。

(問４)　まどさんが「言わずにおれなく」なったのは，「自分が人間本意のエゴのかたまりだったように思えて，ほかの存在に申し訳《わけ》なく」感じたから。他の生物に対して，「申し訳ない」と感じているのだから，アの「反省」が適する。

（問５） さくらさんは「名前についての言葉が印象に残りました」と言っているから，「名前」に関することで，人間が「ついしてしまいがちなこと」を説明している部分を探す。「してしまいがち」という表現から，このことをあまり良くないことだととらえていることがうかがえる。［資料２］の ═ 部の７～９行後の「なのに，『あ，チョウチョだ。あれはモンシロチョウか』と思った瞬《しゅん》間，たいていはわかったような気になって，その対象を見るのをやめてしまう。」が答えにあたる部分。まどさんは次の段落で「本当に見ようとは，感じようとはしない。それは～もったいないことだと思います」と言っている。

（問６） い の前後に着目する。「『アリ』だと分かっていても～もっと知ろうとしている」のだから，「きみはだれ」というアリに対する問いかけが入る。

（問７） ［資料２］の最後から５段落目の「存在そのものを感じたいと思うなら，名前にとらわれないほうがいい。だから私は，名前をはなれ，自分の五感のすべてを使って，名前の後ろにかくれている，ものそのものの本質に少しでも近づきたいと思っておるんです」が，まどさんが詩を書くときに思っていること。この段落の内容をまとめればよい。次の段落で，「なんとか書けた～表現できたと思うこともありますが～あとから自分の詩を読むと」と続けていることから，前の段落の内容が，詩を書くときに心がけていることだとわかる。

（問８） ［資料２］の第２段落で，植物の一本一本に個性があり，それは人間も他の生き物も同じであると述べていることと，最後の段落の「すべての存在が複雑精妙《みょう》で珍《めずら》しい。人間さまだけが特別ってわけじゃない」から，イが適する。 ア．最後から５番目の段落を参照。まどさんは名前にとらわれず，ものの存在の本質に近づきたいと言っているのであって，「新しい名前をつけることをめざしている」わけではない。 ウ．最後から４番目の段落で「あとから自分の詩を読むと，『なぁんだ』と思うことばかりです」と言っているので，適さない。 エ．最後から，２・３番目の段落を参照。詩で，ものの本質に迫《せま》りきれず，あとからがっかりする原因のひとつとして，「いろんな気分のとき」があることをあげている。

【課題２】

（問１） 緯度は，赤道を境にして地球を南北にそれぞれ90度に分け，北側を北緯，南側を南緯と呼ぶ。

（問２） 六大陸については，名称だけでなく，その位置(右図参照)も覚えておこう。なお，５つの輪の色は特定の大陸を意味したものではない。

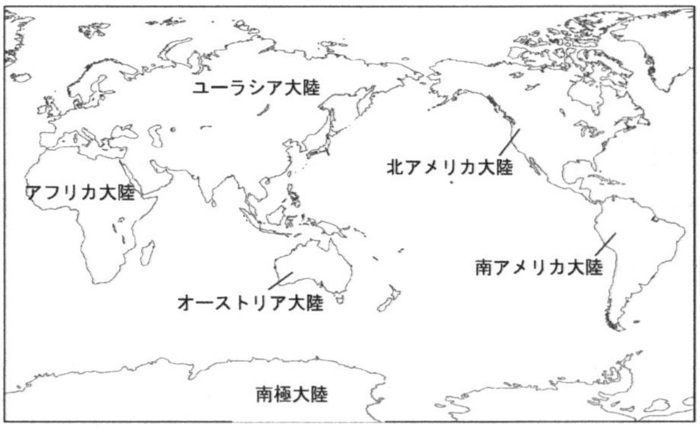

（問３） リサイクルは資源として再び利用すること，リユースはそのままの形体で繰り返し使用することである。この２つにリデュース(ゴミの発生を抑制すること)を加えた３Ｒを進め，新たな天然資源の使用を減らす社会を循環型社会と言う。

（問４） 解答例のほか，「食堂やレストランのメニューや案内などを，多言語表記にする工夫が必要である。」なども良い。

（問５）Ａ ウ．法隆寺は，聖徳太子が建てたといわれる，飛鳥文化を代表する世界最古の木造建築である。

Ｂ カ．広島県にある厳島神社には，平安時代末期，日宋貿易をすすめた平清盛が瀬戸内海の海路の安全を祈願した。

（問６） イ．平安時代→ア．室町時代→エ．安土桃山時代→ウ．江戸時代の順である。

（問７） 江戸時代，諸藩の蔵屋敷が集まっていた大阪には年貢米や特産物が運ばれ，そこで保存・販売されていたため，経済の中心地として「天下の台所」とよばれた。

（問８） 地球温暖化の主な原因に二酸化炭素などの温室効果ガスの増加があることを踏まえて，資料３と資料４より，二酸化炭素吸収量のピークとなる樹れい11～20年の木よりも，二酸化炭素吸収量の少ない樹れい51～60年の木の方が，人工林の面積が12倍ほど広いことを読み取る。

徳島県立中高一貫校　2019 平成31年度　検査Ⅱ

《解答例》

【課題１】(問１)①12，13，14，15　②189　　(問２)東／54　　(問３)８，35

(問４)12060　　(問５)216

【課題２】(問１)西　　(問２)ア　　(問３)右図　　(問４)受粉すると実がなり，その中に種子ができる。その種子が育って花をさかせ，また種子をつくることで

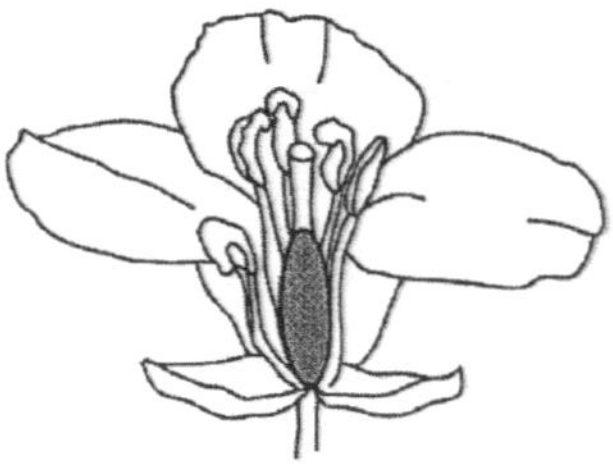

(問５)う．満月　理由…ボールがオの位置にあるとき，月が東，太陽が西という位置関係にあり，中心から見ると，光がボールの正面に当たり，全てが明るく照らされ満月に見えるから。　　(問６)ウ　　(問７)150 mA

(問８)実験２では，イよりアの方が，日光が直角に近い角度で当たりモーターが速く回りました。朝より正午の方が，太陽が高くのぼるため，日光がソーラーカーの光電池に対して直角に近い角度で当たるようになった

【課題３】(問１)５　　(問２)0.4　※(問３)8.3　　(問４)47，51　　(問５)97.5

(問６)①こうじ…52　ゆうき…73　みつる…54　まこと…59　②62.2

※の考え方は解説を参照してください。

《解　説》

【課題１】

(問１)①　12才以上16才未満は12才をふくみ16才をふくまないから，12，13，14，15才である。

②　お姉さんは16才以上の区分に入る。16才以上の区分の人数と，合計人数の比は，３：(４＋５＋３)＝１：４だから，16才以上の区分の人数は，756×$\frac{1}{4}$＝189(人)

(問２)　東側は１人あたり27216÷504＝54(㎡)，西側は１人あたり13356÷252＝53(㎡)だから，東側の方が広い。

(問３)　さくらさんは１周するのに675÷15＝45(分)かかったから，スタートしたのは，

午前９時20分－45分＝午前８時35分

(問４)　新しいアルミかんの個数は，回収されたアルミかんの個数の１－0.4＝0.6(倍)だから，昨年回収したアルミかんの個数は，7236÷0.6＝12060(個)

(問５)　１グループごとの枚数を10－７＝３(枚)増やすと，全体で必要な枚数は20＋64＝84(枚)増えるから，グループの数は84÷３＝28とわかる。よって，ごみぶくろは，７×28＋20＝216(枚)ある。

【課題２】

(問１)　夜の８時過ぎには三日月がしずんでいたから，その３時間前の夕方５時ごろは，あと少しで三日月がしずもうとする時刻である。月がしずむ方位は太陽と同じ西だから，さくらさんが見ていた空の方位は西だと考えられる。

(問２)　図３で，アは光が当たった部分がまったく見えない新月，ウは右半分が光って見える上弦《じょうげん》の月(図２)，オは光が当たった部分だけが見える満月，キは左半分が光って見える下弦の月であり，図１の三日月は新月から上弦の月に変わると中にあるイである。アからオまでが約15日，アからウまでがその半分のおよそ７～８日だから，イからウまではおよそ３～４日である。したがって，土曜日の今日，図２の上弦の月が見えているから，図１の三日月が見えたのは，今日から４日前の今週の月曜日ごろだと考えられる。

(問３)　めしべの根もとのふくらんだ部分を子房《しぼう》といい，受粉したあと，子房が実になる。なお，子房の中には胚《はい》珠《しゅ》があって，受粉したあと，胚珠が種子になる。

(問５)　月が東，日(太陽)が西にあるということは，観察者から見て月と太陽が正反対の方向にあるということである。図２では，観察者からみると，太陽はアの方向にあると考えればよいので，太陽と正反対の方向にあるのはオである。(問２)解説より，オは満月である。

(問６)　－たんしの値は，そのたんしにつなげたときに測定することができる最大の電流の強さを表していて，それよりも強い電流が流れると，針がふり切れてこわれることがある。したがって，電流の強さが予想できないときは，まず５Ａの－たんしにつなぎ，針のふれを見ながら小さい値の－たんしにつなぎ変えていく。

(問７)　500mA の－たんしにつないだときには，１目盛りが 10mA になるので，150mA が正答となる。

(問８)　光電池のかたむきを変えなくても，太陽の高さが変わると，日光が光電池に当たるときの角度が変わる。太陽は正午ごろに南の空で最も高くなるので，日光が最も直角に近い角度で地面(光電池)に当たるようになる。

【課題３】

(問１)　12 人で１組を作ると，57÷12＝４余り９より，４組できて９人余るので，５組必要になる。

(問２)　アの長さは，１×２×3.14＝２×3.14(m)，イの長さは，30×２×3.14×$\frac{30}{360}$＝５×3.14(m)だから，アの長さはイの長さの，$\frac{2\times3.14}{5\times3.14}$＝$\frac{2}{5}$＝0.4(倍)である。

(問３)　たけしさんは８秒で 50－２＝48(m)走ったから，速さは秒速$\frac{48}{8}$m＝秒速６mである。したがって，50m走るのにかかった時間は，50÷６＝8.33…(秒)である。$\frac{1}{10}$の位は小数第１位のことだから，小数第２位で四捨五入すると，8.3秒になる。

(問４)　アの線を２回目にふむかまたぐかしたときまでの経過を調べると，ウ→イ→ア→イ→ウ→イ→ア，となるから，アの線をふむかまたぐかしたのは，３回目と７回目である。このあとも４回ごとにアの線をふむかまたぐかしたので，(４の倍数－１)回目にそうしたとわかる。したがって，たけしさんの回数は，４×11－１＝43(回)，43＋４＝47(回)，47＋４＝51(回)，51＋４＝55(回)などが考えられ，このうち 45 回より多く 55 回より少ないのは，47 回と 51 回である。

(問５)　三角形ＡＢＰと三角形ＡＢＣは，底辺をそれぞれＢＰ，ＢＣとしたときの高さが等しいから，ＢＰ：ＢＣは面積比と等しくなるので，面積比を求める。１cm＝10㎜だから，５㎜＝$\frac{5}{10}$cm＝0.5cmなので，右図のようになる。三角形ＡＢＰと四角形ＡＰＣＤの面積比は，$\frac{3}{5}$：１＝３：５なので，三角形ＡＢＰと四角形ＡＰＣＤの面積をそれぞれ③，⑤とすると，台形ＡＢＣＤの面積は③＋⑤＝⑧と表せる。

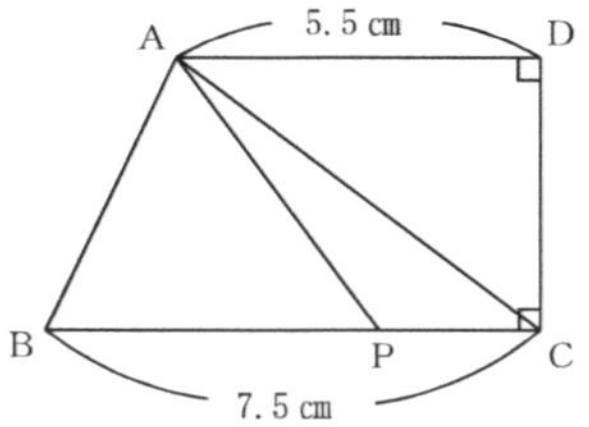

また，三角形ＡＣＤと三角形ＡＢＣは，底辺をそれぞれＡＤ，ＢＣとしたときの高さが等しいから，面積比はＡＤ：ＢＣ＝5.5：7.5＝11：15 と等しくなる。したがって，三角形ＡＢＣと台形ＡＢＣＤの面積比は 15：(11＋15)＝15：26 だから，三角形ＡＢＣの面積は⑧×$\frac{15}{26}$＝$\textcircled{\tfrac{60}{13}}$である。

以上より，ＢＰ：ＢＣ＝③：$\textcircled{\tfrac{60}{13}}$＝13：20 なので，ＢＰ＝7.5×$\frac{13}{20}$(cm)である。

よって，ＢＰの実際の長さは，7.5×$\frac{13}{20}$×2000＝9750(cm)であり，１m＝100cmだから，$\frac{9750}{100}$＝97.5(m)である。

(問６)①　例えば 45 点の人が 40～45 の区間に入るのか 45～50 の区間に入るのかを確認するために 45 点以下の人を探すと，41 点，42 点，45 点が【得点メモ】から見つかる。グラフの 40～45 は２人だから，40～45 は 40 以上 45 未満を表すとわかる。グラフと【得点メモ】からわかることをまとめると下表のようになり，㋐～㋓にまだわかっていない４人の得点が入ることになる。

区間	40 以上 45 未満	45 以上 50 未満	50 以上 55 未満	55 以上 60 未満	60 以上 65 未満	65 以上 70 未満	70 以上 75 未満
人数	２人	４人	５人	３人	２人	１人	２人
内訳《うちわけ》	41，42	45，48，48，49	51，53，54，㋐，㋑	55，56，㋒	61，64	67	73，㋓

こうじさんは高い方から 12 番目なので，50 以上 55 未満の区間に入り，こうじさんの得点は㋐か㋑である。73 点が２人いるから，㋓は 73 である。まことさんは 55 以上 60 未満の区間に入るので，まことさんの得点は㋒である。残りのゆうきさんとみつるさんのうち得点が高い方のゆうきさんが㋓となるから，みつるさんは㋐か㋑である。50 以上 55 未満の区間に入る得点は 50 点，51 点，52 点，53 点，54 点であり，こうじさんは 51 点，53 点，54 点のいずれとも異なる得点なのだから，50 点か 52 点である。こうじさんが 50 点だとみつるさんがこうじさんより上位になるので，こうじさんが高い方から 13 番目になってしまうから，こうじさんは 52 点に決まる。

また，19 人の得点の合計は 55×19＝1045(点)であり，㋐，㋑，㋒，㋓以外の得点の合計を計算すると 807 点になるから，まだ得点がわかっていないみつるさんとまことさんの得点の合計は，1045－807－73－52＝113(点)である。こうじさんが高い方から 12 番目になるためにはみつるさんの方がこうじさんより上位でなければならないので，みつるさんの得点は 53 点か 54 点である。しかし，みつるさんが 53 点だとまことさんが 113－53＝60(点)になり，55 以上 60 未満の区間に入らなくなってしまう。したがって，みつるさんが 54 点，まことさんが 59 点である。まとめると，こうじさんが 52 点，ゆうきさんが 73 点，みつるさんが 54 点，まことさんが 59 点である。

②　4725 点，4939 点，4544 点を合計すると，１組，２組，３組それぞれの得点を２回ずつ足したことになるので，１組，２組，３組の得点の合計は，(4725＋4939＋4544)÷２＝7104(点)である。したがって，１組の得点の合計は，7104－4939＝2165(点)である。①の解説より，１組男子の得点の合計は 1045 点だから，１組女子の得点の合計は，2165－1045＝1120(点)である。１組女子は 37－19＝18(人)いるから，１組女子の得点の平均は，1120÷18＝62.22…より，62.2 点である。

《解答例》

【課題1】 (問1)語りつたえられてきた　(問2)ウ　(問3)エ　(問4)ア，オ

(問5)はじめの5字…そこには、　おわりの5字…かします。　(問6)不思議

(問7)山や川などの自然をおそれながらも，知恵やとんちをはたらかせ，たくましく生きぬいてきた祖先の心

(問8)イ

【課題2】 (問1)エ　(問2)組み立てに必要な部品を，必要な時刻までに，工場のラインへ届ける

(問3)太平洋ベルト　(問4)①ウ　い．大阪府をふくむ工業地帯は阪神工業地帯で，兵庫県もふくまれます。大阪府と兵庫県の金属を合わせると6兆8000億円です。ウの金属の出荷額を計算すると約6兆8000億円となるので，大阪府をふくむグラフはウです。

(問5)年貢は米や作物の取れ高に左右されるが，地租は土地の価格をもとにした税金なので，安定しているから。　(問6)ア．C　イ．F　ウ．D　(問7)ウ→エ→イ→ア　(問8)国際的に共通な規格にすること

【課題3】 見つめ直す観点…ア

(例文)

えん筆は、使うたびにけずらなければならない。それに、けずりたてのときは、細い線で書くことができるが、すぐに先が丸くなる。

それに比べて、シャープペンシルは同じ太さでずっと書き続けることができる。だから外出の時も一本あればだいじょうぶだ。しかしえん筆は、一本でするどい細い線からやわらかな太い線まで、さまざまな線を書くことができる。力の入れ加減で、はらいやはねも書ける。弱い線、力強い線など思い思いに表現できるのだ。すぐに丸くなるけれど、それが表現の豊かさにつながっている。

他の物と比べると、いままで気づかなかったえん筆のよさが見えてきた。いろいろな観点から見ることは大事なことだと思った。

《解　説》

【課題1】

(問1)　民話を定義した部分を探す。[資料]の20～24行目に「昔話のようでもあり、伝説のようでもあり、世間話のようでもある、はっきりきめられない話もあります。なにしろ～語りつたえられてきたものですから」「こうした、語りつたえられてきた話をまとめて民話といいます」とあるので、「語りつたえられてきた」を書きぬく。

(問2)　「もっとも」には次の3つの用法がある。①（形容動詞）「当然だ」「道理にかなう」という意味。②（接続詞）「そうはいうものの」という意味。前のことがらを受けながらも、それに反することをつけ加えるときに用いる。　③（副詞）「いちばん」「最高に」という意味。　[資料]の「もっとも」は、②の意味。昔話や伝説の定義を述べた後で、その定義に当てはまらない話もある、とつけ加えている。これと同じ用法なのはウ。「雨でも出かけよう」と言った後、「よほどひどければ別だ」と前の内容に反する内容をつけ加えている。　ア．①の用法。　イ．③の用法。　エ．「もっともらしい」は形容詞で、いかにもそのようであるさまを表す。

(問3)　（問1）の解説を参照。「昔話のようでもあり、伝説のようでもあり、世間話のようでもある、はっきりき

められない話」もふくめ、「語りつたえられてきた話をまとめて民話」という。したがって、エが適する。　ア・イ．語りつたえられてきた話なら、昔話も伝説も世間話も、民話にふくまれる。　ウ．「むかしむかし、あるところに」で始まるのは「世間話」ではなく、「昔話」である。

（問４）　「飛行機」は、二字熟語（飛行）の下に、一字（機）がついた形（上の二字熟語が下の一字をくわしく説明している)。これと同じ組み立てなのは、ア「決勝戦」(決勝＋戦）と、オ「氷河期」(氷河＋期)。　イ．「高＋性能」。二字熟語の上に一字をつけ加えた形（上の一字が下の二字熟語をくわしく説明している)。　ウ．「心＋技＋体」。三つの字が対等に並んでいる形。　エ．「無＋意識」。二字熟語の上に、打ち消しの意味をもつ一字をつけ加えた形。カ．「輸出」と「輸入」が合わさった形。

（問５）　「遠いむかしの国を実際に歩いているような気持ち」とあるから、「遠いむかしの国」について書かれたところを探す。最後から 20～21 行目に「そこにくりひろげられる物語は～あなたを遠いむかしの国へつれていってくれます」とあり、その後の６行に「遠いむかしの国」の様子が具体的に書かれている。

（問６）　「話し合いの一部」の、「[い]という言葉から、『ありそうにもない』ことに心をおどらせる楽しさが伝わってきます」という部分もヒントになる。

（問７）　「ほんとうのこと」とは、現象や出来事が、ほんとうにあったということではなく、当時の人の考え方や感じ方の「ほんとうのことが語られている」という意味。最後の４段落の内容（「いまよりももっとまずしく～人びとは、おそれる心をもっていました。山をおそれ、川をおそれ、水をおそれ、風をおそれました」「しかし～おそれてばかりはいません。力強く、たくましく、知恵《え》やとんちをはたらかせながら生きぬいてきました」）からまとめる。

（問８）　前半には、昔話、伝説、世間話の具体的な例（池に大蛇《じゃ》がすんでいた話、キツネにばかされた話など）が書かれているし、後半にも、むかしの国の様子が、やまんばやかっぱ、てんぐなどの具体的な例を用いて書かれている。

【課題２】

（問１）　アの⊗は警察署，イのδは果樹園，ウの☼は発電所・変電所，エの☼は工場の地図記号である。

（問２）　「ジャスト・イン・タイム方式」には生産工程が効率的になる以外に，倉庫に余分な在庫を残さないといった利点もある。逆に，一部の部品供給が止まっただけで，生産自体がストップするといった欠点もある。

（問３）　前後の「海岸沿い」「工業な盛んな地域」から太平洋ベルトを導き出す。太平洋ベルトは，関東から東海，近畿，中国・四国，北九州の各地方の臨海部に，帯状に連なる工業地域である。

（問４）　大阪をふくむ工業地帯は，大阪から神戸に連なる阪神工業地帯である。資料１より，大阪府と兵庫県の金属の合計は，37000＋31000＝68000(億円)である。資料２より，金属の製造品出荷額はそれぞれ，アが 387000×0.102＝39474(億円)，イが 546000×0.101＝55146(億円)，ウが 317000×0.214＝67838(億円)となるので，数値の最も近いウが阪神工業地帯となる。

（問５）　江戸時代の年貢は米や作物の収穫高に応じて納める税だったため，幕府の収入は天候などに左右されて安定せず，予算を立てにくかった。そのため，1873 年に行われた地租改正では，地価の３％(1877 年に 2.5％に変更)を現金で納めることとし，国の収入を安定させ，予算を立てやすくした。

（問６）　ア．小野妹子は，隋の進んだ制度や文化を取り入れるために聖徳太子が送った使者(遣隋使)なのでＣを選ぶ。イ．鑑真は，唐から来日し唐招提寺を開いたのでＦを選ぶ。　ウ．杉田玄白は，前野良沢とともにオランダ語で書かれた『ターヘル・アナトミア』を翻訳し，1774 年に『解体新書』を出版した人物なのでＤを選ぶ。

（問７） ウ．板垣退助が自由党を結成（1881 年）→エ．大日本帝国憲法の発布（1889 年）→イ．関税自主権の回復（1911 年）→ア．普通選挙法の成立（1925 年）

（問８） 資料３からは，ねじの規格が「日本」から「海外」「世界」に対応するものに改正されたことを，資料４からは，日本語を含んでいた衣類などの洗濯表示が，「海外との取引」のために変更されたことを読み取り，まとめよう。なお，資料４の右端にある洗濯表示は自然乾燥を意味するが，これは日本独自の洗濯習慣であるので変更された。

【課題３】

イを選んだ場合は、えん筆が六角形であることや、真ん中に芯《しん》があることなどに着目することが考えられる。ウの場合は、絵をかく人の立場になってえん筆のことを考えてみるなど、様々な視点が考えられる。自分の書きやすい観点を選ぼう。

徳島県立中高一貫校　2018 平成30年度　検査Ⅱ

《解答例》

【課題１】　(問１)191000000　(問２)506.25　(問３)150.72

(問４)①241　②

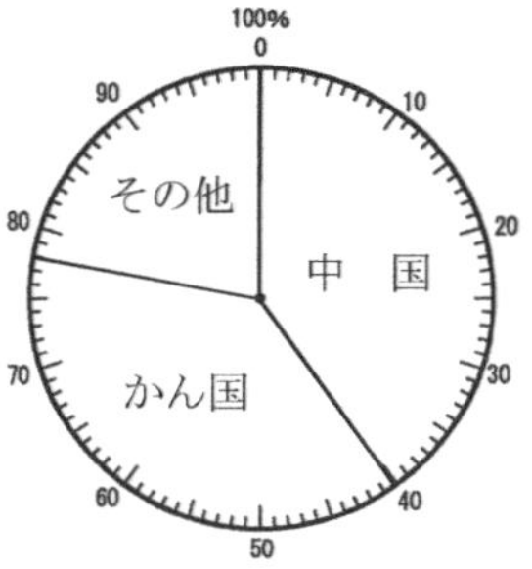

(問５)９

【課題２】　(問１)ふりこが１往復する時間は，ふりこの長さで変わります。ふりこの長さが同じならば，おもりの重さやふれはばを変えても１往復する時間は変わりません。　(問２)5.6

(問３)たけしさんの飼っているメダカは２ひきともおすなので，たまごを産まないのです。

(問４)心臓がはく動している　(問５)食物れんさ　(問６)イ

(問７)ビーカーAとB，ビーカーAとCを比べるために必要です。

(問８)調べる方法…ポリエチレンのふくろに息をふきこみ，石灰水を入れてよくふる。　結果…白くにごる。

(問９)水草は光が当たると，二酸化炭素を取り入れ，酸素を出します。水草もメダカも呼吸により，酸素を取り入れ，二酸化炭素を出すので，バランスがとれ，中性のままだからです。

【課題３】　(問１)13，４　(問２)①3.4　②９　(問３)20　(問４)8.7

(問５)木　考え方…８年後の同じ日は，１年が365日とうるう年の２日から，式は365×８＋２＝2922で，2922日後になる。次に，１週間は７日から，式は2922÷７＝417あまり３になる。あまりの数である３は，月曜日から３日後の曜日を意味している。このことから，８年後の３月５日は木曜日になる。

(問６)３，12　(問７)13，36　(問８)1536

《解　説》

【課題１】

(問１)　けたが多いので全て百万の位までのがい数にし，「億」や「万」を使って表すと比べやすい。百万の位までのがい数なので，十万の位を四捨五入して求める。オーストラリアは約2200万人，中国は約13億4000万人，イタリアは約5900万人，アメリカは約３億900万人，ブラジルは約１億9100万人，インドは約12億1000万人となるので，人口が４番目に多い国はブラジルで，191000000人となる。

(問２)　日本の空港からシャンハイの空港まで，午後９時－午後６時20分＝２時間40分＝$2\frac{40}{60}$時間＝$\frac{8}{3}$時間かかる。よって，求める速さは，時速$(1350\div\frac{8}{3})$km＝時速$\frac{2025}{4}$km＝時速506.25kmである。

（問３）　国旗の横の長さが 120 cmなので，たての長さは $120\times\frac{2}{3}=80$(cm)，赤い丸の直径は $80\times\frac{3}{5}=48$(cm)である。よって，赤い丸の円周は 48×3.14＝150.72(cm)である。

（問４）①　わかることを右表にまとめると，アにあてはまる人数を求めればよい。ウにあてはまるのは 1200－480－456＝264(人)，イにあてはまるのは 264－161＝103(人)となるので，求める人数は，619－275－103＝241(人)である。

単位：人

	中国	かん国	その他	合計
男	275	ア	イ	619
女			161	
合計	480	456	ウ	1200

②　①の解説より，その他の国の人の合計は 264 人なので，多い順は中国，かん国，その他とわかる。それぞれの割合は，中国が$\frac{480}{1200}\times100=40$(%)，かん国が$\frac{456}{1200}\times100=38$(%)，その他が 100－40－38＝22(%)なので円グラフにかくと解答例のようになる。

（問５）　例えば，50 円切手を１枚，30 円切手を１枚，10 円切手を２枚使うことを(50，30，10，10)と表す。それぞれの切手の枚数に注意して合計 70 円になる組合せを調べると，(50，20)(50，10，10)(50，10，５，５)(30，20，20)(30，20，10，10)(30，20，10，５，５)(20，20，20，10)(20，20，20，５，５)(20，20，10，10，５，５)の９通りあるとわかる。

【課題２】

（問１，２）　ふりこが１往復する時間は，おもりの重さやふれはばの影響《えいきょう》を受けず，ふりこの長さによって決まる。実験結果２で，ふりこの長さが 25 cmから(２×２＝)４倍の 100 cmになると，１往復する時間が 1.0 秒から２倍の 2.0 秒になっていて，ふりこの長さが 50 cmと 200 cmのときや，100 cmと 400 cmのときでも同様の関係になっていることに着目する。したがって，ふりこの長さが 200 cmから(２×２＝)４倍の 800 cmになると，１往復する時間は 2.8 秒から２倍の 5.6 秒になると考えられる。

（問３）　メダカのおすとめすには，右図のように，背びれとしりびれの形にちがいがある。

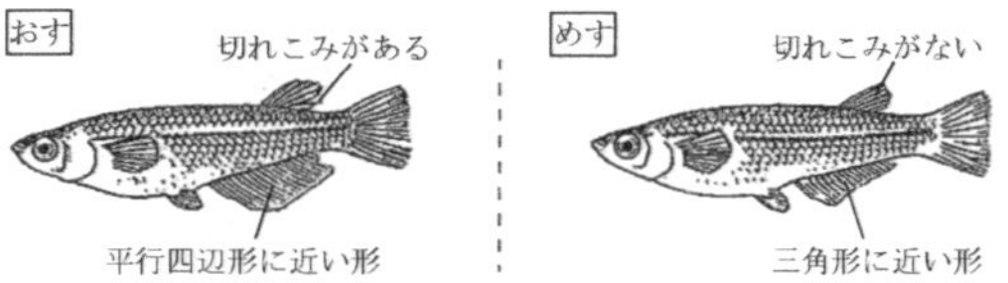

（問４）　心臓は縮んだりゆるんだりすることで血液を全身に送り出すポンプのようなはたらきをする。このような心臓の動きをはく動という。

（問６）　顕微鏡の視野は上下左右が反対向きに見える。図２のように，顕微鏡《けんびきょう》の視野の中で右上に見えるイカダモは，実際には左下にいるので，中央に見えるようにするにはプレパラートを右上(イの方向)に動かせばよい。

（問７）　ある条件について調べるとき，その条件以外の他の条件を同じにして結果を比べることで，ある条件が結果にどのように関係しているかを確かめることができる。このように，条件を１つだけ変えて結果を比べる実験を対照実験という。ビーカーＡは，ビーカーＢとはメダカの有無だけが異なり，ビーカーＣとは水草の有無だけが異なるので，ビーカーＡとＢ，ビーカーＡとＣはそれぞれ対照実験になっている。なお，ビーカーＡとＤは条件が２つ異なるので対照実験にはなっていない。

（問８）　二酸化炭素があるかどうかを確かめるには，石灰水に二酸化炭素を通すと白くにごることを利用すればよい。

（問９）　ビーカーＢが黄色に変わったのは，メダカの呼吸により二酸化炭素が増えたからで，ビーカーＣが青色に変わったのは，はじめに息をふきこんだときに水にとけた二酸化炭素が水草のはたらきによって減ったからである(水草は，光があたると，水と二酸化炭素を材料にして，でんぷんと酸素をつくりだす光合成を行う)。したがって，メダカと水草を入れたビーカーＤの色が変化しなかったのは，メダカの呼吸で出された二酸化炭素の量と水草の光合成で取り入れられた二酸化炭素の量が等しく，全体として二酸化炭素の量が変化しなかったからである。

【課題３】

(問１)　１列に６段ずつ並んでいるので，76÷６＝12余り４より，76番は左から12＋１＝13(列目)の上から４段目にあるとわかる。

(問２)①　読み聞かせに来てくれた回数は全部で，１×５＋２×８＋３×７＋４×９＋５×８＋６×３＝136(回)である。よって，１人平均は136÷40＝3.4(回)

②　2012年度の保護者の人数は，20×0.65＝13(人)なので2012年度の全体の人数は，13÷0.52＝25(人)とわかる。よって，2012年度の町の図書館の人の人数は，25×0.12＝３(人)なので，地域の人の人数は25－13－３＝９(人)

(問３)　右図１のような点をたてと横に結んでできる正方形は３種類あり，小さい正方形から順に９個，４個，１個できる。また右図２のようなかたむいた正方形は２種類あり，小さい正方形から順に４個，２個できる。よって，できる正方形は全部で９＋４＋１＋４＋２＝20(個)である。

図１
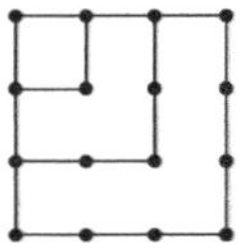

図２
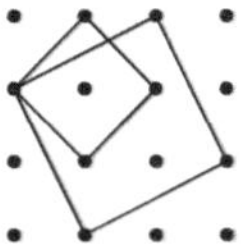

(問４)　右のように作図する。ＡＢは木の高さ，ＣＤはへいにできたかげの高さを表している。ＢＤに平行でＣを通る直線をかき，ＡＢと交わる点をＥとする。ＥＢ＝ＣＤ＝1.2mである。１mの棒のかげが２mなので，棒の長さとかげの長さの比は，１：２となるから，ＡＥ：ＥＣ＝１：２とわかる。ＥＣ＝15mなので，ＡＥ＝$15\times\frac{1}{2}$＝7.5(m)となり，木の高さは，ＡＢ＝7.5＋1.2＝8.7(m)である。

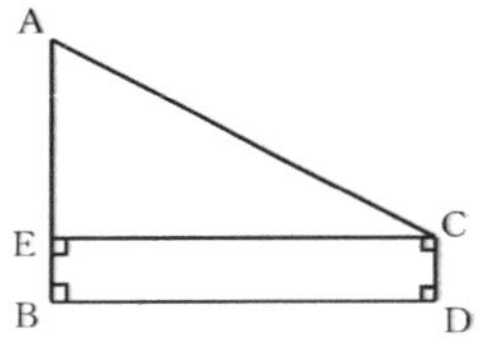

(問６)　４分のきょりはなれているとき，長針と短針の作る角は$360\times\frac{4}{60}$＝24(度)である。３時ちょうどのとき長針と短針のつくる角は90度なので，３時から角度が90－24＝66(度)小さくなったときとわかる。短針は１時間に$\frac{360}{12}$＝30(度)進むので，１分間に$\frac{30}{60}=\frac{1}{2}$(度)進む。長針は１時間に360度進むので，１分間に$\frac{360}{60}$＝６(度)進む。したがって，長針と短針の作る角度は１分間に$6-\frac{1}{2}=\frac{11}{2}$(度)小さくなるので，求める時間は３時から$66\div\frac{11}{2}$＝12(分後)の午後３時12分である。

(問７)　グラフより，底から27㎝の深さで段になっているとわかる。段をこえてから池がいっぱいになるまでに，90－27＝63(㎝)の深さがあり，グラフより，37－27＝10(㎝)の深さ分の水を入れるのに14－９＝５(分)かかっているので，水を入れ始めてから池がいっぱいになるまでにかかる時間は，$9+5\times\frac{63}{10}$＝40.5(分)である。これより，同じ水の量を入れるのにかかる時間とはい水するのにかかる時間の比は，40.5：15＝27：10 なので，８分間ではい水した量の水を入れるのに$8\times\frac{27}{10}$＝21.6(分)かかる。問題では，はい水を始めた後も水を入れ続けているから，はい水口を開けたのは水を入れ始めてから21.6－８＝13.6（分後），つまり13分(0.6×60)秒後＝13分36秒後である。

(問８)　１辺が72㎝の正方形１つに注目し，右図のように記号をおく。
三角形ＢＤＥと三角形ＢＡＥは合同である。三角形ＢＣＤと三角形ＢＤＥは，底辺をＣＤ，ＤＥとしたとき底辺の長さと高さが等しいので，ＣＤ＝ＤＥより面積も等しい。したがって，三角形ＢＣＤと三角形ＢＤＥと三角形ＢＡＥの３つの三角形の面積は等しいとわかる。
ＡＥ＝$72\times\frac{1}{3}$＝24(㎝)，ＣＥ＝24×２＝48(㎝)なので，右図の色付き部分の面積は三角形ＡＣＥの面積の$\frac{2}{3}$倍に等しく，(48×24÷２)×$\frac{2}{3}$＝384(㎠)である。
よって，求める面積は384×４＝1536(㎠)

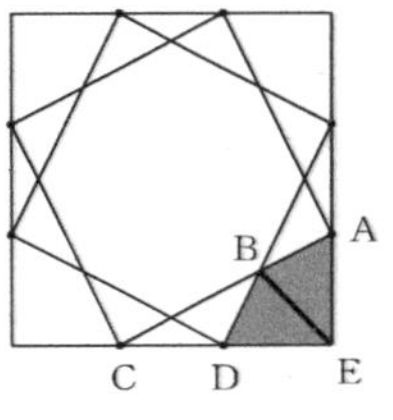

《解答例》

【課題1】(問1)ウ　(問2)わたし　(問3)8　(問4)新しい運命の出発点になった　(問5)イ，エ
(問6)すぐにもえ出す状態　(問7)夢　(問8)客観的で簡潔に表現することで、文章の最後に置かれているファーブルの言葉が印象的になり、読者の心に強くひびいてきます。

【課題2】(問1)いねかり　(問2)農業機械を使うようになったからです。　(問3)病気に強い品種を作ることで、農薬をまく回数を減らすことができるから。　(問4)1万haあたりの米の生産量　(問5)エ
(問6)米をたくわえる役割です。　(問7)米づくりに必要な土地や水が原因で、争いが起こりました。
(問8)エ→ア→イ→ウ　(問9)資料4は米の品質や生産者、販売者を表し、資料5は農薬や化学肥料の使用をおさえたことを表しており、このような情報を活用していくことが大切である。

【課題3】(例文)

わたしは、ふれあいタイムで二年生といっしょにドッジボールをすることを提案します。そのわけは、ドッジボールが二年生の大好きな遊びで、休み時間にはいつも元気に遊んでいるからです。たくさんの人がいっしょに活動できるところもよいと思います。

六年生と二年生ではボールを投げたり受けたりする力にちがいがあるため、強いボールが二年生に当たって泣いてしまうことや、二年生に気を配らなければならないため六年生が楽しめないということが考えられます。このことは、六年生はボールを投げずに転がすというルールを作ることにより解決できます。このように、ルールを工夫すると、六年生も二年生も仲よく楽しむことができます。

《解　説》

【課題1】

(問1)　「火花」について、[資料1]では「火花さえあれば、それ(＝眠《ねむ》っていたわたしの夢)はすぐにもえ出す状態でした。レオン・デュフール先生の本は、ちょうど、この火花だったのです」(5段《だん》落)、[資料2]では「『火花』と彼《かれ》(＝ファーブル)がよぶほど衝撃《しょうげき》的な、本との出会いがありました。フランスの昆《こん》虫学者、デュフールが書いた昆虫の本との出会いでした」(3～6行目)と述べているので、ウが適する。

(問2)　[資料1]は、ファーブル自身が語っている形で書かれており、ファーブルが自分自身を指して「わたしは」「わたしの」「わたしが」などと表現している。　い　の2行後に「それに対して、[資料2]では『ファーブル』と客観的に書かれています」とあるのと対照的。

(問3)　[資料2]の「生きた姿《すがた》を研究する」学問について述べているのは、[資料1]の8段落「生きた動物の構造や習性、そして生活の研究」という部分。

(問4)　「人生を変えるきっかけとなった」ことが書かれている13字の言葉は、[資料1]の2段落の最後の一文にある「新しい運命の出発点になった」。

(問5)　「衝撃的」(＝心を強くゆり動かされる様子)と似たような意味の語を選ぶ。イの「劇《げき》的」(＝ドラマチック。劇を見ているかのように緊張《きんちょう》したり感動したりする様子)と、エの「感動的」(＝深く感じ、強く心を動かされる様子)。

(問6)　「準備が整ってい」る状態に、「火花」がつくと、そこから新しい世界が広がる。[資料1]の5段落の「火花さえあれば、それはすぐにもえ出す状態でした」より、下線部。

(問7) 5段落の「わたしの夢は、長いことまるで暖炉《だんろ》のなかでもえないままおかれているまきのように」とたとえているので、夢。

(問8) [話し合いの一部]の中で、[資料2]について述べている部分に着目する。「[資料2]では『ファーブル』と客観的に書かれています」「[資料2]では、『昆虫を～です。』と、とても簡《かん》潔に表現されています」などから、客観的であり、簡潔であるという特徴《ちょう》をおさえる。それらをふまえて、そのように表現することで、読者にどのような効果をもたらしているのかをまとめる。[資料1]の特徴やよさを述べている、 き の直前の一文を例にして、「～表現することで、読者に～」といった書き方をするとよい。

【課題2】

(問1) 資料1の1965年をみると，作業時間が40時間を超えているのは，「いねかり」のみであることがわかる。

(問2) さくらさんの発言のあとにたけしさんが「水田の形を広く整えた地域もある」と述べていることに着目する。かつての日本の水田は，面積が小さく，形もいびつだったので，大型の機械を使いにくく，農作業の効率が悪かった。そこで，ほ場整備を行って，水田の形を長方形に整え，大型の機械で耕作しやすくし，農作業の効率をあげた。「ほ場」は畑や菜園という意味である。

(問3) 農薬は殺虫剤・殺菌剤・除草剤などの種類があり，程度の差こそあるものの，いずれも毒性をもつ薬剤である。そのため，農薬を何度も使うと周辺環境に悪影響を及ぼすおそれがあるので，農薬をまく回数を減らすことができれば，その分，周辺環境に与える影響は小さくなるといえる。なお，無農薬をうたい，化学肥料を全く使わない農作物の中には，安全性の不明な農業資材を使っているものもある。農薬や化学肥料を使っているから危険，農薬や化学肥料を使っていないから安全と無条件に考えるよりも，きちんと安全性を検査された農薬や化学肥料を使っているか，危険な農業資材を使っていないか，などを調べた方がよい。

(問4) 資料2をみると，1965年から2014年にかけて，作付面積はおよそ半分に減少した一方で，生産量は約70%の減少にとどまっていることがわかる。このことから，林さんの言う通り，「効率のよい米づくり」が進められてきた結果，単位面積(ここでは1万ha)あたりの米の生産量が増加したことを読み取ろう。

(問5) アとウは江戸時代に用いられた農具であり，イは水田での農作業の際に履く履物である。

(問6) 高床倉庫は収穫した稲の穂を蓄えるための倉である。ねずみの被害を防ぎ，風通しをよくするために，床が地面より高く作られている。

(問7) 縄文時代の終わりごろに大陸から稲作が伝わると，定住生活が広まり，生産手段を持つ者は作業の指導者として地位を高め，生産手段を持たない者との格差を広げていった。そのため，米づくりが広まっていた弥生時代には，支配する者と支配される者の身分差がはっきりとしていた。また，米づくりのためには土地や用水が必要であり，これらをめぐって，むらとむらが争うようになった。

(問8) アは江戸時代のできごと，イは大正時代のできごと，ウは昭和時代のできごと，エは安土桃山時代のできごとである。

(問9) ある個別の商品について，生産から加工・流通・販売・廃棄までの一連の過程を明らかにするしくみをトレーサビリティといい，パッケージに産地の表示をすることも，「食の安全」を確保し，消費者の安全・安心の期待にこたえるためのものである。資料5は有機ＪＡＳマークといい，農薬や化学肥料などの化学物質にたよらず，自然界の力で生産された食品に付けられている。

【課題３】

「１段落目には、あなたの提案する活動と、提案する理由を書くこと」とあるから、「～を提案します。」「そのわけは、～からです。」「なぜなら、～からです。」などと、明確に示す書き方をしよう。「２段落目には、『～が考えられます』という言葉を必ず使って」とあるので、まず、その表現を使って問題点を提示しよう。続いて、それを「どのように解決するのか」について、「～により解決できます。」「～という方法によって解決することができます。」などと書くと、わかりやすい文章になる。最後は、「参加したみんなが楽しめるように」という目的に合わせて、自分が提案した活動によって、低学年の２年生も、自分たち６年生も楽しむことができるのだということをまとめるとよい。

徳島県立中高一貫校　2017 平成29年度　検査Ⅱ

《解答例》

【課題１】(問１)㋑　(問２)42　(問３)㋒　(問４)114　(問５)39

【課題２】(問１)あ．c　い．a　う．b　(問２)ア，ウ，オ　(問３)水／空気／適当な温度

(問４)植物には、根からくき、くきから葉へと続く、水の通り道がある。

(問５)水はおもに葉から水蒸気となって出ていくことがわかる。

(問６)アサガオの花のしるの色は、酸性のときは赤色になり、アルカリ性のときは黄色になります。

(問７)皮ふにつかないようにし、ついてしまったときにはすぐに流水で洗う

(問８)［実験方法／実験結果］［蒸発皿に残ったものに磁石を近づける。／引きつけられなかった。］

［蒸発皿に残ったものにうすい塩酸を加える。／とけたけれど、あわは出なかった。〔別解〕あたたかくならなかった。］

【課題３】(問１)24　(問２)1.55

(問３)①55　②寺→美術館→神社→城〔別解〕城→神社→美術館→寺／午後４時13分12秒

(問４)①80／考え方…グラフから、10分のときの水面の高さが５cmなので、水盤に入っている水の体積は、

$80\times120\times5=48000$になる。次に、10分は600秒なので、$48000\div600=80$になる。

このことから、１秒間に入る水の体積は80㎤になる。

②右グラフ　(問５)①10　②38

(問６)クッキー…179　せんべい…149　(問７)8000

図２

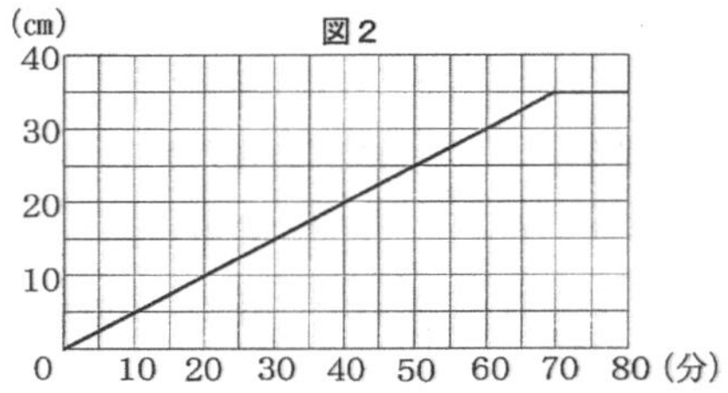

《解　説》

【課題１】

(問１)　㋐〜㋓の４歩で１つの周期となっている。98歩目は，98÷４＝24余り２より，24回目の周期が終わったあとのさらに２歩目だから，㋑にあたる。

(問２)　おどる人は126－18－３＝105(人)で，そのうちの100－60＝40(%)が女おどりをする人だから，

$105\times\frac{40}{100}=42$(人)

(問３)　[かね]のＡの音が鳴るまでの音符の長さの合計は，$\frac{3}{4}+\frac{1}{4}+\frac{3}{4}+\frac{1}{4}=2$となる。[小太鼓]の休符と音符を最初から合計していくと，$\frac{1}{2}+1+\frac{1}{2}=2$より，㋒の直前までで長さが２となる。よって，Ａの音と同時に鳴るところは㋒である。

(問４)　円の直径が20cmだから，円の半径は20÷２＝10(cm)となるため，円の面積は，10×10×3.14＝314(㎠)

また，円の中の正方形の対角線の長さは，円の直径と等しく20cmである。正方形はひし形でもあるから，その面積は[(対角線)×(対角線)÷２]で求められるため，円の中の正方形の面積は，20×20÷２＝200(㎠)

よって，色をぬる面積は，314－200＝114(㎠)

（問５） 外側になる人数は，正三角形の１辺に２人並《なら》んでいるときは３人，正三角形の１辺に５人並んでいるときは12人，正三角形の１辺に８人並んでいるときは21人，…，と９人ずつ増えている。したがって，この先は，21＋９＝30(人)，30＋９＝39(人)，…，と予想できる。人数を合計していくと，３＋12＋21＋30＋39＝105より，外側に39人並んだところで合計105人となるから，求める人数は39人である。

【課題２】

（問１） 比べたい条件以外の条件は同じになるようにしておく。この実験では「水をあたえるか，あたえないか」「空気にふれるようにするか，ふれないようにするか」「あたたかいところに置くか，冷たいところに置くか」「光の当たる場所に置くか，暗い場所に置くか」という，４つの条件が関係しているので，水について調べるときは空気・温度・光の３つを同じ条件に，空気について調べるときは温度・水・光の３つを同じ条件に，温度について調べるときは空気・水・光の３つを同じ条件にする必要がある。したがって，表より「あ」と「い」が温度と空気，「い」と「う」が温度と水，「あ」と「う」が空気と水なので，「あ」が空気，「い」が温度，「う」が水についての条件であることがわかる。

（問２，３） 種子の発芽には，水，空気，適当な温度が必要である。したがって，水のないイ，空気にふれないエ，温度の足りないカは発芽せず，発芽するのはア，ウ，オである。

（問４） 図３の根，くき，葉のそれぞれの切り口から，色を付けた水が，根からくきを通って葉までとどいていることがわかる。したがって，根，くき，葉をつなぐ通り道としての管があると考えられる。なお，このような水が通る管を道管という。

（問５） 葉があるものとないものでは，葉があるものの方が袋の内側に多くの水てきがついたことから，植物が根から吸い上げた水は，主に葉から空気中に水蒸気として出て行くことがわかる。

（問６） うすい塩酸は酸性だから，アサガオの花のしるは赤色に変化し，うすい水酸化ナトリウム水よう液はアルカリ性だから，アサガオの花のしるは黄色に変化し，食塩水は中性だから，アサガオの花のしるの色は変化しなかった。したがって，アサガオの花のしるの色は，水よう液が酸性ならば赤色に，アルカリ性ならば黄色に変化し，中性ならば変化しないことがわかる。

（問７） うすい塩酸も，うすい水酸化ナトリウム水よう液も，吸い込んだり，目に入ったり，皮ふについたりすると大変危険である。実験ではかん気をよくし，目を守る安全眼鏡をかける。また，皮ふにつくと皮ふがただれたりとけたりして危険なので，つかないようにする。もしついてしまった場合は，すぐに大量の水で洗い流す。なお，中和させようと考えて，塩酸が皮ふについたときに水酸化ナトリウム水よう液をつけようとしたり，水酸化ナトリウム水よう液が皮ふについたときに塩酸をつけようとしたりすることは，絶対にやってはいけない。

（問８） 実験５から，鉄はうすい塩酸と反応して気体(水素)を発生するが，うすい水酸化ナトリウム水よう液や食塩水とは反応しないことがわかる。実験６では，鉄とうすい塩酸が反応してできたものが，鉄であるのか鉄以外の別の物質であるのかを調べているので，鉄であれば反応が起こるような実験をしてみて，結果を調べればよい。したがって，実験例としては，蒸発皿に残ったものに磁石を近づけると引きつけられないことから，鉄でないことがわかり，蒸発皿に残ったものをうすい塩酸に入れたときに，実験５のアのように気体を発生しないことから，鉄でないことがわかる。

【課題３】

（問１） 希望者をＡ，Ｂ，Ｃ，Ｄとして，司会者，あいさつをする人，連らく係の順に決めるとする。司会者の選び方はＡ～Ｄの４通りあり，その１通りごとにあいさつをする人の選び方は残りの３通りあり，その１通りごとに連らく係の選び方は残りの２通りある。よって，選び方は全部で，$4\times3\times2=24$(通り)

（問２） 実際の直線距離《きょり》に$\frac{1}{25000}$をかけると 6.2 ㎝になったのだから，実際の直線距離は，$6.2\div\frac{1}{25000}=155000$(㎝)である。$1$ ㎝$=\frac{1}{100}$m$=\frac{1}{100\times1000}$km$=\frac{1}{100000}$kmだから，求める距離は，$155000\times\frac{1}{100000}=1.55$(km)

（問３）① ５人が歩いた距離の合計は $53\times5=265$(m)だから，まことさんの歩いた距離は，
$265-52-55-53-50=55$(m)

[たけしさんの班が作った地図]

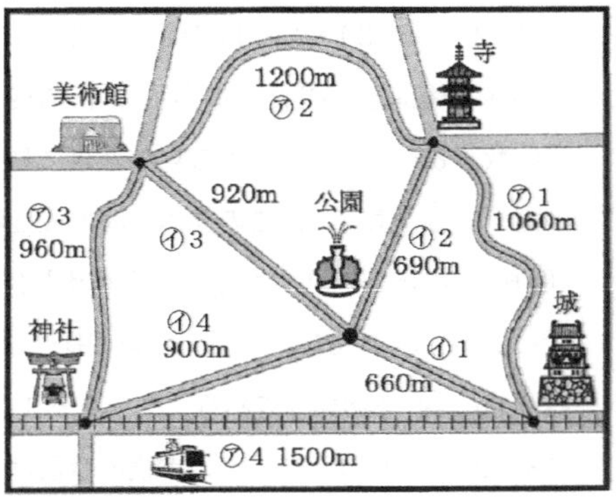

② 見学時間の合計は 30 分×４＝120 分＝２時間で変わらないから，移動時間を最短にする方法を考える。電車の路線をふくめた道を図のように㋐と㋑の２種類に分ける。１つの見学場所からとなりの見学場所に移動する最も早い方法は，㋑の道を通らず㋐の道を通ることだから，㋑の道は，最初と最後に１回ずつ通るだけにする。したがって，まず公園からどこかの見学場所へ㋑の道を通って行き，次に㋐の道を３回通って残りの見学場所をまわり，最後に㋑の道を通って公園にもどるようにする。㋐の道のうち１本は通らないので，どこを通らなければ最も早いかを考える。㋐１を通らないと㋑１と㋑２を通ることになり，歩く道のりが$(660+690)-1060=290$(m)長くなる。㋐２を通らないと㋑２と㋑３を通ることになり，歩く道のりが$(690+920)-1200=410$(m)長くなる。㋐３を通らないと㋑３と㋑４を通ることになり，歩く道のりが$(920+900)-960=860$(m)長くなる。したがって，㋐１，㋐２，㋐３のうちでは，㋐１を通らない場合が余分に歩く道のりが最も少ないので，最も早くまわることができる。㋐１を通らず㋑１と㋑２を通ることで余分にかかる時間は，$290\div50=5.8$(分)である。
路面電車の速さは，時速 30 km＝分速$\frac{30\times1000}{60}$m＝分速 500mだから，路面電車の移動には $1500\div500=3$(分)かかる。このため，㋐４を通らず㋑４と㋑１を通ることで余分にかかる時間は，$(900+660)\div50-3=28.2$(分)である。以上より，㋐１を通らない場合が最も早くまわれるとわかる。したがって，まわり方は，公園→寺→美術館→神社→城→公園，または，公園→城→神社→美術館→寺→公園であればよい。
実際に歩く道のりの合計は，㋑２＋㋐２＋㋐３＋㋑１＝$690+1200+960+660=3510$(m)だから，歩く時間の合計は $3510\div50=70.2$(分)である。路面電車の移動時間をあわせると移動時間の合計は $70.2+3=73.2$(分)となる。
73.2 分＝60 分＋13 分＋0.2 分＝１時間 13 分(60×0.2)秒＝１時間 13 分 12 秒だから，求める時刻は，
午後１時＋２時間＋１時間 13 分 12 秒＝午後４時 13 分 12 秒

（問４）② 10 分間で水面の高さが５㎝になったので，水盤が水でいっぱいになるとき，つまり水面の高さが 35 ㎝になるときまでにかかる時間は，$10\times\frac{35}{5}=70$(分)である。よって，70 分まではグラフはななめの直線になるが，70 分以降は水面の高さが変化しないので，グラフは水平な直線になる。

(問５)①　真上から見た図に，それぞれの場所に何個の立方体が積んであるかを数字で書きこんでいくとよい。正面から見た図から右図１のようにわかり，右横から見た図から右図２のようにわかる。

図１

真上から見た図

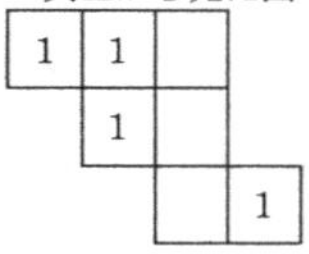

図２

真上から見た図

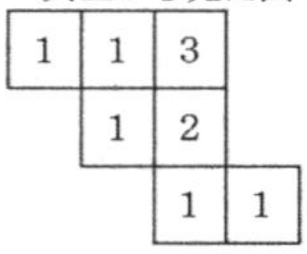

図３

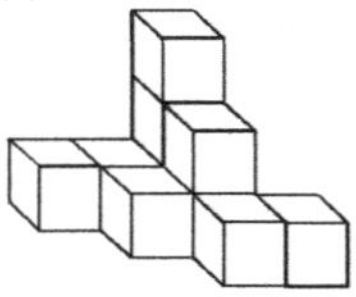

よって，立方体は全部で１×５＋２＋３＝10(個)ある。なお，立体作品の見取り図は上図３のようになる。

②　表面積を調べるときは，立体を前後左右上下それぞれから見たときに見える部分について考える。立方体３個からできている②の図の立体の右ななめ手前を前(正面)とすると，前後から見たときに見える面の数が２つずつ，左右から見たときに見える面の数が３つずつ，上下から見たときに見える面の数が２つずつだから，表面には全部で(２＋３＋２)×２＝14の面がある。したがって，１つの面の面積は14÷14＝１(㎡)とわかる。

[立方体を組み合わせた立体作品]は，前後から見たときに見える面の数が６つずつ，左右から見たときに見える面の数が６つずつ，上下から見たときに見える面の数が７つずつだから，表面には全部で(６＋６＋７)×２＝38の面がある。よって，この立体作品の表面積は，１×38＝38(㎡)

(問６)　合計1670円になる組み合わせと合計1610円になる組み合わせをあわせると，クッキーとせんべいを10枚ずつ買うことで1670＋1610＝3280(円)になるとわかる。したがって，クッキー１枚とせんべい１枚の値段の合計は3280÷10＝328(円)である。クッキー１枚の値段の２倍は328＋30＝358(円)だから，クッキー１枚の値段は358÷２＝179(円)，せんべい１枚の値段は179－30＝149(円)である。

(問７)　水色の縦の長さを①cmとすると，２枚の紙の縦と横の長さは右図のように表せる。白色の紙が水色の紙を何倍に拡大したものかを考える。

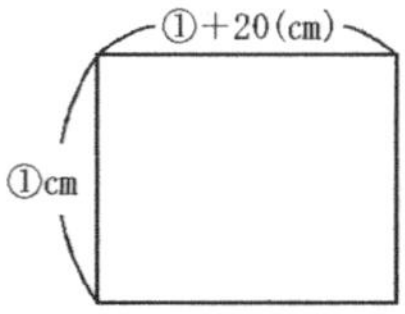

水色の紙

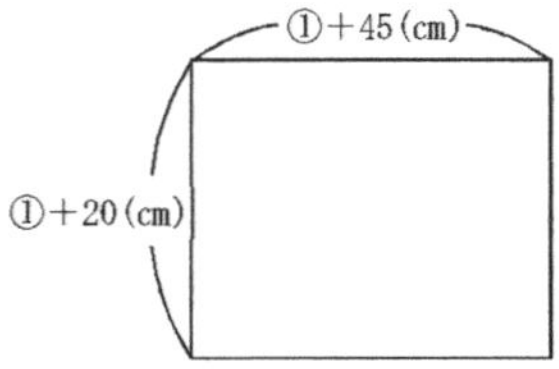

白色の紙

縦の辺と横の辺の長さの差を比べると，水色は(①＋20)－①＝20(cm)，白色は(①＋45)－(①＋20)＝25(cm)だから，その比は20：25＝４：５となる。これは水色と白色の大きさの比でもあるから，白色は水色を$\frac{5}{4}$倍に拡大したものである。したがって，縦の辺に注目すると，①×$\frac{5}{4}$＝$\textcircled{\frac{5}{4}}$(cm)が①＋20(cm)にあたるから，$\textcircled{\frac{5}{4}}$－①＝$\textcircled{\frac{1}{4}}$(cm)が20 cmにあたる。よって，①cmは20÷$\frac{1}{4}$＝80(cm)にあたるから，水色の面積は，80×(80＋20)＝8000(㎠)

《解答例》

【課題１】(問１)イ　(問２)「楽しみにしています」という言葉が２回出てきて、「ので」の前後の文のつながりがおかしいからです。　(問３)ＳＩＮＲＹＯＫＵ　ＫＯＤＯＭＯＫＡＩ〔別解〕ＳＨＩＮＲＹＯＫＵ　ＫＯＤＯＭＯＫＡＩ　(問４)無料　(問５)分かち書きにしている〔別解〕言葉と言葉の間を空けている　(問６)自分の考えを述べた後、理由を明確に示しているところ　(問７)相手の立場に立って　(問８)私が、委員会コーナーにけい示する生活委員会のお知らせを書くときは、低学年の子供たちが読みやすくなるよう、分かち書きにし、ふりがなを付けます。また、低学年の子供たちにもよくわかる言葉を使うようにします。

【課題２】(問１)20才代がいちばん低く、年れいが上がるにつれて高くなっている　(問２)0.7

(問３)20才代と30才代のインターネットを利用しているおよその人数を比べると、20才代は約1200万人、30才代は約1400万人になるので、20才代がいちばん多いとはいえないからです

(問４)え．記事を保存できる　お．必要な情報をすばやく検さくできる

(問５)か．Ａ　き．Ｃ　く．Ｂ　(問６)テーマ…過去の日本のノーベル賞受賞者の業績

選んだメディア…インターネット　選んだ理由…インターネットは、必要な情報をすばやく検さくできるので、過去の日本のノーベル賞受賞者の業績を調べるのに便利だからです。　(問７)個人情報の流出に気をつける。／人を傷つけるようなことは書かない。／正しい情報かどうか確かめる。

【課題３】(例文)

もみじ

すいせんする理由は、二つあります。

　一つ目の理由は、秋の美しい情景が歌われているからです。真っ赤な夕日に照らされ、赤や黄色に紅葉した山々が、美しくかがやいています。特に「まつをいろどる　かえでやつたは」というところは、松の緑と紅葉の赤が引き立てあって、いっそうあざやかな色に見えます。色とりどりにそまっている山の景色を想像するだけで、楽しくなってきます。

　二つ目の理由は、みんなの秋の遠足の思い出と重なるからです。秋の遠足では山頂まで歩いて登りました。そのとき、「山のふもとのすそもよう」と歌われている景色が目の前に広がっていて、その美しさに思わず息をのみました。この歌を歌うと、そのときの感動がよみがえってくるのではないでしょうか。

15行　13行

だから、この歌をすいせんします。

《解　説》

【課題１】（問１）「かじょう書き」は，文字による表現方法のひとつで，いくつかの項目《こうもく》をひとつひとつ分けて書き並べること。

（問２）「楽しみにしています」が２回使われていることと，「ので」の前後の文のつながりが正しくないことの２点を理由としてあげる。

（問３）「新緑」の“し”のつづりは“ＳＩ”“ＳＨＩ”のどちらでもよい。“ＲＹＯ”（りょ）のつづりに注意しよう。

（問４）「『お金は　いりません』と言いかえることができます」とあることと「漢字２字の言葉」とあることから考える。

（問５）直後に「外国の人にとって，ずいぶん読みやすくなっているのではないでしょうか」とあることから考える。また「書き方のくふう」という点も大事。《書きかえる前》とくらべて《書きかえた後》のほうは，文字と文字の間にすき間があいているのが特徴《とくちょう》だ。すき間があると区切りのあるところで切って読みやすい。この書き方を分かち書きという。

（問６）①は「～と思います。～からです」，②は「～欠かせません。どうしてかというと，～からです」とあるように，先に自分の考えを述べて，そのあとで理由を明確にしているためとても分かりやすく，説得力もある。

（問７）［　え　］の直後に「『やさしい日本語』は，相手を大切にする思いやりの言葉」とある。それをふまえて「大事なことは，［　え　］考えること」にあてはまる言葉を探す。

（問８）はじめに，生活のどのような場面で，だれに対して「どのように『やさしい日本語』を使っていこうと考えるか」を具体的に構想してメモをとろう。やさしい日本語を使ってあげたほうがよい人といえば，外国の人や低学年の子供たちなどが対象となるだろう。

【課題２】（問１）資料１から，新聞の利用率は，20才代が最も低く，年代が上がるにつれて高くなり，60才代が最も高いことがわかる。これを，―――部と同じように書けばよい。インターネットは新しい情報をすばやく得られるというメリットがあり，新聞は何度も読み返せる・保存ができるというメリットがあるため，それらをうまく取り入れながら情報を得ていくことがよい。その際には，マスメディアから発信される情報をそのまま受け取らず，自分でさまざまな角度からその情報を解釈すること（メディア・リテラシー）が重要である。

（問２）60才代のインターネット利用者率は約40％，60才代の新聞の利用者率は約60％である。よって，$40 \div 60 = 0.66\cdots$（倍）となる。小数第２位を四捨五入すると，答えは0.7である。

（問３）各メディアを利用している人数は，（年代別人口）×（各メディアの利用者率）で求められる。20才代のインターネットを利用している人数はおよそ，$13000000 \times 0.91 = 11830000$（人）で，30才代のインターネットを利用している人数はおよそ，$16000000 \times 0.88 = 14080000$（人）となるので，20才代より30才代の方が，インターネットを利用している人数が多い。

(問4)　え.[話し合いの後半]でたけしさんが「祖父は～記事を保存《ぞん》できることが便利だと言っていたよ」と発言している。　お. [話し合いの後半]でこうじさんが「インターネットは，必要な情報をすばやく検さくできるので便利だね」と発言している。

(問5)　グラフから読みとると，Aはテレビのしめる割合が高い。Bはインターネットのしめる割合が高い。Cはテレビのしめる割合が高い。

(問6)　まず，テーマを決めてから，資料をもとにして適しているメディアを選ぼう。解答例のテーマの場合，テレビではテーマに沿った番組がさくらさんの休日に放映されるとは限らない。新聞は図書館に行けば過去の物をみることができるが，ぼう大な量の新聞の中からテーマに関係する記事を選び出すには時間がかかってしまう。よって，このテーマであればインターネットで検さくするのが適している。

(問7)　(問1)の解説参照。解答例のほか「著作権を侵害しない。」「プライバシーを侵害しない。」などもよい。

【課題3】 まず、すいせんする理由を2つあげられる歌を選ぶ。次に、選んだ理由を2つメモしてから作文を書き始めよう。作文を書き終えたら、すべての条件を満たしているか，字の誤りや文のねじれなどないか，文末表現は統一されているかなど，必ず見直しをするようにしよう。

《解答例》

【課題１】(問１)140　(問２)1614　(問３)11，７，30　(問４)①24　②1480円，1420円，1400円

【課題２】(問１)あ．大きく　い．小さく　(問２)もとの体積にもどろうとすること

(問３)空気は，あたためると体積が大きくなり，冷やすと体積が小さくなることがわかります。

(問４)Ｂの温度計の液だめに，直接電灯の光があたらないようにするため。　(問５)右グラフ　(問６)ビーチボールを砂の上に置いたときは，中の空気があたためられ，体積が大きくなり，ボールがふくらみかたくなりました。ビーチボールを海水につけたときは，中の空気が冷やされ，体積が小さくなり，ボールがしぼんでやわらかくなりました。

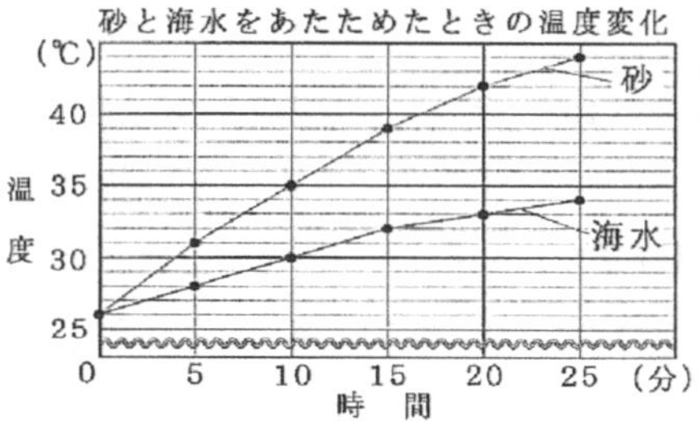

(問７)雲はおよそ西から東に動いていくので，天気もおよそ西から東に変化していきます。夕焼けは，西の空に雲が少ない状態なので，次の日は晴れます。

【課題３】(問１)①８　②９　(問２)７，15　(問３)①2600　②青色…64　白色…260　(問４)①10　②３
※(問５)200　(問６)①14　②黄色…81　赤色…64

※の考え方は解説を参照してください。

《解　説》

【課題１】(問１)　ノート４冊の値段は650－90×１＝560(円)だから，求める値段は，560÷４＝140(円)

(問２)　Ｔシャツの売り値は$1980\times\frac{1}{2}$＝990(円)，タオルの売り値は$780\times(1-\frac{20}{100})$＝624(円)だから，求める金額は，990＋624＝1614(円)

(問３)　ふん水Ａは60＋30＝90(秒)ごとに水をふき上げ始め，ふん水Ｂは100＋50＝150(秒)ごとに水をふき上げ始める。このため，２つのふん水が同時に水をふき上げ始めるのは，90と150の最小公倍数の450秒ごとに起こる。450÷60＝７余り30より，450秒＝７分30秒だから，求める時刻は，午前11時７分30秒

(問４)①　さくらさん，おばあさんの順に選ぶとして考える。さくらさんの選び方は，ア～エの４品から１品，オ，カの２品から１品選ぶから，４×２＝８(とおり)の選び方がある。さくらさんが(ア，オ)を選んだ場合，おばあさんはイ～エの３品から１品とカを選ぶから，おばあさんの選び方は３×１＝３(とおり)ある。さくらさんのほかの７とおりの選び方に対しても，おばあさんの選び方は３とおりずつあるから，求める選び方は，３×８＝24(とおり)

②　ドリンクは２人ともそれぞれちがう品を注文するから，ドリンクの代金は常に300＋210＝510(円)である。このため，２人の注文するハンバーガーの代金が1500－510＝990(円)未満であれば，1500円を支はらっておつりがもらえる。２人の注文するハンバーガーがアとエ以外のとき，ハンバーガーの代金は右表の通りになる(○は注文することを表す)。このうち，色をつけた代金が990円未満だから，求める金額は，970＋510＝1480(円)，910＋510＝1420(円)，890＋510＝1400(円)である。

ア	○	○			
イ	○		○	○	
ウ		○	○		○
エ				○	○
代金(円)	990	970	1020	910	890

【課題２】（問１，２）　ピストンをおすと注しゃ器の中の空気がおしちぢめられて，体積が小さくなる。たくさんおしちぢめられるほど，空気がもとの体積にもどろうとする力が大きくなるので，手ごたえは大きくなっていく。

（問３）　ペットボトルを 60℃の湯の中に入れたときにはふくらみ，氷水の中に入れたときにはへこんだことに着目する。

（問４）　砂の中にうめた液だめには直接電灯の光があたらないが，海水の中に入れた液だめには直接電灯の光があたる。電灯の光が直接あたるかあたらないかのちがいによって実験結果が異なる可能性があり，砂と海水の温度変化のちがいを正確に調べることができなくなってしまうので，海水の中に入れた液だめにも直接電灯の光があたらないようにする必要がある。なお，液だめをおおうものは，海水の温度変化を液だめに伝えやすいものでなければならないので，この実験では熱を伝えやすいアルミニウムを使っている。

（問６）　問５より，砂の方が海水よりも温度が上がりやすいことがわかる。したがって，砂の上に置いたビーチボールの中の空気はあたためられて体積が大きくなり，海水につけるとビーチボールの中の空気は冷やされて体積が小さくなる。

（問７）　日本付近で雲がおよそ西から東に動いていくのは，上空を偏西風《へんせいふう》という西風がふいているためである。

【課題３】（問１）①　１日に 160×５＝800（m）走るから，10 日で 800×10＝8000（m）走る。１㎞は 1000mだから，10 日で 8000÷1000＝８（㎞）走ることになる。

②　できるだけ多くの枚数を切り取りたいから，画用紙ができるだけ余らないように切り取る。１㎝＝10 ㎜だから，カードの辺の長さは，長い方が 10×18＝180（㎜），短い方が 10×12＝120（㎜）である。

画用紙を縦に 180 ㎜ずつ，横に 120 ㎜ずつ切り分けると，392÷180＝２余り 32，542÷120＝４余り 62 より，２×４＝８（枚）のカードが切り取れる。

また，縦に 120 ㎜ずつ，横に 180 ㎜ずつ切り分けると，392÷120＝３余り 32，542÷180＝３余り２より，３×３＝９（枚）のカードが切り取れる。

したがって，右図のように切り分ける方が多くのカードを切り取ることができ，求める枚数は９枚となる。

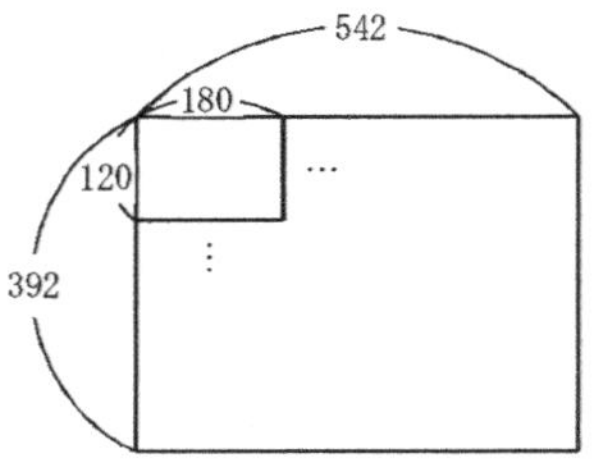

単位：㎜

（問２）　１㎞＝1000m，１時間＝60 分だから，時速３㎞＝分速（$\frac{1000\times 3}{60}$）m＝分速 50mである。家から学校までは 1200÷50＝24（分）かかるから，求める時刻は，午前７時 45 分－１分－５分－24 分＝午前７時 15 分

（問３）①　１kg＝1000 g だから，1.28 kg＝（1000×1.28）g＝1280 g

プルタブ 150 個で 75 g だから，1280 g だと，$150\times\frac{1280}{75}=2560$ より，約 2600 個である。

②　68÷４＝17 より，いちばん外側には，右図のように正方形の１辺にそって 17＋１＝18（個）の白色のキャップが並んでいるとわかる。したがって，キャップは全部で 18×18＝324（個）ある。この正方形のまん中は，青色のキャップでできた正方形があり，その１辺にそって 18－５×２＝８（個）の青色のキャップが並んでいる。よって，青色のキャップは８×８＝64（個）あり，白色のキャップは 324－64＝260（個）ある。

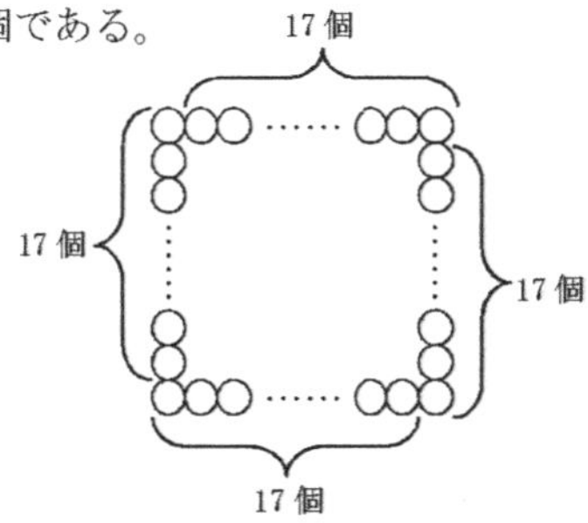

(問４)①　２つが選ばれるから，２＋１＝３(つ)にすべての票が集まる場合を考える。票は全部で29票だから，29÷３＝９余り２より，少なくとも９＋１＝10(票)入れば確実に選ばれる。

②　この時点でもっとも票が少ないエ以外の３つに票が集まる場合を考える。ア，イ，ウの３つには合計で29－２＝27(票)が入るから，27÷３＝９より，少なくとも９票入れば確実に選ばれる。残りは29－21＝８(票)だから，イが確実に選ばれるためには，このうちの９－６＝３(票)が入ればよい。

(問５)　図書館の本とインターネットのうちいずれか１つ，または両方を使った人数の割合は，100－13＝87(％)である。したがって，両方使った人数の割合は72＋33－87＝18(％)であり，この人数が36人である。

よって，求める人数は，$36 \div \frac{18}{100} = 200$(人)

(問６)①　90円の球根を50個買うと，代金は90×50＝4500(円)となり，実際よりも6120－4500＝1620(円)安くなる。90円の球根２個を150円の球根１個と120円の球根１個にかえると，代金は150＋120－90×２＝90(円)高くなる。したがって，150円の球根と120円の球根を1620÷90＝18(個)ずつ買ったから，90円の球根は，50－18×２＝14(個)買った。

②　４周目の図で，植えられた黄色，赤色の花の球根それぞれに注目すると，どちらも正方形の形に並んでおり(図を45度かたむけるとわかりやすい)，黄色の花の球根は１辺にそって３個ずつ，赤色の花の球根は１辺にそって４個ずつ並んでいる。球根を植えるとき，奇数《きすう》周目は黄色の花の球根を，偶数《ぐうすう》周目は赤色の花の球根を植えて，正方形の１辺にそって並ぶ球根の個数が２個増える。このため，９周目まで植えると，黄色の花の球根は正方形の１辺に９個ずつ並び，赤色の花の球根は正方形の１辺に８個ずつ並ぶ。よって，求める個数は，黄色の花の球根が９×９＝81(個)，赤色の花の球根が８×８＝64(個)である。

《解答例》

【課題１】(問１)あ．C　い．B　う．A　　(問２)米ににものやみそしるを合わせた

(問３)①国民全体がにない手　②日本独自　　(問４)ウ　　(問５)うま味

(問６)わかいうち～来ている。　　(問７)わたしたち日本人の食たくには、洋食が増えてきていると思うからです。けれども、肥満や生活習慣病を防ぐためには、栄養バランスに優れた和食に親しむ機会を増やすことはとても大切なことだと思います。

【課題２】(問１)ウ　　(問２)い．7　う．3.7　え．63.2　　(問３)１件あたりの重さが軽い

(問４)午後 11 時に物流ターミナルAを出発し、物流ターミナルBへ運びます。そして、よく朝の午前６時に物流ターミナルBを出発し、県外のおばさんの家の近くの営業所へ運びます。

(問５)荷物が少なく、せまい道路や住宅街を走るときには、小さな集配車を使い、広い道路や高速道路を使って一度にたくさんの荷物を運ぶときには、大きなトラックを使っています。このように使い分けることで、荷物を効率よく運ぶことができるのです。

(問６)スーパーマーケットで、レジの計算に利用／図書館で、本の貸し出しに利用／コンビニエンスストアで、商品の管理に利用などから１つ

【課題３】(例文)

　わたしは、六年生の夏休みに、友達にさそわれて、海岸そうじのボランティア活動に参加しました。海岸には、空きかんや木ぎれなどたくさんのごみが落ちていました。ごみを拾っているうちに、だんだん海岸がきれいになってきました。通りかかった近所の人たちにほめられて、うれしくなりました。

　それまで、わたしは自分から進んでボランティア活動に参加することができませんでした。しかし、実際にボランティア活動をする中で、だれかの役に立つことの喜びを実感することができました。今は、友達をさそって、ペットボトルのキャップ集めなどのボランティア活動を続けています。これからも、進んで人の役に立つ活動をしたいと思います。

15行　13行

《解　説》

【課題１】(問１)　あ．記事Cは見出しに「無形文化遺産に」があり、登録されたことが強調されている。

い．記事Bの見出しは「立ち返れ」と命令形で、それが「強く呼《よ》びかけていて、危機感を表している」効果となっている。　う．「美意識」は、まさに日本食の「すばらしさやおく深さ」の一つだと言える。

（問２） 記事Ｂの本文に「～『一汁三菜』の形」とあることに着目する。「一汁一菜」とは、「主食（白米や玄米や雑穀米）に、汁もの（みそしる）一品と、菜（おかず、そう菜）一品をそえた日本におけるこん立の構成の一つ」のこと。記事Ｂの本文では「米にものやみそしるを合わせた『一汁三菜』の形」と説明されている。

（問３）① 記事Ａの本文中の「食文化」に着目する。その直前をぬき出す。

② 記事Ｃの本文中の「食文化」に着目する。その直前をぬき出す。

（問４） 「お正月」「子どもの日」「お祝いする時」に食べるそれぞれの「和食」をあげて、それにａ～ｃすべてあてはまるものを選ぶ。「お正月」…ぞうに 「子どもの日」…かしわもち 「お祝いする時」…赤飯

（問５） たけしさんは「だしをとったみそしると、だしをとらなかったみそしるの味」を比べている。かつお節・昆布・シイタケなどでとった、だしの味を「うま味」という。

（問６） しおりさんの発言の中の「『和食』を受けついでいこうという主張」を、記事Ａの中から探す。

（問７） 「あなたなら、どう発言しますか」とあるので、自分の考えを書けばよい。しかし、接続語(「なぜなら」「けれども」)を使うことが指定されているので、それに適する文脈となるように注意する。「なぜなら」の後には「すべて 50 年前に食べていたものに戻ることは難しい」と思う理由をまとめる。「けれども」の後には、「すべて 50 年前に食べていたものに戻ることは」難しくても、和食の良さを理解して大切にするべきだということをまとめる。

【課題２】（問１） 資料１の 2012 年を見ると、3500 百万個のところに折れ線グラフの値があることがわかる。

3500 百万個は、35 億個と同じなので、ウが正答。

（問２） い．1985 年には 500 百万個＝５億個運んでいた。したがって、35÷５＝７(倍)となる。

う．資料２の値を見よう。 え．資料３の値を見よう。

（問３） 全国で運ばれた荷物の総件数(３日間調査)の輸送機関別の割合＜63.2％＞に比べて、全国で運ばれた荷物の総重量(３日間調査)の輸送機関別の割合＜3.7％＞は、極めて低い。このことから、トラック(宅配便)は、軽い荷物を多く運んでいることがわかる。

（問４） 空らん②の直前の林さんの言葉「午後８時にこの営業所を出発するトラックにのせて」と、空らん②の直後の林さんの言葉「(県外のおばさんの家に)明日の昼過ぎには届く予定です」より、物流ターミナルＡの 11 時は「午後 11 時」、物流ターミナルＢの６時は「午前６時」だとわかる。

（問５） なぜ、トラックや集配車を使い分けるのかを考えよう。たとえば、荷物が少ないにもかかわらず、せまい道路や住宅街を走るときに大きなトラックを使ったとき、荷物が多いにもかかわらず、小さなトラックを使ったときは、どちらもムダが多く効率が悪い。そのため、ムダなく効率よく荷物が運べるように、状況に応じて、トラックや集配車の使い分けが行われている。

（問６） バーコードは、もの(商品)の情報を収集するために使われている。

【課題３】 まず、大切なことは(条件)を満たすこと。(条件)を丁ねいに読み、大切なところに下線を引くなどしてから作文の構想メモを作り、その後清書をするとよい。(条件)以外には、文字を一字一字正確に書くこと、文末表現を統一する(＝敬体・常体)こと、誤字脱字をしないことなど注意したい。また、文章を書くにあたり、一文が長すぎないこと、主述の関係の整った文にすること、適切な接続語を用いるなどは、日ごろから意識して練習しておきたい。

徳島県立中高一貫校　2015 平成27年度　適性検査Ⅱ

《解答例》

【課題１】(問１)①17　②32　③７

(問２)①赤組…44　白組…52　②１番…かずや　２番…たけし　３番…ひろし　４番…ともや　５番…こうじ　③525

【課題２】(問１)①外側の水の流れが速いので，土をけずった　②土が積もっています。

(問２)みぞの両はしよりまん中の方が土がけずられているので，両はしよりまん中の方が水の流れる速さが速い　(問３)ア．どろ　イ．すな　ウ．れき　(問４)すき通っていること

(問５)一定量の水にとけるミョウバンの量には限りがあること／水の量を増やすと，ミョウバンがとける量も増えること

(問６)水の温度が上がると，とける量が増える(こと)／水の温度が上がっても，とける量はほとんど変化しない(こと)　(問７)ミョウバン

(問８)水よう液をガラスぼうに伝わらせて注ぐ。／ビーカーのかべに，ろうとの先をつける。

【課題３】(問１)11，15　(問２)テントの数…９　人数…48　(問３)85

(問４)①右図　②●…３　▲…９　■…６　★…１　◆…２

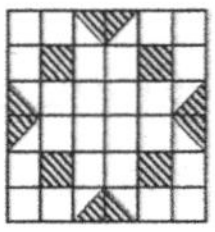

③ＡＢの長さ…３

理由…かたむけても水の体積は変わらず500㎤になる。

手前の面を底面とする立体図形ととらえて比べてみると，底面である長方形と台形の面積は同じである。

だから，５×10＝(ＡＢ＋７)×10÷２となり，ＡＢ＝３㎝といえる。

④勝ち…14　負け…６

(問５)22，30

《解　説》

【課題１】(問１)①　85÷５＝**17(人)**

②　半円を２つ合わせると円になり，この円の周の長さは200－50×２＝100(m)である。

したがって，この円の直径は100÷3.14＝31.8…だから，運動場の長方形のたての長さは**約32m**である。

③　机といすを倉庫から運動場へ運ぶ係は18－３＝15(人)であり，そのうちいすだけを運んだ人は15－14＝１(人)である。いすを運んだ８人のうち１人はいすだけを運んだのだから，残りの８－１＝**７(人)**は机といすの両方を運んだ人である。

(問２)①　比の数の差の13－11＝２が８個にあたるから，１は８÷２＝４(個)にあたる。

よって，赤組の玉の個数が４×11＝**44(個)**，白組の玉の個数が４×13＝**52(個)**である。

②　「たけしは，ひろしより先にゴールした。」「かずやは，たけしより先にゴールした。」の２つから，かずや，たけし，ひろしの順にゴールしたとわかる。

さらに，「ともやは，ひろしより後にゴールした。」「こうじは，ともやより後にゴールした。」の２つより，

かずや，たけし，ひろし，ともや，こうじの順にゴールしたとわかる。

③　全校児童数を５と７の最小公倍数の[35]とする。

男子の人数は[35]×$\frac{2}{5}$＋68＝[14]＋68(人)，女子の人数は[35]×$\frac{3}{7}$＋22＝[15]＋22(人)で，

その和は([14]＋68)＋([15]＋22)＝[29]＋90(人)だから，[35]－[29]＝[6]と 90 人が等しく，[1]は 90÷６＝15(人)とわかる。よって，全校児童の数は，15×35＝**525(人)**

【課題２】(問１)　水が曲がって流れたところでは，外側は内側よりも水の流れる速さが速い。流れる水には土をけずるはたらき(しん食作用)，土を運ぶはたらき(運ぱん作用)，土を積もらせるはたらき(たい積作用)があり，流れが速いところではしん食作用と運ぱん作用が大きく，流れがおそいところではたい積作用が大きい。

(問２)　水がまっすぐ流れたところでは，真ん中に近いほど水の流れる速さが速くなる。

(問３)　れき(つぶの直径２㎜以上)，すな(つぶの直径 0.06 ㎜～２㎜)，どろ(つぶの直径 0.06 ㎜以下)はつぶの大きさで区別されている。つぶが大きいものほど重いため早くしずむ。下にあるものほど早くしずんだものであるので，ウがれき，イがすな，アがどろである。

(問５)　さくらさんのまとめた表より，水の量が２倍になると，ミョウバンがとけた量も２倍になっていることから，同じ温度では水の量ととけた量には比例の関係があると考えられる。

(問６・７)　資料より，食塩は水の温度が変化しても 50mL の水にとける量が約 18ｇでほとんど変化しないが，ミョウバンは水の温度によって 50mL の水にとける量が大きく変化することがわかる。このため，水の温度が60℃のときにはどちらもすべてとけるが，水の温度を 10℃にすると，ミョウバンがとける量は約４ｇになるため，約 15－４＝11(ｇ)のミョウバンのつぶが現れる。

【課題３】(問１)　移動時間は 60÷40＝1.5(時間)，つまり１時間と 60×0.5＝30(分)だから，

休けい時間を合わせて１時間と 30＋15＝45(分)かかったことになる。

よって，キャンプ村に着いたのは，午前９時 30 分＋１時間 45 分＝**午前 11 時 15 分**

(問２)　すべてのテントに同じ人数ずつ入るような子どもの人数を考えると，

テント１はりあたりの人数を６－４＝２(人)増やすことで，必要な子どもは 12＋６×１＝18(人)増える。

よって，テントの数は 18÷２＝**９(はり)**，子どもの人数は４×９＋12＝**48(人)**である。

(問３)　(ＡＢＣ)＋(ＢＣＤ)＋(ＣＤＥ)＋(ＤＥＡ)＋(ＥＡＢ)＝160＋135＋130＋120＋135＝680(m)であり，

この長さはコース１周ぶんの長さの２倍にあたるから，コース１周ぶんの長さは 680÷２＝340(m)である。

よって，ＡからＢまでの長さは，(コース１周ぶんの長さ)－(ＢＣＤ)－(ＤＥＡ)＝340－135－120＝**85(m)**

(問４)①　右下図のように，切った折り紙を折った手順とは反対の手順でひろげていき，切った部分がどのように見えるかを順番に考える。

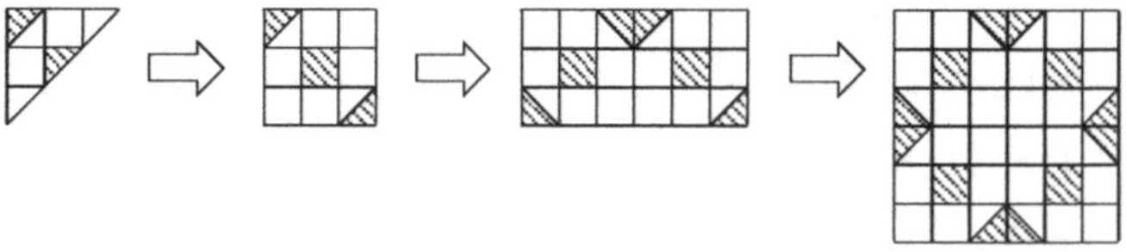

② ◆×★=◆より，★は１である。
●×●=▲で，各記号の数字は１～９だから，●は２か３，▲は４か９である。
●が２の場合，■÷◆=●は６÷３＝２か８÷４＝２となるが，どちらであっても，■+●=▲が成り立たない。したがって，●は３であり，■÷◆=●は６÷２＝３とわかる。これより，■+●=▲は６＋３＝９である。よって，●は**３**，▲は**９**，■は**６**，★は**１**，◆は**２**である。

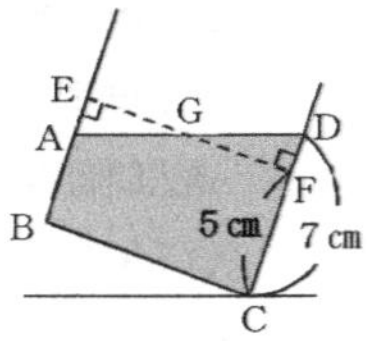

③ 右図のように，もとの水面の位置にあたる直線ＥＦを引き，記号をおく。
三角形ＡＧＥと三角形ＤＧＦは合同だから，ＡＥ＝ＤＦ＝７－５＝２(cm)
よって，ＡＢ＝５－２＝**３(cm)**

④ 20回のじゃんけんですべて勝ったとすると，カードは10＋２×20=50(枚)となり，実際より50－32=18(枚)多くなる。20回のうち１回負けたとすると，最終的なカードの枚数は50枚より２＋１＝３(枚)少なくなる。
よって，負けた回数は18÷３＝**６(回)**，勝った回数は20－６＝**14(回)**である。

(問５) 今日，右のホースから９分で給水された量を除くと，給水された水は，
右のホースから11－９＝２(分)で，左のホースから11－５＝６(分)で給水された量の合計である。
この水の量は，左のホースから９分で給水される量と等しいから，
左のホースから９－６＝３(分)で給水される量と右のホースから２分で給水される量は等しい。
したがって，右のホースから９分で給水される量は，左のホースから９×$\frac{3}{2}$=13.5(分)で給水される量と等しいから，左のホースだけで給水すると，９＋13.5=22.5(分)，つまり，22分(60×0.5)秒=**22分30秒**かかる。

■ ご使用にあたってのお願い・ご注意

（1）問題文等の非掲載

著作権上の都合により，問題文や図表などの一部を掲載できない場合があります。

誠に申し訳ございませんが，ご了承くださいますようお願いいたします。

（2）過去問における時事性

過去問題集は，学習指導要領の改訂や社会状況の変化，新たな発見などにより，現在とは異なる表記や解説になっている場合があります。過去問の特性上，出題当時のままで出版していますので，あらかじめご了承ください。

（3）配点

学校等から配点が公表されている場合は，記載しています。公表されていない場合は，記載していません。

独自の予想配点は，出題者の意図と異なる場合があり，お客様が学習するうえで誤った判断をしてしまう恐れがあるため記載していません。

（4）無断複製等の禁止

購入された個人のお客様が，ご家庭でご自身またはご家族の学習のためにコピーをすることは可能ですが，それ以外の目的でコピー，スキャン，転載（ブログ，ＳＮＳなどでの公開を含みます）などをすることは法律により禁止されています。学校や学習塾などで，児童生徒のためにコピーをして使用することも法律により禁止されています。

ご不明な点や，違法な疑いのある行為を確認された場合は，弊社までご連絡ください。

（5）けがに注意

この問題集は針を外して使用します。針を外すときは，けがをしないように注意してください。また，表紙カバーや問題用紙の端で手指を傷つけないように十分注意してください。

（6）正誤

制作には万全を期しておりますが，万が一誤りなどがございましたら，弊社までご連絡ください。

なお，誤りが判明した場合は，弊社ウェブサイトの「ご購入者様のページ」に掲載しておりますので，そちらもご確認ください。

■ お問い合わせ

解答例，解説，印刷，製本など，問題集発行におけるすべての責任は弊社にあります。

ご不明な点がございましたら，弊社ウェブサイトの「お問い合わせ」フォームよりご連絡ください。迅速に対応いたしますが，営業日の都合で回答に数日を要する場合があります。

ご入力いただいたメールアドレス宛に自動返信メールをお送りしています。自動返信メールが届かない場合は，「よくある質問」の「メールの問い合わせに対し返信がありません。」の項目をご確認ください。

また弊社営業日（平日）は，午前９時から午後５時まで，電話でのお問い合わせも受け付けています。

2025 春

株式会社教英出版

〒422-8054　静岡県静岡市駿河区南安倍３丁目 12-28

TEL　054-288-2131　　FAX　054-288-2133

URL　https://kyoei-syuppan.net/

MAIL　siteform@kyoei-syuppan.net

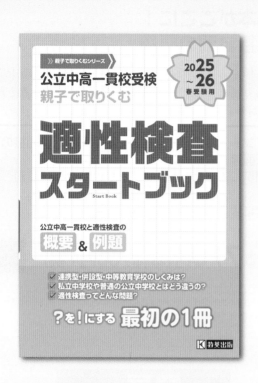

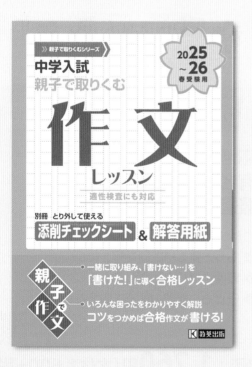

神奈川県

①［県立］相模原中等教育学校
　　　　　平塚中等教育学校
②［市立］南高等学校附属中学校
③［市立］横浜サイエンスフロンティア高等学校附属中学校
④［市立］川崎高等学校附属中学校
✿⑤聖光学院中学校
✿⑥浅野中学校
⑦洗足学園中学校
⑧法政大学第二中学校
⑨逗子開成中学校（1次）
⑩逗子開成中学校（2·3次）
⑪神奈川大学附属中学校（第1回）
⑫神奈川大学附属中学校（第2·3回）
⑬栄光学園中学校
⑭フェリス女学院中学校

新潟県

①［県立］村上中等教育学校
　　　　　柏崎翔洋中等教育学校
　　　　　燕中等教育学校
　　　　　津南中等教育学校
　　　　　直江津中等教育学校
　　　　　佐渡中等教育学校
②［市立］高志中等教育学校
③新潟第一中学校
④新潟明訓中学校

石川県

①［県立］金沢錦丘中学校
②星稜中学校

福井県

①［県立］高志中学校

山梨県

①山梨英和中学校
②山梨学院中学校
③駿台甲府中学校

長野県

①［県立］屋代高等学校附属中学校
　　　　　諏訪清陵高等学校附属中学校
②［市立］長野中学校

岐阜県

①岐阜東中学校
②鶯谷中学校
③岐阜聖徳学園大学附属中学校

静岡県

①［国立］静岡大学教育学部附属中学校
　　　　　（静岡·島田·浜松）
②［県立］清水南高等学校中等部
　［県立］浜松西高等学校中等部
　［市立］沼津高等学校中等部
③不二聖心女子学院中学校
④日本大学三島中学校
⑤加藤学園暁秀中学校
⑥星陵中学校
⑦東海大学付属静岡翔洋高等学校中等部
⑧静岡サレジオ中学校
⑨静岡英和女学院中学校
⑩静岡雙葉中学校
⑪静岡聖光学院中学校
⑫静岡学園中学校
⑬静岡大成中学校
⑭城南静岡中学校
⑮静岡北中学校
⑯常葉大学附属常葉中学校
　常葉大学附属橘中学校
　常葉大学附属菊川中学校
⑰藤枝明誠中学校
⑱浜松開誠館中学校
⑲静岡県西遠女子学園中学校
⑳浜松日体中学校
㉑浜松学芸中学校

愛知県

①［国立］愛知教育大学附属名古屋中学校
②愛知淑徳中学校
③名古屋経済大学市邨中学校
　名古屋経済大学高蔵中学校
④金城学院中学校
⑤椙山女学園中学校
⑥東海中学校
⑦南山中学校男子部
⑧南山中学校女子部
⑨聖霊中学校
⑩滝中学校
⑪名古屋中学校
⑫大成中学校
⑬愛知中学校
⑭星城中学校
⑮名古屋葵大学中学校
　（名古屋女子大学中学校）
⑯愛知工業大学名電中学校
⑰海陽中等教育学校（特別給費生）
⑱海陽中等教育学校（Ⅰ·Ⅱ）
⑲中部大学春日丘中学校
新刊⑳名古屋国際中学校

三重県

①［国立］三重大学教育学部附属中学校
②暁中学校
③海星中学校
④四日市メリノール学院中学校
⑤高田中学校
⑥セントヨゼフ女子学園中学校
⑦三重中学校
⑧皇學館中学校
⑨鈴鹿中等教育学校
⑩津田学園中学校

滋賀県

①［国立］滋賀大学教育学部附属中学校
②［県立］河瀬中学校
　　　　　守山中学校
　　　　　水口東中学校

京都府

①［国立］京都教育大学附属桃山中学校
②［府立］洛北高等学校附属中学校
③［府立］園部高等学校附属中学校
④［府立］福知山高等学校附属中学校
⑤［府立］南陽高等学校附属中学校
⑥［市立］西京高等学校附属中学校
⑦同志社中学校
⑧洛星中学校
⑨洛南高等学校附属中学校
⑩立命館中学校
⑪同志社国際中学校
⑫同志社女子中学校（前期日程）
⑬同志社女子中学校（後期日程）

大阪府

①［国立］大阪教育大学附属天王寺中学校
②［国立］大阪教育大学附属平野中学校
③［国立］大阪教育大学附属池田中学校

④[府立]富田林中学校
⑤[府立]咲くやこの花中学校
⑥[府立]水都国際中学校
⑦清風中学校
⑧高槻中学校（A日程）
⑨高槻中学校（B日程）
⑩明星中学校
⑪大阪女学院中学校
⑫大谷中学校
⑬四天王寺中学校
⑭帝塚山学院中学校
⑮大阪国際中学校
⑯大阪桐蔭中学校
⑰開明中学校
⑱関西大学第一中学校
⑲近畿大学附属中学校
⑳金蘭千里中学校
㉑金光八尾中学校
㉒清風南海中学校
㉓帝塚山学院泉ヶ丘中学校
㉔同志社香里中学校
㉕初芝立命館中学校
㉖関西大学中等部
㉗大阪星光学院中学校

兵庫県

①[国立]神戸大学附属中等教育学校
②[県立]兵庫県立大学附属中学校
③雲雀丘学園中学校
④関西学院中学部
⑤神戸女学院中学部
⑥甲陽学院中学校
⑦甲南中学校
⑧甲南女子中学校
⑨灘中学校
⑩親和中学校
⑪神戸海星女子学院中学校
⑫滝川中学校
⑬啓明学院中学校
⑭三田学園中学校
⑮淳心学院中学校
⑯仁川学院中学校
⑰六甲学院中学校
⑱須磨学園中学校(第1回入試)
⑲須磨学園中学校(第2回入試)
⑳須磨学園中学校(第3回入試)
㉑白陵中学校
㉒夙川中学校

奈良県

①[国立]奈良女子大学附属中等教育学校
②[国立]奈良教育大学附属中学校
③[県立]
　国際中学校
　青翔中学校
④[市立]一条高等学校附属中学校
⑤帝塚山中学校
⑥東大寺学園中学校
⑦奈良学園中学校
⑧西大和学園中学校

和歌山県

①[県立]
　古佐田丘中学校
　向陽中学校
　桐蔭中学校
　日高高等学校附属中学校
　田辺中学校
②智辯学園和歌山中学校
③近畿大学附属和歌山中学校
④開智中学校

岡山県

①[県立]岡山操山中学校
②[県立]倉敷天城中学校
③[県立]岡山大安寺中等教育学校
④[県立]津山中学校
⑤岡山中学校
⑥清心中学校
⑦岡山白陵中学校
⑧金光学園中学校
⑨就実中学校
⑩岡山理科大学附属中学校
⑪山陽学園中学校

広島県

①[国立]広島大学附属中学校
②[国立]広島大学附属福山中学校
③[県立]広島中学校
④[県立]三次中学校
⑤[県立]広島叡智学園中学校
⑥[市立]広島中等教育学校
⑦[市立]福山中学校
⑧広島学院中学校
⑨広島女学院中学校
⑩修道中学校
⑪崇徳中学校
⑫比治山女子中学校
⑬福山暁の星女子中学校
⑭安田女子中学校
⑮広島なぎさ中学校
⑯広島城北中学校
⑰近畿大学附属広島中学校福山校
⑱盈進中学校
⑲如水館中学校
⑳ノートルダム清心中学校
㉑銀河学院中学校
㉒近畿大学附属広島中学校東広島校
㉓AICJ中学校
㉔広島国際学院中学校
㉕広島修道大学ひろしま協創中学校

山口県

①[県立]
　下関中等教育学校
　高森みどり中学校
②野田学園中学校

徳島県

①[県立]
　富岡東中学校
　川島中学校
　城ノ内中等教育学校
②徳島文理中学校

香川県

①大手前丸亀中学校
②香川誠陵中学校

愛媛県

①[県立]
　今治東中等教育学校
　松山西中等教育学校
②愛光中学校
③済美平成中等教育学校
④新田青雲中等教育学校

高知県

①[県立]
　安芸中学校
　高知国際中学校
　中村中学校

福岡県

①[国立]福岡教育大学附属中学校（福岡·小倉·久留米）
②[県立]
- 育徳館中学校
- 門司学園中学校
- 宗像中学校
- 嘉穂高等学校附属中学校
- 輝翔館中等教育学校

③西南学院中学校
④上智福岡中学校
⑤福岡女学院中学校
⑥福岡雙葉中学校
⑦照曜館中学校
⑧筑紫女学園中学校
⑨敬愛中学校
⑩久留米大学附設中学校
⑪飯塚日新館中学校
⑫明治学園中学校
⑬小倉日新館中学校
⑭久留米信愛中学校
⑮中村学園女子中学校
⑯福岡大学附属大濠中学校
⑰筑陽学園中学校
⑱九州国際大学付属中学校
⑲博多女子中学校
⑳東福岡自彊館中学校
㉑八女学院中学校

佐賀県

①[県立]
- 香楠中学校
- 致遠館中学校
- 唐津東中学校
- 武雄青陵中学校

②弘学館中学校
③東明館中学校
④佐賀清和中学校
⑤成穎中学校
⑥早稲田佐賀中学校

長崎県

①[県立]
- 長崎東中学校
- 佐世保北中学校
- 諫早高等学校附属中学校

②青雲中学校
③長崎南山中学校
④長崎日本大学中学校
⑤海星中学校

熊本県

①[県立]
- 玉名高等学校附属中学校
- 宇土中学校
- 八代中学校

②真和中学校
③九州学院中学校
④ルーテル学院中学校
⑤熊本信愛女学院中学校
⑥熊本マリスト学園中学校
⑦熊本学園大学付属中学校

大分県

①[県立]大分豊府中学校
②岩田中学校

宮崎県

①[県立]五ヶ瀬中等教育学校
②[県立]
- 宮崎西高等学校附属中学校
- 都城泉ヶ丘高等学校附属中学校

③宮崎日本大学中学校
④日向学院中学校
⑤宮崎第一中学校

鹿児島県

①[県立]楠隼中学校
②[市立]鹿児島玉龍中学校
③鹿児島修学館中学校
④ラ・サール中学校
⑤志學館中等部

沖縄県

①[県立]
- 与勝緑が丘中学校
- 開邦中学校
- 球陽中学校
- 名護高等学校附属桜中学校

もっと過去問シリーズ

北海道

北嶺中学校
7年分(算数・理科・社会)

静岡県

静岡大学教育学部附属中学校
(静岡·島田·浜松)
10年分(算数)

愛知県

愛知淑徳中学校
7年分(算数・理科・社会)
東海中学校
7年分(算数・理科・社会)
南山中学校男子部
7年分(算数・理科・社会)
南山中学校女子部
7年分(算数・理科・社会)
滝中学校
7年分(算数・理科・社会)
名古屋中学校
7年分(算数・理科・社会)

岡山県

岡山白陵中学校
7年分(算数・理科)

広島県

広島大学附属中学校
7年分(算数・理科・社会)
広島大学附属福山中学校
7年分(算数・理科・社会)
広島学院中学校
7年分(算数・理科・社会)
広島女学院中学校
7年分(算数・理科・社会)
修道中学校
7年分(算数・理科・社会)
ノートルダム清心中学校
7年分(算数・理科・社会)

愛媛県

愛光中学校
7年分(算数・理科・社会)

福岡県

福岡教育大学附属中学校
(福岡·小倉·久留米)
7年分(算数・理科・社会)
西南学院中学校
7年分(算数・理科・社会)
久留米大学附設中学校
7年分(算数・理科・社会)
福岡大学附属大濠中学校
7年分(算数・理科・社会)

佐賀県

早稲田佐賀中学校
7年分(算数・理科・社会)

長崎県

青雲中学校
7年分(算数・理科・社会)

鹿児島県

ラ·サール中学校
7年分(算数・理科・社会)

※もっと過去問シリーズは国語の収録はありません。

教英出版
〒422-8054
静岡県静岡市駿河区南安倍3丁目12−28
TEL 054-288-2131
FAX 054-288-2133
詳しくは教英出版で検索
教英出版 検索
URL https://kyoei-syuppan.net/

徳島県立
富岡東中学校
川島中学校
城ノ内中等教育学校

受検番号	

令和6年度
県立中学校及び県立中等教育学校適性検査
検査Ⅰ

問題用紙

（時間55分）

【注意】

1　放送による指示があるまで、問題用紙を開いてはいけません。

2　問題は【課題１】から【課題４】まであり、問題用紙は11ページまであります。

3　解答は、この問題用紙ではなく、解答用紙の決められた場所に、ていねいに記入しなさい。

4　解答用紙の * には、何も記入してはいけません。

5　印刷がはっきりしなかったり、問題用紙や解答用紙がたりなかったりする場合は、静かに手をあげなさい。

6　「やめ」の合図で、すぐにえん筆をおき、解答用紙を裏《うら》返しにして２枚《まい》重ねて机《つくえ》の上におきなさい。

7　このあと、放送による指示に従《したが》い、問題用紙の表紙と解答用紙のすべてに、受検番号を記入しなさい。続けて、【課題１】の英語の音声を聞き取る検査があるので、その指示に従いなさい。

※教英出版注
音声は，解答集の書籍ＩＤ番号を教英出版ウェブサイトで入力して聴くことができます。

【課題１】 放送を聞いて、次の問いに答えなさい。英語は、それぞれ**２回**ずつ放送されます。放送中に、問題用紙にメモをとってもかまいません。

（問１） ももこさんの学校に新しいＡＬＴのダニエル先生が来ました。ダニエル先生が外国語の授業で、２枚《まい》の写真を見せながら話しています。ダニエル先生が２番目に見せた写真はどれですか。話の内容に合う写真として最も適切なものを、**ア**～**エ**の中から１つ選び、記号を書きなさい。

ア　　**イ**　　**ウ**　　**エ**

（問２） ももこさんは、ＡＬＴのダニエル先生と話をしています。ももこさんとダニエル先生の会話の内容として適切なものを、**ア**～**オ**の中から２つ選び、記号を書きなさい。

ア　ダニエル先生の誕《たん》生日は、６月２日です。
イ　ダニエル先生の誕生日は、７月20日です。
ウ　ダニエル先生の誕生日は、９月12日です。
エ　ダニエル先生は、歌うことが好きです。
オ　ダニエル先生は、ピアノをひくことができます。

（問３）ももこさんは、給食のこんだて表を見ながら、ＡＬＴのダニエル先生の好みに合うこんだてを探《さが》すために、ダニエル先生に質問をしています。ももこさんがこんだて表の中から選んだ、ダニエル先生の好みに合う給食のこんだてとして最も適切なものを、**ア**～**エ**の中から１つ選び、記号を書きなさい。

ア

みかん　牛乳《にゅう》
焼き魚
ごはん　みそしる

イ

りんご　牛乳
焼き魚
ごはん　みそしる

ウ

みかん　牛乳
とりのからあげ
ごはん　みそしる

エ

りんご　牛乳
とりのからあげ
ごはん　みそしる

（問４）ももこさんの学級では、ＡＬＴのダニエル先生に自分たちのことを知ってもらうために、共通のテーマで１人１人が発表をしています。ももこさんの発表を聞いて、学級の共通のテーマとして最も適切なものを、**ア**～**エ**の中から１つ選び、記号を書きなさい。

ア　私《わたし》の行きたい場所
イ　私の得意なこと
ウ　私の夏の思い出
エ　私の好きな冬の行事

英語の音声を聞き取る検査は、このページで終わりです。

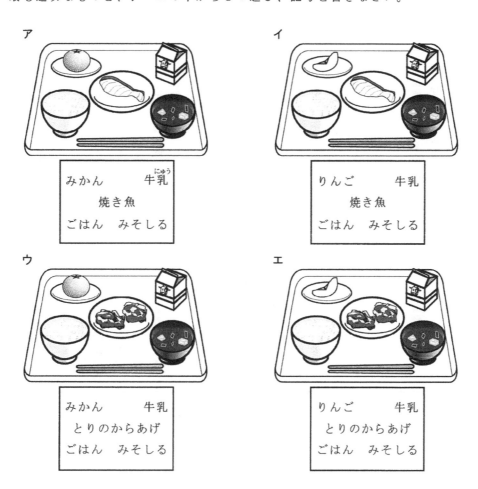

にも興味が湧《わ》いてくる。もっと知りたいという思いやもっと楽しみたいという思いが強まってくる。

10 そうした読書の魅《み》力を味わった子は、読書によって日常とは別の世界を楽しむのが癖《くせ》になる。本を読んでいる間は、現実とは違《ちが》う時空を生きることができる。そうした楽しみに浸《ひた》ることで、想像力が鍛《きた》えられるとともに、語彙力や読解力も高まっていく。

11 読書により非現実の世界に遊ぶことができるというと、ファンタジーやミステリーを思いうかべる人が多いのではないか。私《わたし》自身の子どもの頃《ころ》の読書体験を振《ふ》り返ってみても、葉っぱの下にこびとが住んでいるコロボックルの物語や秘密《ひみつ》の花園《ぞの》を探索《さく》する物語など、現実離《ばな》れした物語に夢中になったのを思い出す。大人のミステリーのような現実味のあるものではなく、もっと呑気《のんき》な探偵《てい》物語に夢中になったこともある。

12 そういった現実離れした物語の世界に引き込《こ》まれ、文字を追うのももどかしい思いで、想像力を全開にして読んだものだった。

13 だが、小説に限らず、評論《ひょうろん》や随筆《ずいひつ》、伝記などノンフィクションものを読むときも、文字を追いながらさまざまな出来事が思い起こされたり、自分の思いや考えが※3喚《かん》起されたりして、想像力や思考力がフル稼働《かどう》することになる。

14 そのように本の世界に引き込まれ、夢中になって文字を追うとき、さまざまな知識や出来事や思いが連想され、頭の中にうかび上がってくる。これまでに記おくの中にちく積されているものが多いほど、想像力豊かに楽しむことができ、また多くの気づきを得ることができる。本を読むことで頭の中が活性化され、ただおもしろいというだけでなく、ものの見方・考え方に目からウロコの発見があったりする。

（榎本《えのもと》　博明《ひろあき》「読書をする子は〇〇がすごい」より。一部省略等がある。）

※1　語彙力…言葉を理解したり使ったりする力
※2　敷居を低くしておく…ていこうを少なくしておく
※3　喚起…よび起こすこと

こうじ　なるほど。読書による空想の世界で、想像力を発揮して、楽しむことができるのですね。

しおり　［資料］には、読書の楽しみを味わった人は、想像力も鍛えられるとありました。

さくら　そうやって鍛えられた想像力は、筆者が子ども頃に、いろいろな本を読むときにはたらいたのでしょうね。

ももこ　そうですね。それは、［う］という筆者の経験からも言えます。

たけし　そういえば、私は、随筆の「枕草子《まくらのそうし》」を読んだとき、自分が以前見た景色《けしき》から想像がふくらみ、「枕草子」の作者の感じ方や考え方になっとくし、おもしろいと感じました。

ももこ　筆者は、［資料］で、本を読むときに、［え］ことが、想像力豊かに楽しむことであると伝えていると思います。まさにたけしさんの読み方ですね。

しおり　つまり、たけしさんは、自分と「枕草子」を結びつけて読んだから、情景が思いうかんで、作者の感じ方や考え方に共感し、おもしろく感じたのですね。

こうじ　なるほど。想像力をはたらかせると、より読書が楽しめるということですね。これをみんなへのメッセージとしてはどうでしょう。

さくら　いいですね。読書のよさをみんなに伝えて、たくさんの本を読んでもらいましょう。

【課題2】さくらさんたちは、図書委員会で「読書週間」に向け、[資料]をもとに話し合っています。[資料]、[話し合いの一部]を読んで、6ページの問いに答えなさい。（1～14は、段落《だん》の番号を表します。）

[資料]

1 ※1語彙《ごい》力や読解力のちく積がないと、いきなり本を読もうとしてもかなりの苦行になってしまう。だからこそ、子ども時代に読書をする習慣を身につけ、本を読むことへの※2敷居《しきい》を低くしておくことが大事なのである。それによって心の世界をどこまでも広げていくことができる。

2 子どもは空想の世界をもつことで大きな自由を手に入れる。

3 現実の世界は、能力的に自分にはできないことがあったり、行きたくても遠くて行けないところがあったり、さまざまな制約がある。とくに子どもの場合は行動範《はん》囲に大きな制約がある。

4 でも、空想の世界では、やりたいことは何でもできるし、行きたいところはどこでも行ける。あこがれのヒーローになることもできる。

5 ままごとをしたり、怪獣《かいじゅう》ごっこをしたり、正義のヒーローのように闘《たたか》ったり、ごっこ遊びの中で子どもたちは想像力を思う存分《ぞんぶん》発揮《き》する。子どもがマンガやアニメの主人公の真似《まね》をして遊んでいるのを見ていると、空想の世界で自分以外の存《そん》在になりきっているのがよくわかる。

6 でも、いくらごっこ遊びでも、現実の世界にとどまっている限り、非日常の味わいにも限界がある。たとえ気持ちの上でなりきっても、空を飛ぶことはできないし、親に内緒《しょ》で冒《ぼう》険の旅に出ることもできない。

7 そうした限界を突《つ》き破り、空想の世界への扉《とびら》を開いてくれるのが読書だ。本の中には、自分の日常とはまったく異《こと》なるワクワクする世界が広がっている。

8 冒険の旅に出て刺激《しげき》的な日々を送ることができる。月や星を眺《なが》めるのが好きだった子がロケットに乗って宇宙《うちゅう》を探《たん》検したり、昆《こん》虫や植物に興味をもっている子が森の中に入って珍《めずら》しい昆虫や植物を見つけたりすることもできる。

9 書物を通して新たな世界を経験すると、日常を見る目にも変化が生じる。それまで考えなかったことを考えるようになる。それまで気にとめなかったこと

[話し合いの一部]

さくら　「読書週間」に向けて、学校のみんなが本をたくさん読もうと思えるように、読書のよさを考えて伝えていきましょう。

しおり　この[資料]の題名「読書をする子は○○がすごい」は、みんなへのメッセージとして使いたいですね。

こうじ　「○○」には、何を入れますか。

ももこ　私は、想像力がよいと思います。語彙力や読解力という言葉もありますが、想像力という言葉が何度も出てくるからです。

こうじ　想像力と読書には、どのような関係があるのですか。

しおり　それについては、空想に着目したらどうでしょう。筆者は、現実の世界は、さまざまな制約があるけれども、空想の世界では［あ］だと述べていると思います。

たけし　[資料]には、ごっこ遊びを例に、空想の世界では、自分以外の存在になりきって、想像力を思う存分発揮すると書かれていますね。

さくら　そして、[資料]では、ごっこ遊び以上に、空想の世界へ導いてくれるのが読書だと、「［い］」の一文では述べられています。

【課題２】の問いは、右の６ページにあります。

「問３。」　（２秒）
「ももこさんは、給食のこんだて表を見ながら、ＡＬＴのダニエル先生の好みに合うこんだてを探すために、ダニエル先生に質問をしています。ももこさんがこんだて表の中から選んだ、ダニエル先生の好みに合う給食のこんだてとして最も適切なものを、ア・イ・ウ・エの中から１つ選び、記号を書きなさい。」　（２秒）

「１回目。」

（※３）

F: This is the lunch menu. We drink milk every day.
M: That's great. Japanese milk is delicious.
F: Do you like rice?
M: Yes, I do. I like *miso* soup, too.
F: What food do you like?
M: I like chicken, but I don't like fish.
F: Do you like fruits?
M: Yes, I do.
F: I like oranges. Do you like oranges?
M: No, I don't. I like apples.
F: Oh, I see. This is good for you.
M: Thank you, Momoko. I want to eat it.　（４秒）

「２回目。」
（※３　繰り返し）
「答えを書きなさい。」　（10秒）

「問４。」　（２秒）
「ももこさんの学級では、ＡＬＴのダニエル先生に自分たちのことを知ってもらうために、共通のテーマで１人１人が発表をしています。ももこさんの発表を聞いて、学級の共通のテーマとして最も適切なものを、ア・イ・ウ・エの中から１つ選び、記号を書きなさい。」　（２秒）

「１回目。」

（※４）
Hi! I'm Momoko. I went to a big event in Osaka in August. I saw my favorite player. She is good at playing soccer. I enjoyed playing soccer with her. She was very kind. It was fun and exciting. Thank you.　（４秒）

「２回目。」
（※４　繰り返し）
「答えを書きなさい。」　（10秒）

「これで【課題１】を終わります。」
「次の課題に移りなさい。」

※教英出版注
音声は，解答集の書籍ＩＤ番号を教英出版ウェブサイトで入力して聴くことができます。

令和６年度　検査Ⅰ　【課題１】（英語の音声を聞き取る検査）　台本

チャイム　（７打）
「これから、検査Ⅰをはじめます。問題用紙の表紙と解答用紙のすべてに、受検番号を記入しなさい。」　（８秒）

打　音　（３打）
「問題用紙を開きなさい。はじめに、【課題１】を行います。」
「【課題１】。放送を聞いて、次の問いに答えなさい。英語は、それぞれ２回ずつ放送されます。放送中に、問題用紙にメモをとってもかまいません。それでは始めます。」

「問１。」　（２秒）
「ももこさんの学校に新しいＡＬＴのダニエル先生が来ました。ダニエル先生が外国語の授業で、２枚の写真を見せながら話しています。ダニエル先生が２番目に見せた写真はどれですか。話の内容に合う写真として最も適切なものを、ア・イ・ウ・エの中から１つ選び、記号を書きなさい。」　（２秒）

「１回目。」
（※１）Hello, everyone.　I'm Daniel.　I'm from Canada.　I have two pictures.　First, this is a picture of my family.　I have five people in my family.　Second, in Canada, we have pets.　We have three pets, one black dog and two white cats.　They are so cute!　（４秒）

「２回目。」
（※１　繰り返し）
「答えを書きなさい。」　（10秒）

「問２。」　（２秒）
「ももこさんは、ＡＬＴのダニエル先生と話をしています。ももこさんとダニエル先生の会話の内容として適切なものを、ア・イ・ウ・エ・オの中から２つ選び、記号を書きなさい。」　（５秒）

「１回目。」
（※２）
F:　Hello.　I'm Momoko.　Your bag is big.
M:　It's a birthday present from my friend.
F:　That's nice.　When is your birthday?
M:　My birthday is July 20th.　When is your birthday, Momoko?
F:　My birthday is September 12th.　I like singing.　Do you like singing?
M:　No, I don't, but I can play the piano.
F:　Oh!　Can you play the piano for me?
M:　Yes.　I can play the piano on your birthday.
F:　Wow!　That's great.　Thank you.　（４秒）

（問１）【資料】の ━━ 部「発揮する」の主語はどれですか。ア～エの中から一つ選び、記号を書きなさい。

ア ごっこ遊びの中で　イ 子どもたちは　ウ 想像力を　エ 思う存分　発揮する。

（問２）【資料】の 〰〰 部「目からウロコ（目からうろこが落ちる）」とありますが、この慣用句の使い方として最も適切なものを、ア～エの中から一つ選び、記号を書きなさい。

ア 旅行先で忘《わす》れ物をして、目からうろこが落ちる思いだ。

イ サッカーの試合に勝って、目からうろこが落ちる思いだ。

ウ 友達から急に声をかけられ、目からうろこが落ちる思いだ。

エ 姉の新しいアイデアを聞き、目からうろこが落ちる思いだ。

（問３）〔あ〕に入る最も適切な言葉を、【資料】より、二字で書きぬきなさい。

（問４）〔い〕に入る最も適切な一文を、【資料】より見つけて、はじめとおわりの五字をそれぞれ書きなさい。（「、」や「。」も一字に数えます。）

（問５）〔う〕に入る最も適切な言葉を、【資料】より、十二字で書きぬきなさい。

（問６）══ 部「想像力豊かに楽しむこと」について、〔え〕に入る言葉を、「連想」、「ちく積」の二語を使って、「ことが、」につながるように、三十五字以上、四十字以内で書きなさい。（「、」や「。」も一字に数えます。）

（問７）【資料】の〔11〕～〔14〕の段落が果たしている役割《わり》について述べたものとして最も適切なものを、ア～エの中から一つ選び、記号を書きなさい。

ア 〔11〕は、〔10〕で示した内容について、事例を挙げている。

イ 〔12〕は、〔11〕で示した内容と、対比的な内容を示している。

ウ 〔13〕は、〔12〕で示した内容について、理由を述べている。

エ 〔14〕は、〔13〕で示した内容とは、違《ちが》う話題を提示している。

（問８）【資料】に書かれている内容として最も適切なものを、ア～エの中から一つ選び、記号を書きなさい。

ア 子ども時代に読書をする習慣を身につけるためには、語彙《ごい》力や読解力をちく積する必要がある。

イ 読書をすることで日常を見る目が変化し、新たなことにも興味をもち、知りたいという思いが強まる。

ウ 想像力が必要なのは、非現実の世界に遊ぶことができるファンタジーやミステリーを読むときに限られる。

エ 読書の魅《み》力を味わうと、本が手元になくても、現実とは違った世界を生きることができる。

【課題３】　さくらさんたちは、社会の授業で、日本の工業生産について発表するために話し合っています。［**話し合いの前半**］、［**話し合いの後半**］、**資料１～６**をもとにして、あとの問いに答えなさい。

［**話し合いの前半**］

さくら　まず、「工業製品と私《わたし》たちのくらし」のテーマで考えていこうと思います。今までの学習で、わかったことや印象に残っていることを言ってください。

たけし　工業製品をつくり出す①工場には、大きな工場から小さな工場まで、②さまざまな規模《ぼ》の工場があることがわかりました。中小工場でつくり出される製品は、大工場の生産を支えるとともに、私たちのくらしのさまざまな場面で使われていますね。

しおり　郷土《きょうど》資料館をたずねたときに、今のくらしに使われている工業製品と昔のくらしに使われていた工業製品に大きなちがいがあって、おどろきました。

こうじ　昔のせんたくでは、せんたく板やたらいを使っていましたが、今では、せんたく機を使っていますね。

さくら　せんたく板やたらいを使うと、よごれた部分を見ながらあらうことができますが、あらうのに時間がかかったり、手であらった後にしぼったりするので、③昔の作業は苦労していたと学芸員さんが話してくれましたね。でも、今は機械を使うことで、簡《かん》単に作業ができるようになりました。

たけし　せんたく機のように、工場で生産された工業製品は日本国内で使われるだけではなく、外国に輸出されていますね。一方で、身の回りの工業製品の中には、外国で生産され、日本に輸入されたものも多くあります。

こうじ　そうですね。工業製品の輸出入は、④さまざまな輸送手段《だん》の長所を生かした運輸のはたらきによって支えられていますね。

さくら　私たちのくらしの中で使われている工業製品は、いろいろと変わってきているのですね。次は、工業生産について考えていきましょう。

（問１）―――部①に関して、1872年に明治政府は、群馬県の富岡《とみおか》に官営の工場をつくりました。この工場で生産されていた工業製品を、**ア**～**エ**の中から１つ選び、記号を書きなさい。

ア　生糸《きいと》　　**イ**　医薬品　　**ウ**　鉄鋼《てっこう》　　**エ**　自動車

（問２）―――部②について、**資料１のＡ～Ｃ**は、工場数、生産額、働く人の数のいずれかの割合《わりあい》を表しています。Ａ～Ｃの組み合わせとして適切なものを、**ア**～**エ**の中から１つ選び、記号を書きなさい。

ア　Ａ　生産額　　Ｂ　工場数　　Ｃ　働く人の数
イ　Ａ　働く人の数　　Ｂ　工場数　　Ｃ　生産額
ウ　Ａ　工場数　　Ｂ　生産額　　Ｃ　働く人の数
エ　Ａ　工場数　　Ｂ　働く人の数　　Ｃ　生産額

資料１　日本の工業生産にしめる中小工場と大工場の割合

	中小工場	大工場
A	99.0%	1.0%
B	67.3%	32.7%
C	47.4%	52.6%

（経済《ざい》産業省　2021年「工業統計表」より作成）

（問３）―― 部③に関して、**資料２**は、昔の農具の一つです。この農具は、農作業のどのような場面で使われていたのか、書きなさい。

資料２　昔の農具

（問４）―― 部④に関して、**資料３**の**Ａ・Ｂ**のグラフは、日本における船または航空機による輸出額にしめる輸出品の割合を表しています。船による輸出を表しているグラフを、**Ａ・Ｂ**から選び、記号を書きなさい。また、船で輸送する長所について、**資料３**と**資料４**をもとに、航空機によって輸出される工業製品とのちがいを明らかにして、書きなさい。

資料３　日本における輸出額にしめる輸出品の割合

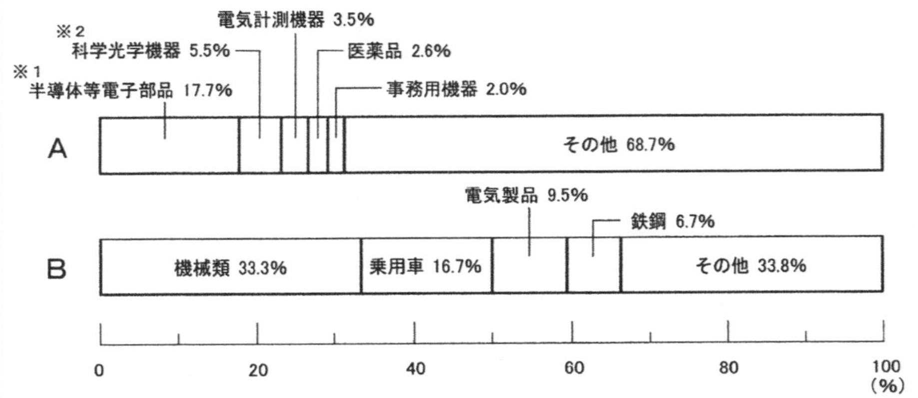

（「日本国勢図会2023/24」より作成）

※１　半導体等電子部品とはＩＣ（集積回路）などのこと。
※２　科学光学機器とはカメラやレンズなどのこと。

資料４　日本の船・航空機が運んでいる積み荷の平均の重さ

船	１せきあたり	約18502ｔ
航空機	１機あたり	約19ｔ

（財務省　2022年「貿易統計」より作成）

［話し合いの後半］

さくら　日本の工業生産の中心地は、関東地方の南部から九州地方の北部にかけて広がる「太平洋ベルト」とよばれる地域《いき》でしたね。

たけし　そうでしたね。⑤日本の工業のさかんな地域は海沿《ぞ》いに広がっていました。

しおり　一方で、高速道路が通っていて、トラックでの輸送に便利な内陸の地域に建てられている工場もありました。

こうじ　工場へ見学に行ったときには、海外でも生産をする会社が多くなっていると聞きました。

たけし　国内の工場数や工場で⑥働く人の数も減ってきていますね。

しおり　そのように、日本の工業生産は少しずつ変わってきていますが、工場の人にインタビューをしたとき、今も、昔も、これからも、変わらないものがあると思いました。工場の人は、技術やアイデアを生かして、これからもずっと人々のくらしの役に立つ製品を開発したり、生産したりしていきたいという願いを話してくれました。

こうじ　工業生産に関わる人々は、くらしや社会を豊かにしたいという願いのもと、生産にはげんでいるのですね。だから、⑦くらしや社会の変化に応じて求められる新たな「ものづくり」にも、チャレンジしているのですね。

たけし　新たな「ものづくり」といえば、以前、買い物に行ったとき、津軽塗《つがるぬり》のスマートフォンケースがはん売されているところを見ました。

しおり　津軽塗を調べてみると、青森県を代表する伝統的工芸品で、300年以上もの歴史があります。

こうじ　はしやうつわ以外にも、さまざまな津軽塗の製品がつくられているのですね。ほかの伝統的工芸品の職人さんたちも、⑧社会のニーズを見通した、新たな「ものづくり」にチャレンジしており、その製品は外国の人々にも親しまれているようです。

さくら　「ものづくり」は未来へとつながっていきますね。では、これからの工業生産についてまとめることができるように、「ものづくり」にこめられた職人さんたちの技術や思いを考え、「日本の工業生産の強み」に注目して、調べていきましょう。

（問５）――― 部⑤について、日本の工業のさかんな地域が海沿いに広がっている理由を、「原料や製品」という言葉を用いて書きなさい。

（問６）――― 部⑥に関して、働くことは、日本国憲《けん》法で定められている国民の権《けん》利の１つです。また、働くことは、国民の義務としても日本国憲法で定められています。日本国憲法で定められている働く義務以外の国民の義務を２つ書きなさい。

（問７）―― 部⑦に関して、ア～エを時代の古い順に並《なら》べ、記号を書きなさい。

ア　たたみや障子《しょうじ》、ふすまなどを使った書院造《しょいんづくり》という建築様式が生み出された。

イ　日本で初めての鉄道が開通したり、都市を中心にガス灯が使われたりした。

ウ　漢字をくずしたひらがなや、漢字の一部をとったかたかながつくられた。

エ　木版の技術が発達したことで、色あざやかな浮世絵《うきよえ》が大量につくられた。

（問８）―― 部⑧に関して、こうじさんは、伝統的工芸品の職人さんたちが、どのようなことを思いながら、新たな「ものづくり」をしているのか考えました。あなたがこうじさんなら、伝統的工芸品の職人さんたちに、どのような思いがあると考えるか、**資料５**と**資料６**からわかることと関連づけて、書きなさい。

資料５　伝統的工芸品の生産額と従《じゅう》業員数の移り変わり

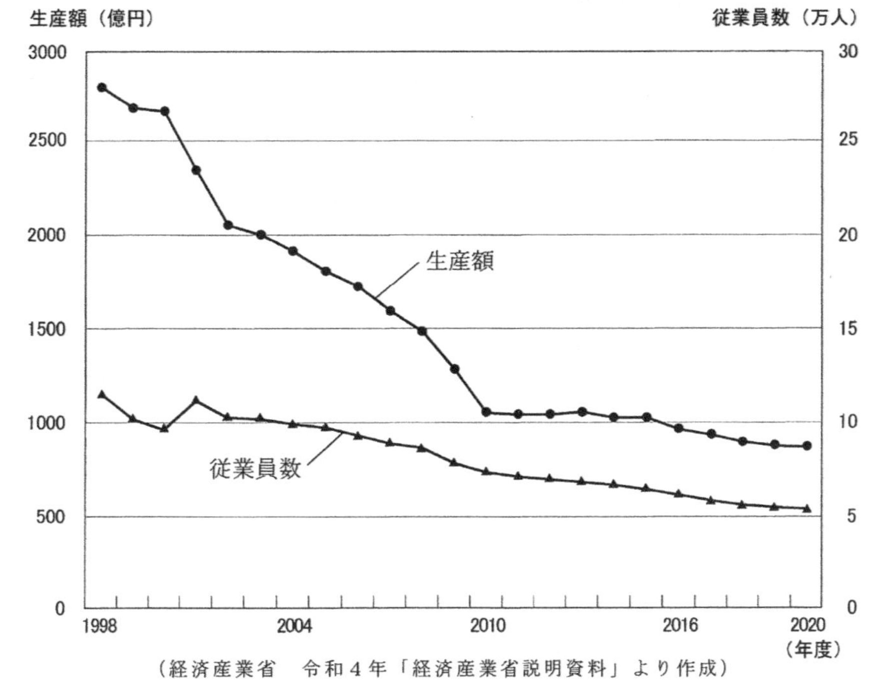

（経済産業省　令和４年「経済産業省説明資料」より作成）

資料６　伝統工芸におけるあとつぎの確保に関わる現状

○あとつぎが決まっておらず、職人さんが亡《な》くなったり、生産をやめたりした場合には、将《しょう》来、伝統的な技術を受けつぐ働き手がいなくなるかもしれないという不安がある。

○職人さんの高齢《こうれい》化が進んでいることにより、休業が増加している。

（総務省　令和４年「伝統工芸の地域資源《げん》としての活用に関する実態調査　結果報告書」より作成）

【課題４】

さくらさんたちの学校では、各学級の代表者が参加する代表委員会で、一年生から六年生までが仲良く楽しめるように、どのようなレクリエーションをするか話し合うことになりました。さくらさんの学級では、その代表委員会に向けた話し合いに、一人一人がレクリエーションの案を文章にまとめて、提案します。さくらさんは、「**長なわとび**」と「**折り紙遊び**」のどちらかを提案しようと**［メモ］**にまとめました。あなたがさくらさんなら、どちらの案を選び、どのように書きますか。次の条件に合わせて書きなさい。

［メモ］

案	内容	○よい点　△問題点
長なわとび	一年生から六年生までがチーム（二十人）に分かれて、８の字とびをする。	○一体感を味わうことができる。 ○準備やかたづけが簡《かん》単にできる。 △とぶまでに待つ時間ができる。 △なわとびが苦手な人がいる。
折り紙遊び	動物・飛行機・花など、好きな折り紙コーナーへ行き、折り紙を折って遊ぶ。	○自分が折りたいものを折ることができる。 ○いろいろな人と活動する機会がある。 △くわしい折り方がわからない。 △折り紙を折ることが苦手な人がいる。

（条　件）

・題と氏名を書かずに、本文から書き始めること。
・二段《だん》落構成で書くこと。
・一段落目には、選んだ案と選んだ理由について、**［メモ］**にあるよい点を生かして、自分の考えを書くこと。
・二段落目には、選んだ案の問題点を**［メモ］**から一つ選び、その問題点についての解決方法を考えて、書くこと。
・漢字を適切に使い、原こう用紙の正しい使い方に従《したが》って書くこと。
・十三行から十五行までにおさめること。

受検番号	

令和６年度
県立中学校及び県立中等教育学校適性検査
検査Ⅱ

問　題　用　紙

（時間50分）

【注　意】

1　「始め」の合図があるまで、問題用紙を開いてはいけません。

2　問題は【課題１】から【課題３】まであり、問題用紙は9ページまであります。

3　解答は、この問題用紙ではなく、解答用紙の決められた場所に、ていねいに記入しなさい。

4　解答用紙の [*] には、何も記入してはいけません。

5　「始め」の合図があったら、まず、問題用紙の表紙と解答用紙のすべてに、受検番号を記入しなさい。

6　印刷がはっきりしなかったり、問題用紙や解答用紙がたりなかったりする場合は、静かに手をあげなさい。

7　「やめ」の合図で、すぐにえん筆をおき、解答用紙を裏《うら》返しにして２枚《まい》重ねて机《つくえ》の上におきなさい。

【課題１】 たけしさんは、１年間の日記を読み返し、それぞれの出来事について算数で学んだことを生かしながら考えています。次の文を読んで、問いに答えなさい。

（問１） ５月８日に、子犬のモモが生まれました。モモが生まれたときの体重は200ｇで、今の体重は2100ｇです。たけしさんは、モモの生まれたときの体重と今の体重を比べました。モモの今の体重は、生まれたときの体重の何倍か、書きなさい。

（問２） ８月２日に、家族におにぎりとサラダをつくりました。次の①・②に答えなさい。

① たけしさんは、自分がかいた［**おにぎりのイラスト**］から、おにぎりを三角柱とみて、次の図のような三角柱をかきました。この三角柱の底面積は何cm^2か、書きなさい。

［おにぎりのイラスト］

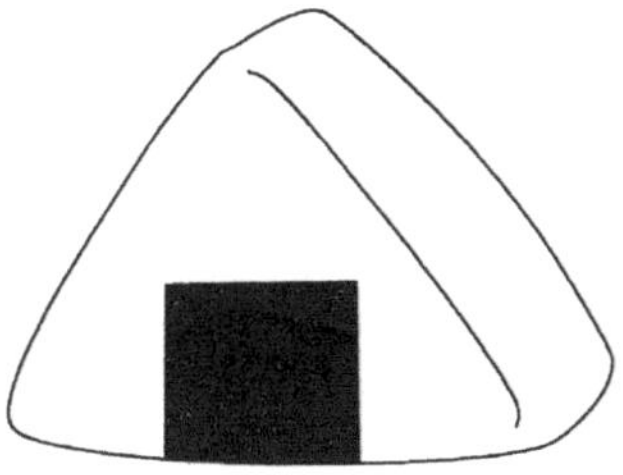

図

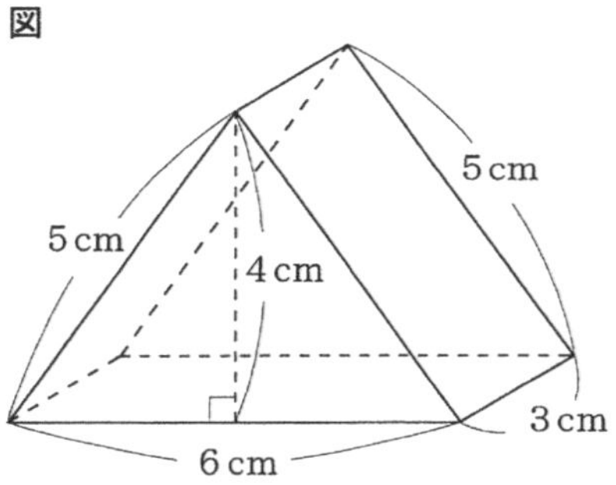

② たけしさんは、酢《す》とサラダ油の量の比が２：３のドレッシングをつくるつもりでしたが、酢30mLとサラダ油40mLを混ぜてしまい、予想とはちがう味になったことを思い出しました。たけしさんは、酢とサラダ油のどちらか一方の量を増やせば、酢とサラダ油の量の比を２：３にすることができたと考えました。酢とサラダ油の量の比を２：３にするためには、酢とサラダ油のどちらの量を何mL増やせばよかったか、書きなさい。

（問３） 10月１日に、野球の試合を見に行きました。次の①・②に答えなさい。

① 日記には、その日の入場者数を約8200人とがい数で記録していたので、たけしさんは、がい数の表し方について考えました。四捨《ししゃ》五入《ごにゅう》で、百の位までのがい数にしたとき、8200になる整数のはん囲を、「以上」、「以下」を使って、書きなさい。

② 野球チームに３年間所属しているたけしさんは、自分のデータをふり返り整理すると、次の表のようになりました。３年間では、たけしさんの１試合平均のヒットの本数は何本か、書きなさい。

[たけしさんのヒットの本数の記録]

	出場した試合数	１試合平均のヒットの本数
2021年度	5試合	0.4本
2022年度	10試合	0.4本
2023年度	15試合	0.8本

（問４） 11月10日は、たけしさんの12才の誕《たん》生日でした。たけしさんのおばあさんの誕生日も同じ日で、60才になったお祝いをしました。たけしさんは、自分の未来の姿《すがた》を想像した［**未来日記**］を書くことにしました。次の［**未来日記**］は、たけしさんが自分の年れいを何才と考えて書いたものか、答えなさい。

[未来日記]

> 今日は、私《わたし》とおばあさんの誕生日でした。私の年れいは、おばあさんの年れいの$\frac{1}{3}$になりました。
>
> そして、研究していた厳《きび》しい環《かん》境の中でも育つ野菜の改良に成功し、今日、初めて収《しゅう》かくしました。おばあさんと私の誕生日パーティーでは、収かくした野菜に手づくりドレッシングをかけて食べました。

【課題２】 さくらさんたちは、理科の授業で学習した内容について、さらに学びを深めたいと思い、科学センターでのサイエンススクールに参加しています。指導員の先生とさくらさんたちの会話をもとにして、あとの問いに答えなさい。

さくら　理科の時間に、心臓《ぞう》のことを学習しました。心臓は１日も休まず血液を送り続けるということを知って、おどろきました。

指導員　心臓は、縮《ちぢ》んだりゆるんだりして、血液を全身に送り出しています。この動きを①はく動といいますね。

こうじ　はい。授業の中で、私《わたし》は、手首で「どくどく」と感じる動きの１分間の回数を数えました。

さくら　私は、そのとき80回でした。今、もう１度、自分の手首に指を当てて１分間の回数を数えてみましょう。

こうじ　みなさん、何回でしたか。

たけし　あれ、私の回数がみんなより多くなっています。

しおり　たぶん、たけしさんは、ついさっき走ってきたからだと思います。

指導員　そうですね。運動したときには、体を動かすのに必要な酸素の量が増え、心臓はたくさんの血液を送り出そうとして動きが速まるのですね。**図１**を見てください。心臓と血管、そして血液の流れる向きを表しています。どのようなことがわかりますか。

しおり　血液は心臓から肺《はい》に送られ、心臓にもどっています。

こうじ　心臓から全身に送られ、心臓にもどる流れもあります。

指導員　そうですね。では、肺のはたらきから考えると、酸素を多くふくんだ血液が流れている血管は、**図１**の**ア**と**イ**のどちらでしょうか。

さくら　それは、[　あ　]です。そう考えた理由は、[　い　]からです。

指導員　そのとおりです。ところで、血液には、②体内でできた不要なものを受け取って運ぶはたらきもあるのですよ。それはどのようにして体外に出されるのか知っていますか。

こうじ　不要なものは[　A　]で血液の中から取り除《のぞ》かれ、[　B　]にしばらくためられてから、体外に出されるのでしたね。

しおり　こうして考えてみると、血液には必要なものを全身に届《とど》けたり、不要なものを受け取ったりするなど、大切な役割《わり》がありますね。私たちの心臓は、１日にどれくらいの血液を送り出しているのですか。

図１

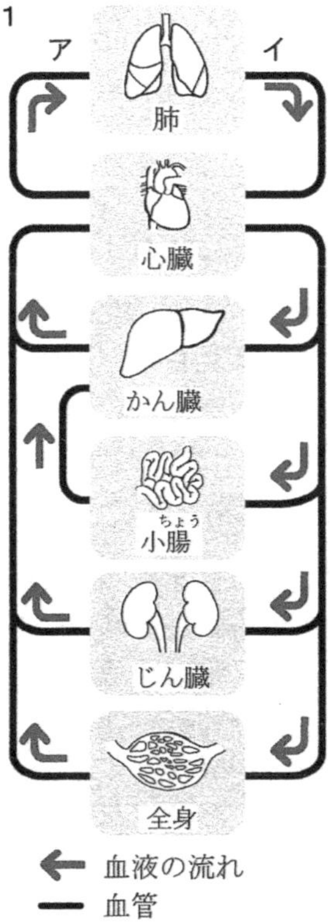

指導員　みなさんの心臓が、１分間に80回はく動したとします。１回のはく動で60mLの血液を送り出すとすると、心臓が１日に送り出す血液の量を求めることができますよ。

しおり　指導員さんが教えてくれた数字を使って計算すると［　う　］Lです。心臓は１日にこれだけ多くの血液を、全身に送り出しているのですね。

指導員　もちろん、実際にそれだけの量の血液が体内にあるわけではありません。同じ血液が何度も体内をめぐっているのです。そのようすについて、実際にその場にいるかのような体験ができる「ＶＲゴーグル」というそう置を使って、心臓のつくりと心臓の中を流れる血液のようすを観察してみましょう。

たけし　このゴーグルをつけると、本当に自分が心臓の中に入って見ているみたいですね。心臓のかべが動いて、血液がとても勢いよく流れています。

さくら　心臓には、いくつか部屋があることがわかります。

たけし　このような血液や心臓のはたらきによって、私たちの命が支えられているのですね。

（問１）――― 部①について、はく動が血管を伝わり、手首などで「どくどく」と感じる動きを何というか、書きなさい。

（問２）さくらさんは、酸素を多くふくんだ血液が流れている血管を［　あ　］と、そう考えた理由を［　い　］と答えました。［　あ　］に入るものを**図１**の**ア**・**イ**から選び、記号を書きなさい。また、［　い　］に入る適切な言葉を、出入りする気体を明らかにして書きなさい。

（問３）――― 部②について、こうじさんは体内でできた不要なものが、どのように体外に出されるのかについて答えました。［　A　］、［　B　］に入る臓器の組み合わせとして最も適切なものを、**ア**～**エ**の中から１つ選び、記号を書きなさい。

ア　（　A　かん臓　　B　じん臓　）
イ　（　A　かん臓　　B　ぼうこう　）
ウ　（　A　じん臓　　B　ぼうこう　）
エ　（　A　じん臓　　B　かん臓　）

（問４）しおりさんは［　う　］で、心臓が１日に送り出す血液の量を答えました。［　う　］に入る数字を書きなさい。

次に、さくらさんたちは、ふりこのコーナーに移動しました。

こうじ　授業では、１往復する時間がちょうど１秒のふりこをつくろうとしましたが、うまくつくれませんでした。１往復する時間が１秒のふりこをつくってみたいです。

指導員　では、授業で学習したふりこのきまりについてふり返ってみましょう。ふりこが１往復する時間はどのように調べますか。

さくら　ふりこが１往復する時間を測定するのは難《むずか》しいので、10往復する時間を測定し、その時間を10で割《わ》り、１往復する時間を求めます。そして、正確な数値《ち》が求められるように、3回実験をして、1往復する時間の平均を調べます。

こうじ　ふりこの実験をするときは、ふれはば、おもりの重さ、ふりこの長さの３つの条件のうち、変える条件を１つだけにし、他の条件はすべて同じにして調べるのでしたね。

たけし　変える条件を１つだけにするのはなぜでしたか。

さくら　［　　え　　］からです。

指導員　では、ふりこが１往復する時間は、どのような条件に関係がありますか。

しおり　ふりこの長さです。

指導員　そうですね。では、ふりこの長さを変えて、１往復する時間がどうなるのか調べてみましょう。

［実　験］

1　**図２**のように、重さ10ｇのおもりをつけた糸を、板に打ったくぎにつるしてふりこをつくる。

2　ふりこの長さを**ア**～**オ**のように変え、それぞれのふりこが１往復する時間を３回ずつ調べ、その測定結果を平均して求める。

変える条件	同じにする条件
ふりこの長さ **ア**･･･　20 cm **イ**･･･　30 cm **ウ**･･･　40 cm **エ**･･･　80 cm **オ**･･･120 cm	おもりの重さ　10ｇ ふれはば　20°

図２

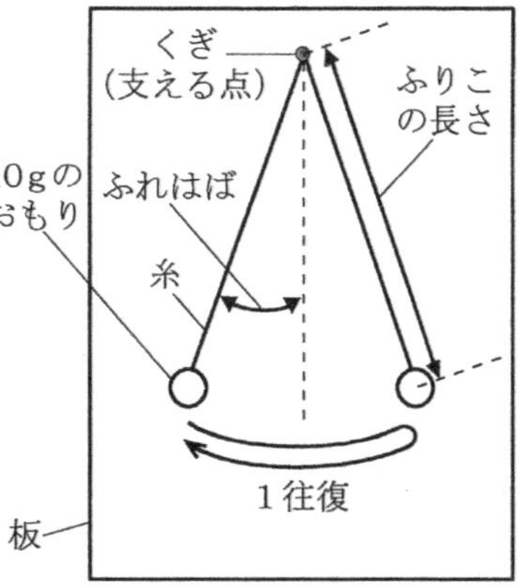

［実験結果］

	ア	**イ**	**ウ**	**エ**	**オ**
ふりこの長さ（cm）	20	30	40	80	120
１往復する時間（秒）	0.9	1.1	1.3	1.8	2.2

指導員　**［実験結果］**から、どのようなことがわかりましたか。

さくら　**［実験結果］**から、ふりこの長さを変えると、１往復する時間は変わり、ふりこの長さが長いほど、１往復する時間は長くなりました。

*

【課題３】

*

* (問１)

* (問２)

* (問３)

* (問４)

グラフ	
船で輸送する長所	

* (問５)

* (問６)

*

* (問７) → → →

* (問８)

*　*　*　*

15行　13行

2024(R6) 徳島県立中高一貫校
教英出版

からです。

* （問３）

* （問４） L

* （問５）

からです。

* （問６） 倍

* （問７） 記号（　　　　　　）　　１本目のくぎから真下に（　　　　　　）cm

* （問８） メトロノームのおもりを（　　　　　　）に移動させる。

［理由］

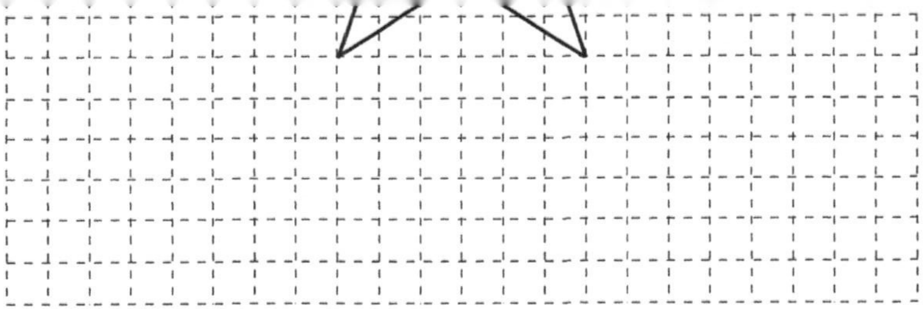

*（問５）

分	

*

［考え方］

*（問６）

① あ（　　　　　）　い（　　　　　）

*

う（　　　　　）　え（　　　　　）

*

② 回

受検番号	

＊

県立中学校及び県立中等教育学校適性検査　検査Ⅱ　解答用紙（２）

【課題３】

＊

＊ （問１）

[どちらかを選び、○で囲みなさい。]　　正しい　　正しくない

[理由]

＊ （問２）

cm

＊ （問３）

分　　秒

＊ （問４）

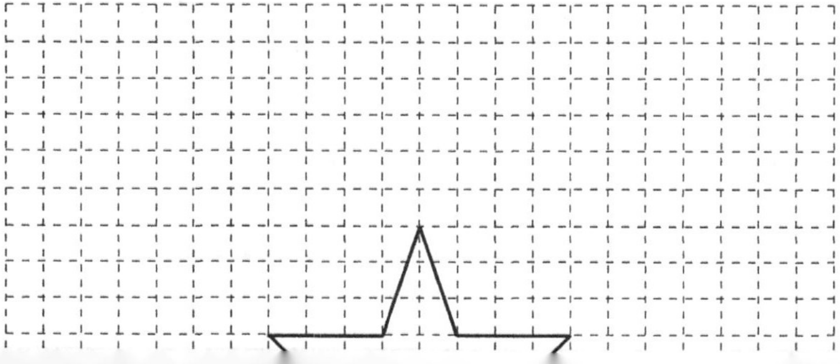

※200点満点
（配点非公表）

受検番号	

*

県立中学校及び県立中等教育学校適性検査　検査Ⅱ　解答用紙（１）

*

【課題１】

*

*	（問１）	倍
*	（問２）①	cm^2
*	②	（　　　　）の量を（　　　　）mL 増やせばよかった。
*	（問３）①	
*	②	本
*	（問４）	才

*

【課題２】

*	（問１）	
*	（問２）	あ

【解答】

県立中学校及び県立中等教育学校適性検査　検査I　解答用紙（2）

受検番号	

【課題4】

*　*

※120点満点
（配点非公表）

受検番号	

＊

県立中学校及び県立中等教育学校適性検査　検査Ⅰ　解答用紙（１）

＊

【課題１】

＊（問１）

＊（問２）

＊（問３）

＊（問４）

＊

【課題２】

＊（問１）

＊（問２）

＊（問３）

＊（問４）　はじめの５字　　おわりの５字

＊（問５）　12

＊（問６）

ことが

【解答

しおり　[**実験結果**]から、ふりこの長さを［　お　］倍にしたとき、ふりこが１往復する時間が２倍になっていることがわかりました。

指導員　そうですね。では、こうじさんがつくりたいと言っていた１往復する時間がちょうど１秒になるふりこをつくってみましょう。

こうじ　でも、１往復する時間が１秒になるふりこは、[**実験結果**]にはありませんでした。

指導員　この③[**実験結果**]を組み合わせて考えると、１往復する時間がちょうど１秒になるふりこをつくることができます。

図３を見てください。［実　験］で使った**ア**～**オ**のふりこの中から１つ選び、**図３**のように１本目のくぎの真下に、２本目のくぎを打ちます。大切なのは、[**実験結果**]を利用して２本目のくぎの位置を決めることですよ。

図３

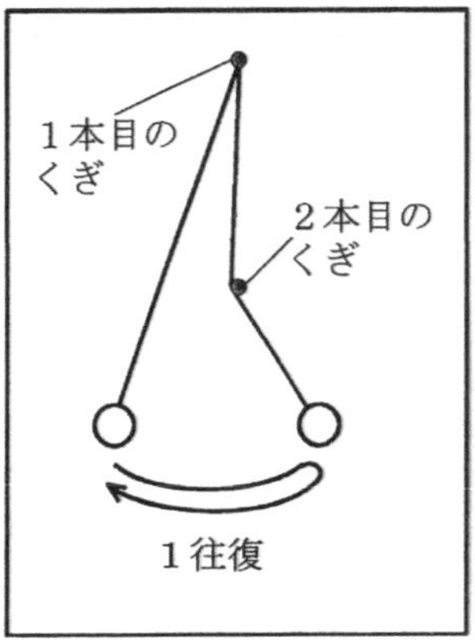

さくら　では、やってみましょう。

こうじ　２本目のくぎで、ふりこのふれはばが少し変わりましたが、ふりこが１往復する時間はふりこの長さで決まるので、結果にえいきょうしませんね。これで無事、ちょうど１往復する時間が１秒のふりこができました。

しおり　身の回りには、ふりこのきまりを利用したものがいろいろありそうですね。

たけし　この間、合奏《そう》の練習をしたとき、④速度を合わせるために使ったメトロノームも、ふりこのきまりを利用していますね。

（問５）さくらさんは［　え　］で、実験するとき、３つの条件のうち、変える条件を１つだけにする理由を説明しました。［　え　］に入る適切な言葉を書きなさい。

（問６）しおりさんは［　お　］で、ふりこの長さを何倍にすると、１往復する時間が２倍になるかに気づいて、答えました。［　お　］に入る数字を書きなさい。

（問７）―――部③について、１本目のくぎにつるすふりこは、どのふりこを使えばよいか、［実　験］で使った**ア**～**オ**のふりこの中から１つ選び、記号を書きなさい。また、２本目のくぎを１本目のくぎから真下に何cmの位置に打てばよいか、書きなさい。ただし、くぎや糸の太さ、重さのえいきょうは受けないものとし、糸はのびないものとします。

（問８）ふりこは、上に支える点がありますが、メトロノームは、**図４**のように下に支える点があります。―――部④について、速度が速い曲からゆっくりの曲にメトロノームの設定を変えるとき、メトロノームのおもりを**上**・**下**のどちらに移動させるとよいか、書きなさい。また、その理由を、[**実験結果**]をふまえて書きなさい。

図４

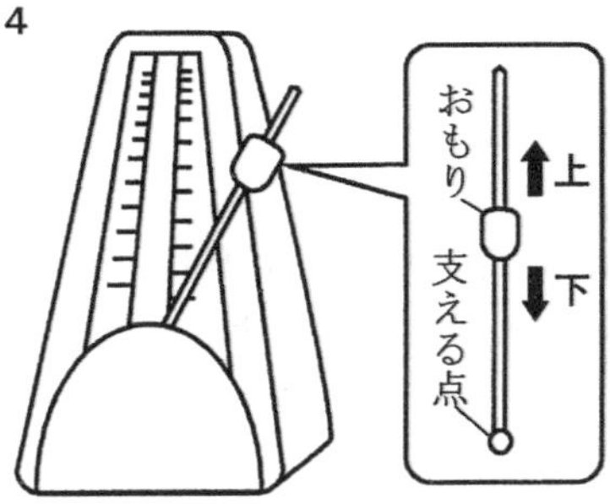

【課題３】 さくらさんたち６年生は、校内わくわく祭りの準備を行っています。次の問いに答えなさい。

（問１）アンケート係は、１年生から６年生までの児童に、校内わくわく祭りでしてみたいことについて１人１つずつ書いてもらい、その結果を次のようなグラフに表しました。さくらさんは、**［校内わくわく祭りでしてみたいことの割合《わりあい》］**のグラフをもとにして、的当てと書いた人数について考えました。**［さくらさんの考え］**の 〰〰 部について、解答用紙の「正しい」、「正しくない」のどちらかを選び、○で囲みなさい。また、その理由を言葉や数、式を使って書きなさい。

［校内わくわく祭りでしてみたいことの割合］

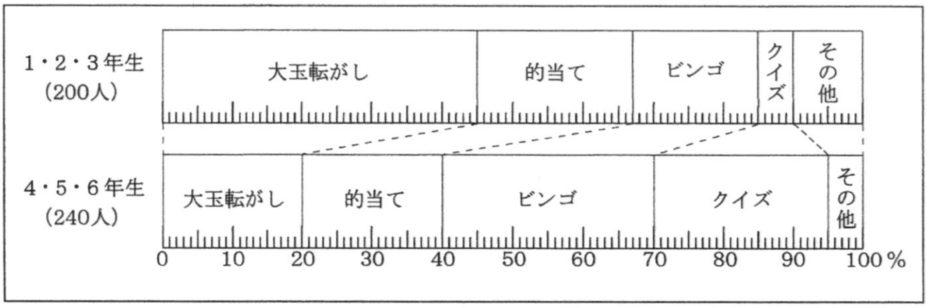

［さくらさんの考え］

１・２・３年生で的当てと書いた人数のほうが、４・５・６年生で的当てと書いた人数より多いです。

（問２）チケット係は、チケットを入れるふたのない箱をつくるために、次の**図**のような長方形の厚紙を使い、四すみを同じ大きさの正方形に切り取り、折り目で折って組み立てることにしました。箱の容積がいちばん大きくなるのは、切り取る四すみの正方形の１辺の長さを何cmにしたときか、書きなさい。ただし、切り取る長さはcmの単位を用いた整数とし、紙の厚さは考えないこととします。

図

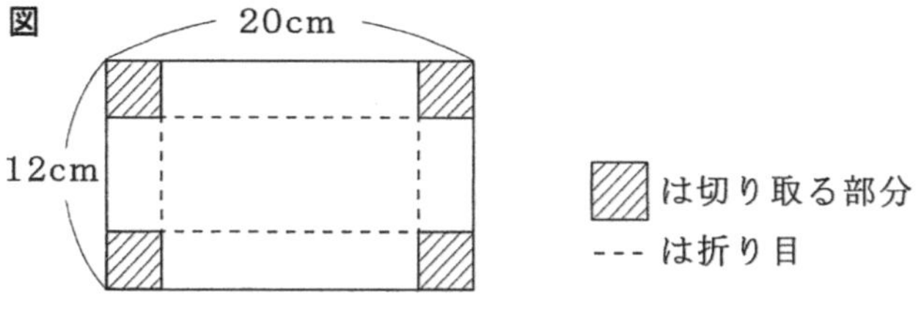

（問３）かざり付け係は、折りづるをつくっています。折りづるを１個つくるのにさとるさんは48秒、ゆうきさんは１分12秒かかります。２人が同時に折りづるをつくりはじめて、あわせて70個つくるには何分何秒かかるか、書きなさい。

（問４）アート係は、校舎からのながめも楽しむことができるように、次の**図**のような校内わくわく祭りのマークを運動場に拡《かく》大してかくことにしました。そこで、方眼を使って、拡大図をかく練習をしています。**図**の点Ｏを中心にして、２倍の拡大図をかきなさい。

図

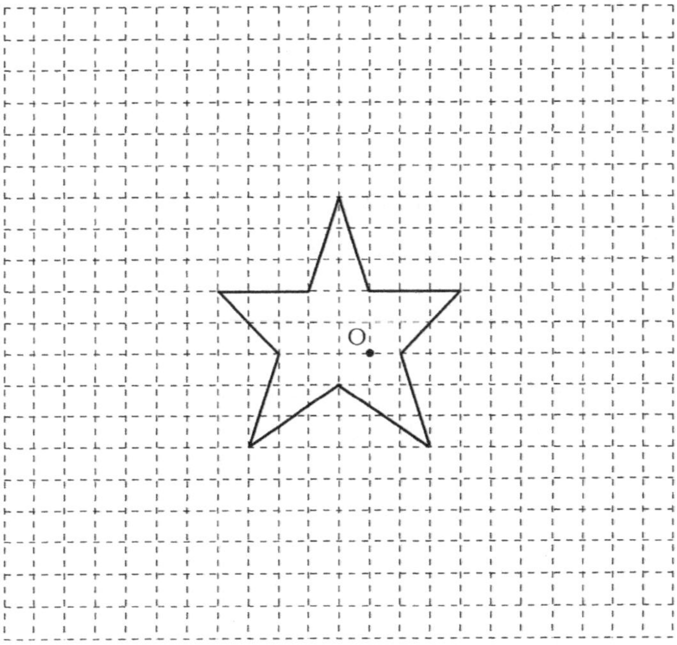

（問５）案内係は、校内わくわく祭りの案内状をつくり、480枚《まい》印刷することにしました。印刷機Ａを使って印刷していましたが、４分間印刷したところで印刷機Ａが停止してしまいました。そのあと５分間はいろいろとためしてみましたが、全く印刷できないので残りの案内状は印刷機Ｂで印刷しました。

次のグラフは、印刷機Ａと印刷機Ｂのそれぞれの**［印刷の時間と枚数］**を表しています。もし、はじめから印刷機Ｂで480枚すべてを印刷したとすると、印刷にかかる時間は、実際に印刷にかかった時間より何分短くなるか、書きなさい。また、考え方を言葉や数、式を使って書きなさい。ただし、いろいろとためした５分間も実際に印刷にかかった時間にふくむこととします。

［印刷の時間と枚数］

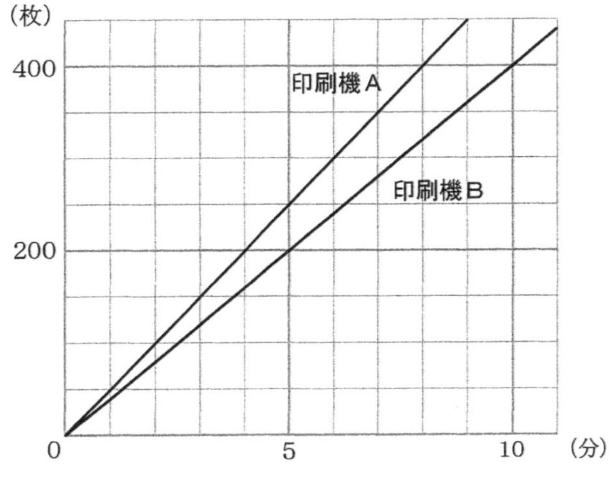

（問６）的当て係は、的当ての準備を進めています。次の会話文を読んで、あとの①・②に答えなさい。

しおり　右の**図**のように円を円の中心から同じ間かくで区切り、得点を３種類にしましょう。

みつる　それぞれの得点の部分の面積を比で表すと、どのようになるのですか。

しおり　10点の部分の面積と20点の部分の面積の比は、**あ**：**い**になり、10点の部分の面積と30点の部分の面積の比は、**う**：**え**になります。

みつる　それがいいと思います。では、的をつくっていきましょう。

図

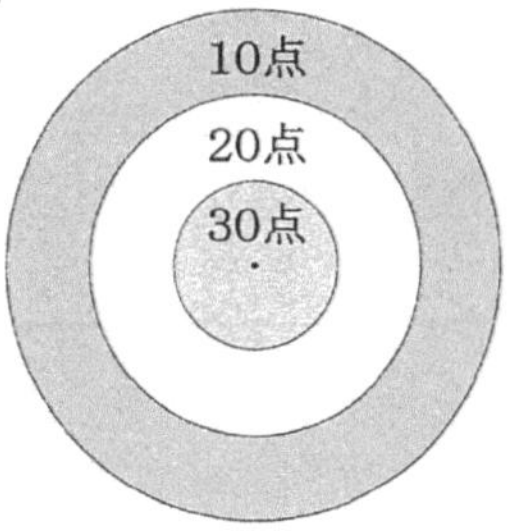

①　しおりさんは、面積の比を簡《かん》単な整数の比で表しました。会話文の**あ**、**い**、**う**、**え**にあてはまる数をそれぞれ書きなさい。

②　しおりさんとみつるさんは、的をつくったあとで実際に的当てをしてみました。２人が同じ回数ずつ投げると、得点別に当てた回数の割合は次の表のようになり、合計得点はしおりさんよりみつるさんのほうが40点少ない結果になりました。しおりさんとみつるさんは、あと10回ずつ投げ、それまでの合計得点に得点をたしていくことにしました。しおりさんがそれまでと同じ割合で的に当てたとすると、みつるさんの合計得点がしおりさんの合計得点より多くなるためには、みつるさんは的の30点の部分に少なくとも10回中何回当てなければならないか、書きなさい。

［しおりさんとみつるさんが得点別に当てた回数の割合］

	しおり	みつる
30点	50%	20%
20点	20%	50%
10点	10%	20%
0点（当たらない）	20%	10%
合計	100%	100%

徳島県立
富岡東中学校
川島中学校
城ノ内中等教育学校

受検番号	

令和5年度
県立中学校及び県立中等教育学校適性検査
検査Ⅰ

問　題　用　紙

（時間45分）

【注　意】

1　「始め」の合図があるまで，問題用紙を開いてはいけません。

2　問題用紙は，9ページまであります。

3　解答は，この問題用紙ではなく，解答用紙の決められた場所に，ていねいに記入しなさい。

4　「始め」の合図があったら，まず，問題用紙の表紙と解答用紙のすべてに，受検番号を記入しなさい。

5　解答用紙の * には，何も記入してはいけません。

6　印刷がはっきりしなかったり，問題用紙や解答用紙がたりなかったりする場合は，静かに手をあげなさい。

7　「やめ」の合図で，すぐにえん筆をおき，解答用紙を裏《うら》返しにして2枚《まい》重ねて机《つくえ》の上におきなさい。

8 そうして自分なりにものごとを理解したあとで、他の人にそれを伝えなくてはならない機会も出てくるかもしれない。聞くことよりも、話すほうが得意だという人もいると思う。ぼくは子どものころから、人前で話すことが大の苦手だったし、今でも話すより聞いているほうがはるかに心地《ここち》いい。今でも話すことはとても難しいと思う。

9 自分が理解したこと、考えていることを、相手にどう伝えるか。日常会話、学校のクラスのみんなに何かを提案する場面、さらに会社員として仕事を取るためのプレゼンテーション。実にさまざまな機会で相手に伝えることを求められるだろう。

10 難しいのは複雑なものごとを伝えなければならないケースだ。複雑なことを複雑なまま伝えたのでは、相手は納得《なっとく》してくれない。じゃあ、どうするか。

11 そう、わかりやすく伝えることだ。

12 そんなの当たり前だよと言うかもしれない。でもこれがなかなか難しい。

13 心構えとして、ひとつ覚えておいたほうがいいと思うのは、単純《たんじゅん》化とは違《ちが》うということだ。単純化では大事なところを捨《す》てることになり、本質が伝わらなくなってしまう。わかりやすく伝えるというのは、複雑なものごとの本質はきちんと残しながら、かみくだいて伝えることだ。考えぬいて、伝わる言葉を必死でさがさなければならない。

14 そのためにも自分がまずはしっかり理解すること、そうすれば自分の言葉で伝えることができる。自分がしっかり理解せずに、相手にわかりやすく伝えることなどできない。話がわかりにくい人はおうおうにして、自分が理解していないことが多いのだ。

（松原《まつばら》 耕二《こうじ》 「本質をつかむ聞く力 ニュースの現場から」ちくまプリマー新書より。一部省略等がある。）

※1 能動的…自分から進んで取り組むようす
※2 断片的…まとまりがなく、とぎれとぎれなようす
※3 文脈…文章のすじみち

ももこ 【資料】の中で、筆者は、本質について、[い]と考えていましたね。

ともや なるほど。それを意識して、自分なりに整理し直してみます。

さくら [う]段落からは、伝えることについて書いています。そこには、調べてきたことをよりよく伝えるためのヒントがあると思います。

ももこ 私は、これまでは、調べてきたことを整理しないで、そのまま伝えていました。それでは、よりよく伝わっていたとはいえませんね。

たけし 筆者は、【資料】の中で、相手が納得してくれるためには、わかりやすく伝えることだと述べています。そして、わかりやすく伝えることとは、[え]ことだと説明していますね。

さくら 本質を相手に伝えることができると、相手は納得してくれるということですね。

ももこ そのためには、まずは自分がしっかり理解することが大事だとわかりました。

しおり 私も、集めた情報をもう一度読み直して、大事なことが何なのか、考えてみようと思います。そうすることで、今まで見のがしてきたような町のみりょくに気づくかもしれません。

さくら 大事なことをしっかり理解して伝えることが大切ですね。今日学んだことを、総合的な学習の時間の発表に生かしていきましょう。

【課題1】　さくらさんの班《はん》は、国語の時間に、「伝えること」について、［資料］を参考に話し合っています。［資料］、［話し合いの一部］を読んで、4ページの問いに答えなさい。（1～14は、段《だん》落の番号を表します。）

［資料］

1　確かにインターネットは便利だけれど危《き》険性もはらむ。同時にテレビのニュースや新聞に触《ふ》れなければ、世の中で起きていることについての知識はとても限られたものになってしまうだろう。しかもネットは見出しが強いものについ飛びついてしまう傾《けい》向がある。

2　自分の興味のあるものだけにアクセスするのではなく、そうでないものにも触れる機会を作る。そのうえで情報には出来るだけ、※1能動的に、主体的に接するように心がけるといいと思う。ぼんやり読んだり、聞いたりしていてもなかなか頭に入ってこない。どうしてなんだろう、なぜそんなことになるんだろうといった問いが頭に浮《う》かんでくれば、こっちのものだ。

3　そんな風に情報に接しながら、ぼく自身は二つのことを心がけている。

4　全体像をつかむこと。

5　※2断片《だんぺん》的な情報が耳に入っても、それが何を意味するのか理解するのは難《むずか》しい。全体像をつかんでおけば、断片をどんな※3文脈で理解すればいいのかがわかるようになる。もちろん全体像をつかむのは簡《かん》単なことではないけれど、それを意識しているだけで、ものごとの輪郭《りんかく》が浮き上がってくるものだ。

6　もうひとつは、本質は何かを常に考えること。

7　ものごとにはさまざまな見方がある。あれもある、これもあるでは、なかなか自分の中で消化できない。この出来事の本質は何か、この情報が意味することの本質は何か。その問いを自分のなかでいつも繰《く》り返すことにしている。本質が何かなんてなかなかわからない。わかったつもりになっても、後にもっと奥《おく》深い意味が含《ふく》まれていたと気づくこともある。でもその問いを繰り返していかなければ、その奥深いところにたどり着くことはできないと思う。

［話し合いの一部］

さくら　私《わたし》たちは、総合的な学習の時間に、「私たちの町のみりょく」について調べたことを発表します。今日は、この［資料］を手がかりとして、それぞれ調べてきたことを、どのようにすればよりよく伝えることができるか、話し合いましょう。

ももこ　みなさんは、何について調べましたか。

たけし　私は、歴史が好きなので、これまで町の歴史を調べていましたが、今回、自然にも目を向けてみました。すると、川の透《とう》明度やめずらしい生き物など、新しい発見がありわくわくしました。

しおり　筆者は、［資料］の中で あ 以外にも触れるといいと述べていますね。

ともや　私は、地域《いき》の祭りについて聞き取りをしたり、本で調べたりしましたが、集めた情報が多くて、何が重要か、整理できませんでした。

しおり　私は、地域の産業を調べましたが、内容を分類できませんでした。筆者は、情報に接しながら、全体像をつかむことと、本質をつかむことを心がけていると述べていますね。

ともや　特に、筆者は、たびたび本質のことを述べているので、私も本質に着目したいと思いました。でも、本質は、どのようにして見つけるのでしょうか。

【課題１】の問いは、右の４ページにあります。

（問1）【資料】の――部「消化」の意味として最も適切なものを、ア～エの中から一つ選び、記号を書きなさい。

ア　食べ物を、体のためになるものに変えること。
イ　仕事を、残さないようにかたづけてしまうこと。
ウ　知識などを、よく理解して自分のものにすること。
エ　商品などを、なくなるまで売りさばくこと。

（問2）あ に入る最も適切な言葉を、【資料】より、十字で書きぬきなさい。

（問3）い に入る言葉として最も適切なものを、ア～エの中から一つ選び、記号を書きなさい。

ア　本質が何かなんて、なかなかわからないものだから、だれかに確かめるとよい
イ　今は本質がわかったと思っていても、後になると奥《おく》深い意味があることに必ず気づくものだ
ウ　本質にたどり着くために、本質が何かという問いを繰《く》り返していくことが大事だ
エ　自分なりに本質にたどり着いて、それを他の人に広く伝えなくてはならない

（問4）う に入る最も適切な段落番号を、1～14の中から一つ選び、番号を書きなさい。

（問5）え に入る言葉を、「本質」、「言葉」の二語を使って、三十字以上、四十字以内で書きなさい。（「、」や「。」も一字に数えます。）

（問6）【資料】の11～14段落における説明の仕方には、どのような特ちょうがありますか。その特ちょうとして、最も適切なものを、ア～エの中から一つ選び、記号を書きなさい。

ア　11で話題を変えた上で、12～14でくわしく説明している。
イ　11で10の問いに答え、12～14で考えを示しまとめている。
ウ　11で10に反論《ろん》した上で、12～14でその根きょを述べている。
エ　11の内容に加え、12～14でその具体例を挙げている。

（問7）たけしさんは、見つけた【新聞記事】を、朝の会で紹介《しょうかい》することにしました。「□について書かれた新聞記事です。」と言ってから新聞記事を読みます。□には、【資料】から学んだことを生かして、この新聞記事の本質（大事なところ）と考えた言葉を入れます。あなたがたけしさんなら、どのように発言しますか。十五字以上、二十字以内で書きなさい。（「、」や「。」も一字に数えます。）

【新聞記事】

私の祖母は、折に触《ふ》れ、新しい言葉に出会わせ、言葉のみりょくに気づかせてくれる。

祖母は、図書館で本を読むことを日課としている。先日、図書館で体調が悪くなったとき、見ず知らずの人が、親切にしてくれたそうだ。しかし、その人は、名を告げずに立ち去ったので、改めてお礼を言うことができない。そこで、祖母は、その親切に対して「恩《おん》送り」をしたいと言っていた。

「恩送り」とは、「だれかから受けた恩を別の人に送る」ことらしい。美しい言葉との出会いは、私の心をいつも豊かにしてくれる。

（さとみ）

【課題２】 さくらさんたちは，社会の授業でおとずれた博物館で調べてきたことや学芸員の方から聞いたことについて，発表するために話し合っています。**［話し合いの前半］**，**［話し合いの後半］**，**資料１～４**をもとにして，あとの問いに答えなさい。

［話し合いの前半］

さくら　博物館では，「『これまでの暮《く》らし』と『これからの暮らし』」をテーマとした展《てん》示資料を見てきましたが，まずは「これまでの暮らし」について，印象に残ったことやわかったことを言ってください。

たけし　私《わたし》は，「米づくりが始まった時代の暮らし」のコーナーが印象に残りました。㋐当時の米づくりに使われていた道具を使って，米づくりの作業を体験しました。今はほとんどの作業で機械を使っていますが，当時はすべて人による作業だったので，体力が必要で時間もかかり，大変だったと思いました。

しおり　学芸員さんは，米づくりが始まったことで，人々《ひとびと》は集まって住み，農作業を協力して行うようになったことを教えてくれました。それで，それまでより安定して食料が得られるようになったそうです。

さくら　米づくりが伝わったことで，人々の暮らしが変化したのですね。

こうじ　私は，「戦国大名が戦いをくり広げた時代の暮らし」のコーナーに展示されていた，鉄砲《てっぽう》が印象に残りました。㋑ポルトガル人によって種子島《たねがしま》に伝えられた鉄砲は，大阪府や滋賀県などで大量に生産され，戦いに使われました。学芸員さんは，鉄砲の使用で戦い方が変わったことも教えてくれました。

たけし　そのコーナーに展示されていた「長篠合戦《ながしのかっせん》図屏風《ずびょうぶ》」からも，戦い方のちがいがわかりました。ひとつの道具が，それまでの戦い方を大きく変えたと感じました。一方で，当時の人々は，安心して暮らすことができていたのだろうかとも感じました。

さくら　現在でも，世界各地では，争いがなくなっていません。だれもが安心して暮らすことができる平和な世界にしていきたいですね。

しおり　私は，「町人たちが新しい文化を生み出した時代の暮らし」のコーナーに展示されていた，色あざやかな浮世絵《うきよえ》が印象に残っています。学芸員さんからは，㋒江戸幕府《えどばくふ》のもとで社会が安定し，人々に暮らしを楽しむよゆうができたこと，五街道《ごかいどう》が整備され，交通が発達し，人やものの行き来がさかんになったことなどを教えてもらいました。

こうじ　当時の江戸は，すでに人口が100万人をこえる大都市だったそうです。

たけし　それだけの人が暮らしていたら，ごみなどの問題はなかったのでしょうか。

さくら　学芸員さんの話では，㋓不要なものを回収《しゅう》して再利用につなげるなど，人々はくふうをしながら生活していたそうです。私たちの学校でも，アルミかんやペットボトルのキャップなどの回収をしていますよね。私は，ごみの問題に対する当時のくふうと今のくふうのちがいを調べてみたいと思いました。

（問１）———部㋐に関して，次の**ア**～**エ**は，農作業のようすについて述べたものです。米づくりが始まったころのようすとして適切なものを，**ア**～**エ**の中から１つ選び，記号を書きなさい。

ア　田に水を引いたり，水田の水を排《はい》出したりする技術が進んだ。
イ　備中《びっちゅう》ぐわや千歯《せんば》こきなどの新しい農具が普及《ふきゅう》し，生産が高まった。
ウ　村をあげて行う田植えのときには，豊作をいのって田楽《でんがく》をおどった。
エ　稲《いね》の収穫《かく》には石包丁《いしぼうちょう》を使い，かり取った稲の穂《ほ》は高床《たかゆか》の倉庫にたくわえた。

（問２）———部㋑に関して，次の**ア**～**エ**は，ポルトガル人によって，種子島に鉄砲が伝えられた時代の文化について述べたものです。正しいものには○，まちがっているものには×を書きなさい。

ア　観阿弥《かんあみ》・世阿弥《ぜあみ》が，能を完成させた。
イ　雪舟《せっしゅう》が，水墨画《すいぼくが》の技法を日本ふうの様式に完成させた。
ウ　清少納言《せいしょうなごん》が，かな文字を使って「枕草子《まくらのそうし》」を書いた。
エ　松尾芭蕉《まつおばしょう》が，自然をたくみによみこんだ俳《はい》句をつくった。

（問３）———部㋒に関して，江戸幕府は全国の大名を支配するために，きまりを定めました。そのきまりでは，大名に対して，城を修理する場合は幕府に届《とど》け出ることや，領地と江戸を行き来する参勤《きん》交代の制度などを定めていました。このきまりを何というか，書きなさい。

（問４）———部㋓に関して，さくらさんは，再利用について調べていたところ，次の２つの資料を見つけました。２つの資料から，さくらさんは，エコマークが表示されていることは，大人だけでなく私たち子どもにとってもよいことだと考えました。あなたがさくらさんなら，その理由をどのように説明するか，**資料１**，**資料２**を関連づけて，「選ぶ」，「かん境」という言葉を用いて書きなさい。

資料１　「エコマーク」

資料２　「エコマーク」がついた商品例

分類	商品例
日用品・家庭用品	調理・キッチン用品，トイレットペーパ，せっけん，せんたく・そうじ用品，ごみぶくろ，タオル，毛布など
文具・事務用品	シャープペン，ボールペン，えん筆，ノート，ファイル，のりなど
家具	いす，つくえ，ベッドなど
ファッション	バッグ・かばん，くつ，衣料品など
その他	テレビ，パソコン，ベビー用品，学校制服，ガラスびん，ひも・ロープなど

（公益財団法人　日本環《かん》境協会　エコマーク事務局
ホームページ（2022年11月時点）より作成）

［話し合いの後半］

さくら　では，次に「これからの暮らし」について，印象に残ったことやわかったことを言ってください。

こうじ　私は，「情報通信技術（ＩＣＴ）と未来の暮らし」のコーナーで，㋔博物館の中を移動する自動運転の乗り物に乗ったことが印象に残りました。タッチパネルで行き先を選ぶと，その場所まで移動することができました。ふだんは，空港のロビーで使用されているそうです。

しおり　これから先，自動運転の技術がもっと広がっていくと，私たちの暮らしに，どのような変化があるのでしょうか。

こうじ　例えば，ドローンによる宅《たく》配や自動運転バスなどもありますが，私は，無人の自動運転による移動はん売車ができることを期待しています。スマートフォンで移動はん売車をよぶことができるようになれば，㋕今よりも買い物が便利になると思います。

さくら　自動運転の技術は，㋖地域《いき》の問題の解決に役立つかもしれませんね。

しおり　私は，「新たな資源《げん》・エネルギーと未来の暮らし」のコーナーで見た，自然エネルギーを利用した発電に興味をもちました。祖父の家の近くには山があり，その山の上には風力発電の風車があります。今回，風車を海の上に設置する風力発電があることは初めて知りました。さらに，いろいろな発電の方法について，調べてみたいと思いました。

たけし　そういえば，使われずに残されていた，森林の中の木材や枝を燃やして発電する方法もありましたね。

しおり　バイオマス発電ですね。ほかにも，使い終わった天ぷら油やさとうきびのしぼりかすなどから燃料をつくる取り組みも増えているみたいですよ。

さくら　これまで捨《す》てていた物を有効に使おうとする考え方は，大事だと思います。

たけし　私もそう思いますが，一方で，大量生産などによって起きている食品や㋗服の処《しょ》分が大きな問題になっていると，学芸員さんが教えてくれました。その話を聞いて，今の私たちの暮らし方をいろいろな面から見直す必要があると感じました。持続可能な社会に向けて，自分ができることに取り組んでいきたいです。

さくら　調べたり，教えてもらったりしたことなどをもとに，それぞれでさらにくわしく調べていきましょう。

（問５）―――部㋔について，「博物館」を表す地図記号を，ア～エから１つ選び，記号を書きなさい。

ア 　イ 　ウ 　エ 

（問６）―――部㋕に関して，無人の自動運転による移動はん売車ができると，買い物がどのように便利になると考えられるか，無人であることに着目して，書きなさい。

（問７）―――部㋖に関して，地域の問題を解決して，よりよい暮らしにつなげるため，地域住民の意思にもとづいて政治を行うことを何というか，書きなさい。

（問８）―――部㋗に関して，たけしさんは，服の処分が大きな問題になっていることに関連した，次の２つの資料を見つけました。あなたは，２つの資料から，どのような問題があると考えるか，**資料３**，**資料４**を関連づけて，書きなさい。そして，その問題を解決するために，あなたができる取り組みとして，どのようなことが考えられるか，具体的に書きなさい。

資料３　１人あたり（年間平均）の服の消費・利用状きょう

１年間で１度も着ない服	１年間で買う服	１年間で手放す服
25枚《まい》	約18枚	約12枚

（日本総合研究所「環《かん》境省　令和２年度　ファッションと環境に関する調査業務」，環境省ホームページ（2022年11月時点）より作成）

資料４　手放したあとの服のゆくえ

服を手放す方法の割合《わりあい》

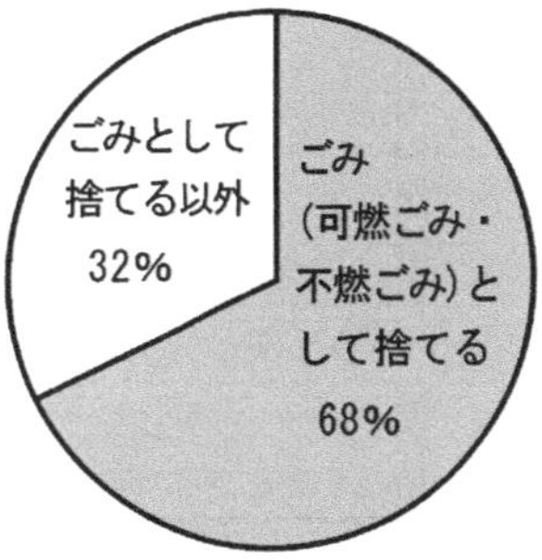

ごみとして捨てられる１年間の服の総量

50万8千トン

ごみとして捨てられる服の処理方法

そのうち，年間約48万トンが燃やされたり，うめ立てられたりしている。１日につき，大型トラック約130台分の量になる。

（日本総合研究所「環境省　令和２年度　ファッションと環境に関する調査業務」，環境省ホームページ（2022年11月時点）より作成）

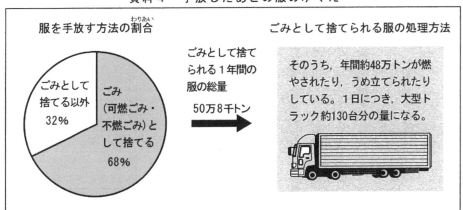

【課題3】 六年生のさくらさんたちは、運動会のポスターを作って、校内の掲《けい》示板にはることにしました。「思い出に残る運動会にしよう」というメッセージがこめられたポスターを作るために、班《はん》ごとに案を出し合い、最終的に【A】と【B】の案にしぼられています。二つの案を比べ、自分が選んだ案について、一人一人が意見を書いて話し合い、一つに決めます。あなたがさくらさんなら、どのように書きますか。次の条件に合わせて書きなさい。

[A]

[B]

（条件）

・上のA・Bから、選んだ案の記号を、解答用紙の「選んだ案□」の□の中に書くこと。
・題と氏名を書かずに、本文から書き始めること。
・二段《だん》落構成で書くこと。
・一段落目には、その案を選んだ理由を、ポスターの案の特ちょうをふまえて書くこと。
・二段落目には、自分が選んだポスターの案を、よりよいポスターにするために、さらにどのようなくふうをすればよいのか、その提案と理由を書くこと。
・漢字を適切に使い、原こう用紙の正しい使い方に従《したが》って書くこと。
・十三行から十五行までにおさめること。

受検番号	

令和５年度
県立中学校及び県立中等教育学校適性検査
検査Ⅱ

問　題　用　紙

（時間50分）

【注　意】

1　「始め」の合図があるまで，問題用紙を開いてはいけません。

2　問題用紙は，9ページまであります。
【課題１】・・・・・・・・P. １，２
【課題２】・・・・・・・・P. ３～６
【課題３】・・・・・・・・P. ７～９

3　解答は，この問題用紙ではなく，解答用紙の決められた場所に，ていねいに記入しなさい。

4　「始め」の合図があったら，まず，問題用紙の表紙と解答用紙のすべてに，受検番号を記入しなさい。

5　解答用紙の [*] には，何も記入してはいけません。

6　印刷がはっきりしなかったり，問題用紙や解答用紙がたりなかったりする場合は，静かに手をあげなさい。

7　「やめ」の合図で，すぐにえん筆をおき，解答用紙を裏《うら》返しにして２枚《まい》重ねて机《つくえ》の上におきなさい。

【課題１】　次の会話文は，さくらさんたちが班《はん》に分かれて，いろいろな職業の人とオンラインで，やり取りをしている一部です。次の会話文を読んで，あとの問いに答えなさい。

１班

米の生産者	私《わたし》は米を作っていて，作付面積を毎年増やしています。
さくら	作付面積はどれくらいですか。
米の生産者	５年前は25haでしたが，今年は30haです。
さくら	しゅうかく量はどれくらいですか。10tぐらいですか。
米の生産者	５年前は125tで，今年は156tになりました。
さくら	そんなにしゅうかく量が多いとは知りませんでした。今年の１haあたりのしゅうかく量は，［　　　］tだったということですね。
米の生産者	そうです。おいしさや安全性を考えて作っています。

（問１）［　　　］にあてはまる数を書きなさい。

２班

しおり　どのような仕事をなさっているのですか。

スポーツデータ分析《せき》者　私はスポーツデータを分析しています。選手やチームの特ちょうを調べ，よさを見つけ，課題の解決に向けて助言しています。みなさんは，何かスポーツをしていますか。何か記録があれば，見せてもらえますか。

しおり　私は，バスケットボールをしていて，チームのシュートの記録ならあります。バスケットボールの過去３試合は，全試合とも負けてしまいました。チームのみんなが自信をなくしていないか，心配です。

［しおりさんのチームのシュートの記録］

３週間前の試合	○	×	×	○	×	×	×	○	×	×	○	×	○	○	×
２週間前の試合	×	○	○	×	○	○	×	×							
１週間前の試合	○	×	○	○	×	×	○	×	○	○					

○…入った　　×…入らなかった

スポーツデータ分析者　この記録もデータとして分析すると，しおりさんのチームは全試合に負けましたが，だんだんとよくなっているところがあります。

試合をするごとに，

　　　　　　　　　　　　ということがわかります。

しおり　データの分析は，新しい気づきにつながるのですね。やる気がわいてきました。チームのみんなに伝えます。

（問２）スポーツデータ分析者は，［　　　］で**［しおりさんのチームのシュートの記録］**からわかる，だんだんとよくなっているところを説明しました。［　　　］にあてはまる説明を，言葉と数を使って書きなさい。

３班

こうじ　現在は，どのような作品に取り組まれているのですか。

デザイナー　形も大きさも同じ図形だけを使い，辺どうしをぴったりあわせて，すき間も重なりもなくしきつめられている模《も》様をつくっています。そうすると，しきつめ模様が平面に広がり，美しいです。次の**ア**～**エ**の正多角形の中で，同じ大きさの図形だけを使ってしきつめることができるのは，どれでしょう。

ア　　**イ**　　**ウ**　　**エ**

こうじ　[あ] です。

デザイナー　正解です。また，縦《たて》1.2m，横1.8mの長方形の板に絵もかいていますよ。

こうじ　その板の大きさは，１辺が15cmの正方形の折り紙 [い] 枚《まい》分の大きさということだから，きっと，はく力がありますね。見てみたいです。

デザイナー　今度，作品展《てん》を開くので，ぜひ見に来てください。

（問３）① [あ] にあてはまる記号をすべて書きなさい。

② [い] にあてはまる数を書きなさい。

４班

たけし　いろいろな大きさの丸型のケーキが並《なら》んでいますね。

パティシエ　当店では，右の表のようなサイズのケーキをつくっています。どのサイズも，高さは８cmです。サイズが１号大きくなると，直径が３cm長くなります。

［サイズ表］

サイズ	ケーキの直径
４号	12 cm
５号	15 cm
６号	18 cm
７号	21 cm

たけし　ケーキの直径が３cm長くなると，ケーキはどれくらい大きくなるのでしょう。

エミリ　ケーキを円柱とみて，底面の円周で考えてみましょう。５号サイズのケーキの直径は４号サイズのケーキの直径より3cm長いので，５号サイズのケーキの円周は，(12＋3)×3.14という式で表すことができます。計算のきまりを使い，さらに，わかりやすく表すと，

(12＋3)×3.14 ＝ [㋐] × [㋑] ＋ [㋒]

となり，円周が [㋒] cm長くなることがわかります。

たけし　なるほど。学習したことを使うと，わかりやすいですね。ほかのサイズの直径をあてはめても，同じことがわかります。

パティシエ　では，家でもつくることができるケーキのつくり方を紹介《しょうかい》しましょう。

（問４）〰〰 部について，エミリさんは，ケーキの直径が3cm長くなると，ケーキの円周がどれくらい長くなるか，円周率を3.14としてわかりやすく表しました。

① [㋐]，[㋑] にあてはまる数をそれぞれ書きなさい。また，[㋐] × [㋑] の式が何を表しているか，書きなさい。

② [㋒] にあてはまる数を書きなさい。

【課題２】　さくらさんたちは，科学センターでのサイエンススクールに参加しています。指導員の先生とさくらさんたちの会話をもとにして，あとの問いに答えなさい。

指導員　みなさん，月を観察してきましたか。

たけし　はい。昨日《きのう》は晴れていたので，月のようすを観察し，スケッチブックに記録してきました。

指導員　昨日の満月を観察したのですね。今日は，前回のサイエンススクールで太陽を観察したことを思い出しながら，月について話し合いましょう。ところで，太陽を観察したときは，どのようなことに気をつけて観察しましたか。

しおり　太陽を直接見ると，[　あ　]ので，しゃ光板を使って観察しました。

指導員　よく覚えていましたね。ほかに気をつけたことはありますか。

こうじ　周りの物を目印として，方位や高さを記録するように気をつけました。

指導員　こうじさんも，よく覚えていましたね。たけしさんは，昨日の満月について，太陽を観察したときと同じように，方位や高さなども記録しましたか。

たけし　私《わたし》は，時刻《こく》や高さについては記録しましたが，方位については書き忘《わす》れていました。

[たけしさんのスケッチブック]

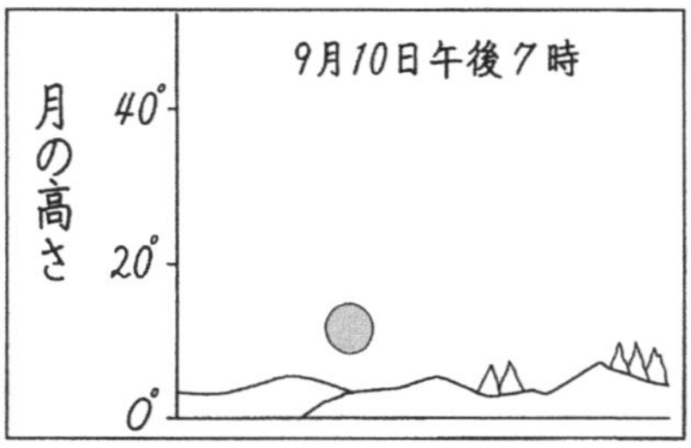

さくら　でも，たけしさんの観察記録を見ると，方位は書いていませんが，満月の高さや時刻から，観察した方位がわかるように思います。日の入り後の午後７時の観察記録で，満月が見えたのは，[　い　]の空ですか。

指導員　そのとおりです。よく気がつきましたね。たけしさんの観察記録は，目印となる周りの物も記録できていてわかりやすいですが，次からは方位を書くことも忘れないようにしてください。しおりさんも，月を観察しましたか。

しおり　私は，前回，太陽の見える位置を記録したように，家族に協力してもらいながら，ひと晩《ばん》，同じ場所から月の見える位置を１時間ごとに記録しました。そうすると，①<u>月の見える位置がどのように変わっていくのか</u>がよくわかりました。

たけし　同じ場所から１時間ごとに観察することで，１回だけの観察ではわからないことがわかるのですね。

指導員　たけしさんも，次からは，しおりさんのように観察してみるといいですね。では，太陽と比べたとき，月の見え方に特ちょうはありますか。

さくら　はい。太陽とちがって，月の形の見え方はいろいろあります。どのように変化していくのか気になったので，観察してきました。

こうじ　どのような方法で，観察したのですか。

さくら　私は毎日，同じ場所で，学校から持ち帰ったタブレット型コンピュータを使って，月を撮影《さつえい》しました。雨やくもりの日は撮影できませんでしたが，②<u>月の形が少しずつ変化</u>して，約30日でもとの形にもどることがわかりました。

指導員　よく観察しましたね。月の形が，日によって変わって見えることを月の満ち欠けといいます。

こうじ　どのように月の形が変わって見えるのか，興味がわいたので，私も１日だけでなく，毎日，月の観察を続けてみようと思います。

（問１）しおりさんは［　あ　］で，太陽を観察するときに，しゃ光板を使う理由を答えました。［　あ　］に入る適切な言葉を書きなさい。

（問２）さくらさんは［　い　］で，**［たけしさんのスケッチブック］**をもとに，たけしさんが午後７時に満月を観察した方位を答えました。［　い　］に入る方位を，**東・西・南・北**から１つ選び，書きなさい。

（問３）―――部①について，月の見える位置の変わり方を，太陽の見える位置の変わり方と比べ，方位に着目して書きなさい。

（問４）―――部②について，さくらさんはいろいろな月の形を観察しました。観察することができる月の形を，**ア**～**エ**からすべて選び，記号を書きなさい。ただし，**ア**～**エ**のぬりつぶされていない部分は，月が見えていることを表しています。

たけし　昨日は満月だったので，家族で月《つき》見《み》団子《だんご》を食べました。のどがかわいたので，昼間に飲んでいた，水の入ったペットボトルを冷蔵《ぞう》庫から取り出すと，キャップを閉《し》めているのに，ペットボトルがへこんでいました。でも，冷蔵庫にあった，まだ一度もキャップを開けていない水の入ったペットボトルを見ると，へこんでいるようには見えませんでした。どうしてですか。

指導員　へこんでいたペットボトルの水は，どのくらい飲んでいたのですか。

たけし　昼間にたくさん飲んでいたので，ペットボトルの中の水は，$\frac{1}{3}$ぐらいしか残っていませんでした。

指導員　実は，空気は冷やされると，体積が小さくなるのですよ。

しおり　そうなのですね。たけしさんが昼間にペットボトルの$\frac{2}{3}$の水を飲んだことによって，その水のあった部分が空気に置きかわり，ペットボトルの中の空気が冷蔵庫の中で冷やされたから，ペットボトルがへこんだのですね。

さくら　［　う　］ことも，空気が冷やされて体積が小さくなったからですか。

指導員　そうです。温度による体積の変化について，ほかに知りたいことはありますか。

（問５）さくらさんは［　う　］で，空気が冷やされることによって体積が小さくなる現象についてたずねました。［　う　］にあてはまる最も適切なものを，**ア**～**エ**から選び，記号を書きなさい。

ア　夏の暑い日に，プールにビーチボールをうかべると，少ししぼんだ
イ　冬の寒い日に，口から息をはくと，はいた息が白く見えた
ウ　毎日，休み時間にサッカーボールを使っていると，少しへこんだ
エ　空気でっぽうにつめた後ろの玉をおし棒《ぼう》でおすと，前の玉が飛んだ

こうじ　空気は冷やされると体積が小さくなることがわかりましたが，あたためられると反対に体積が大きくなるのでしょうか。

たけし　水も，温度による体積の変化はあるのでしょうか。

指導員　それでは，空気や水について，あたためたり冷やしたりして体積が変化するのか，実験してみましょう。

図１

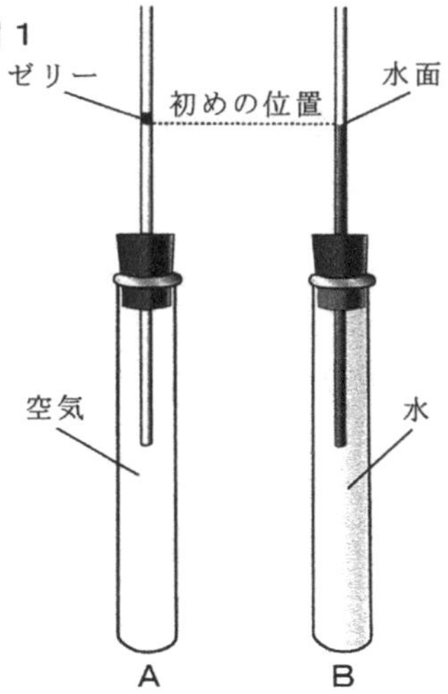

実験１

1　空気の入ったＡの試験管に，ゼリーをさしたガラス管つきゴムせんをはめる。

2　水をいっぱいまで入れたＢの試験管に，ゼリーをさしていないガラス管つきゴムせんをはめる。

3　**図１**のように，ゼリーの下側と水面を同じ高さにそろえ，初めの位置とする。

4　それぞれの試験管を40～50℃の湯であたためたり，氷水で冷やしたりして，ゼリーや水面の位置が，初めの位置からどのように変化するのかを見る。

［実験結果］

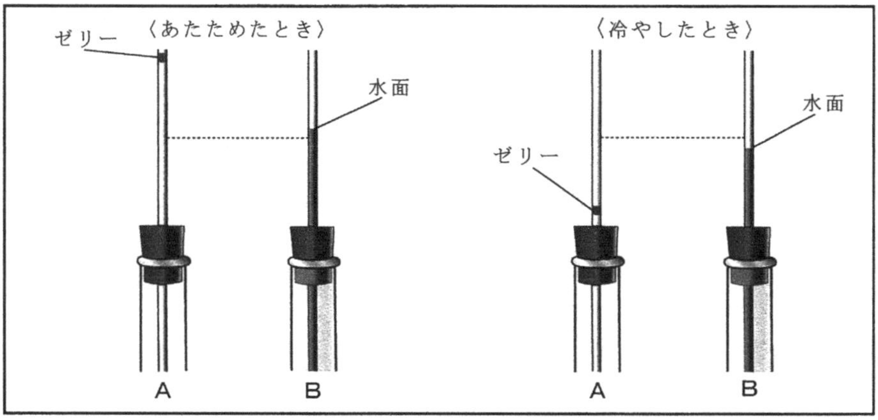

こうじ　**［実験結果］**から，試験管の中の空気や水は，あたためると体積が大きくなり，冷やすと体積が小さくなることがわかります。

たけし　また，空気と水では，温度による体積の変化にちがいがあることがわかります。空気と水を比べると，［　え　］ですね。

指導員　そのとおりです。ところで，この実験で使った温度計も，温度による体積の変化を利用しているのですよ。温度計の管の中に入っている色をつけた灯油も，水と同じように，あたためると体積が大きくなり，冷やすと体積が小さくなります。

しおり　液だめの部分を，［　お　］から，温度を測ることができるのですね。

指導員　よく気がつきましたね。

［温度計］

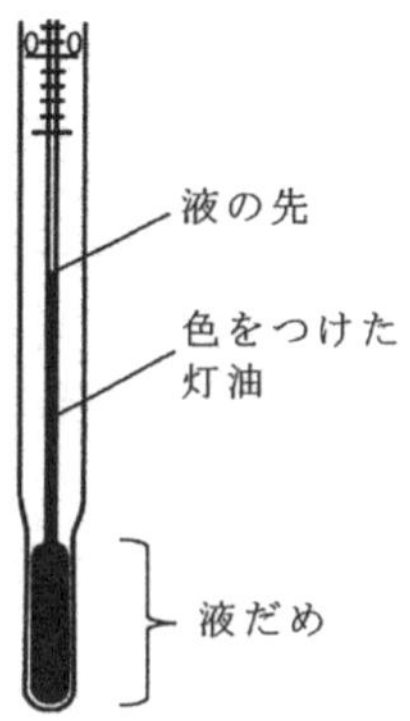

*

*

*

*

15行

13行

* （問３）

* （問４）

* （問５）

* （問６）

空気と水を比べると，

ですね。

* （問７）

液だめの部分を，

から，

* （問８）

からです。

*

（問５）

*

（問６）

*

（問７）

*

（問８）

【問題】

*

【取り組み】

＊ （問６） 第２位（　　　　）点，　第３位（　　　　）点，　第５位（　　　　）点

＊ （問７） 歩目

＊ （問８） m^2

受検番号	

*

県立中学校及び県立中等教育学校適性検査　検査Ⅱ　解答用紙（２）

*

【課題３】

*	（問１）	
*	（問２）	午前（　　　　　）時（　　　　　）分
*	（問３）	約　　　　　　　　％
*	（問４）①	
*		【考え方】
*		

受検番号	

※200点満点
（配点非公表）

*

県立中学校及び県立中等教育学校適性検査　検査Ⅱ　解答用紙（１）

【課題１】

*			
	*	（問１）	
	*	（問２）	試合をするごとに， ……………… ということがわかります。
	*	（問３）①	
	*	②	
	*	（問４）①	㋐ ｜ ㋑
	*	②	㋒

【解答

【課題２】

*

県立中学校及び県立中等教育学校適性検査　検査Ⅰ　解答用紙（２）

受検番号	

【課題３】

選んだ案

＊

＊

受検番号	

＊

※100点満点
（配点非公表）

県立中学校及び県立中等教育学校適性検査　検査Ⅰ　解答用紙（１）

【課題１】

＊

＊ （問１）

＊ （問２） 10

＊ （問３）

＊ （問４）

＊ （問５） 30 40

＊ （問６）

＊ （問７） 15 20 について

【課題２】

＊

＊ （問１）

＊ （問２）

ア		イ		ウ		エ	

＊ （問３）

【解答

（問６）たけしさんは，**［実験結果］**をもとに，空気と水とを比かくし，［　え　］で，温度による体積の変化に，ちがいがあることを説明しました。［　え　］に入る適切な言葉を書きなさい。

（問７）しおりさんは［　お　］で，温度計のしくみについて説明しました。［　お　］に入る適切な言葉を，温度による灯油の体積の変化をふまえ，「液の先」という言葉を使って，書きなさい。

たけし　温度によって体積が変化するものは，空気や水のほかにもありますか。

指導員　金属も，温度によって体積が変化します。では実際に，ここにある**［実験用器具］**を使って，体積が変化することを確かめてみましょう。

［実験用器具］

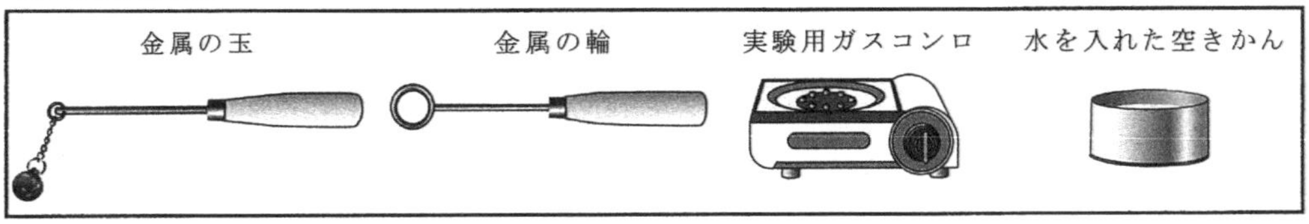

実験２

1　金属の玉が，金属の輪を通りぬけることを確かめる。

2　金属の玉を実験用ガスコンロで熱し，金属の輪を通りぬけるかどうか調べる。

3　熱した金属の玉を水で冷やし，金属の輪を通りぬけるかどうか調べる。

こうじ　金属の玉を熱すると，金属の輪を通らなくなりましたが，熱した金属の玉を水で冷やすと，また金属の輪を通るようになりました。

たけし　このことから，金属も空気や水と同じように，あたためると体積が大きくなり，冷やすと体積が小さくなるということがわかりました。

指導員　そのとおりです。生活の中には，温度による金属の体積の変化を考えてつくられているものがあります。みなさんは，科学センターまで鉄道を利用していますが，鉄道のレールは金属でできていてレールのつなぎ目には，**図２**のように1cm程度のすき間をあけています。どうして，すき間をあけているのか，わかりますか。

図２

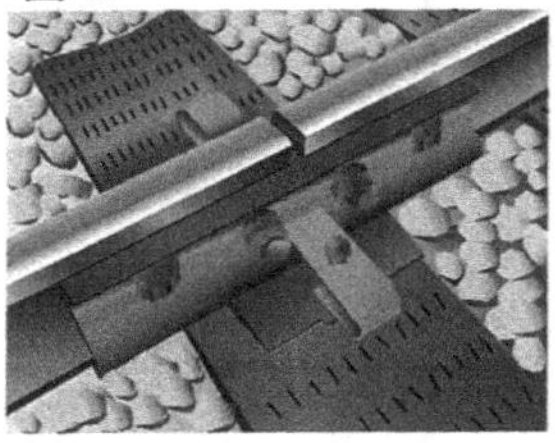

しおり　はい。もし，すき間がないと，［　か　］からです。

指導員　そのとおりです。季節の変化も考えて，安全につくられています。

さくら　身の回りには，温度による体積の変化の性質を使ったものが，もっとありそうですね。いろいろ見つけてみたいです。

（問８）しおりさんは［　か　］で，金属でできた鉄道のレールのつなぎ目にすき間がなくてはならない理由を説明しました。［　か　］に入る適切な言葉を，季節によるレールの温度変化をふまえ，「体積」という言葉を使って，書きなさい。

【課題３】 植物が大好きなたけしさんは，植物園へ出かけることにしました。次の問いに答えなさい。

（問１）たけしさんは，植物園に行くために，貯金箱に100円玉だけを貯金していました。そして，ときどき貯金箱を開けずに，100円玉が何枚《まい》入っているかを調べていました。貯金箱を開けずに，100円玉が何枚入っているかを調べるには，空のときの貯金箱の重さと100円玉が入っているときの貯金箱の重さのほかに，あと１つ，何がわかればよいか，書きなさい。

（問２）たけしさんは，今回はバスで植物園へ行くことにしました。植物園方面行きのバスは，たけしさんが乗車する停留所を午前７時から15分おきに発車します。植物園の前の停留所までの乗車時間は40分間です。植物園の前の停留所に午前9時30分までに着くためには，たけしさんは，おそくとも午前何時何分に停留所を発車するバスに乗ればよいか，書きなさい。

（問３）植物園に着くと，まず，無農薬のにんじんを使ったミックスジュースが有名なお店に行きました。たけしさんは，自分の水とうを持参していたので，**元気にんじん**のミックスジュースに**グリーンサービス**を追加して，注文することができました。

［店のけい示板］をもとに，たけしさんが注文したミックスジュースに入っているにんじんの重さは，注文したミックスジュース全体の重さの何％にあたるか，四捨五入《ししゃごにゅう》で一の位までのがい数にして，書きなさい。ただし，水とうに，注文したミックスジュースは入るものとします。

［店のけい示板］

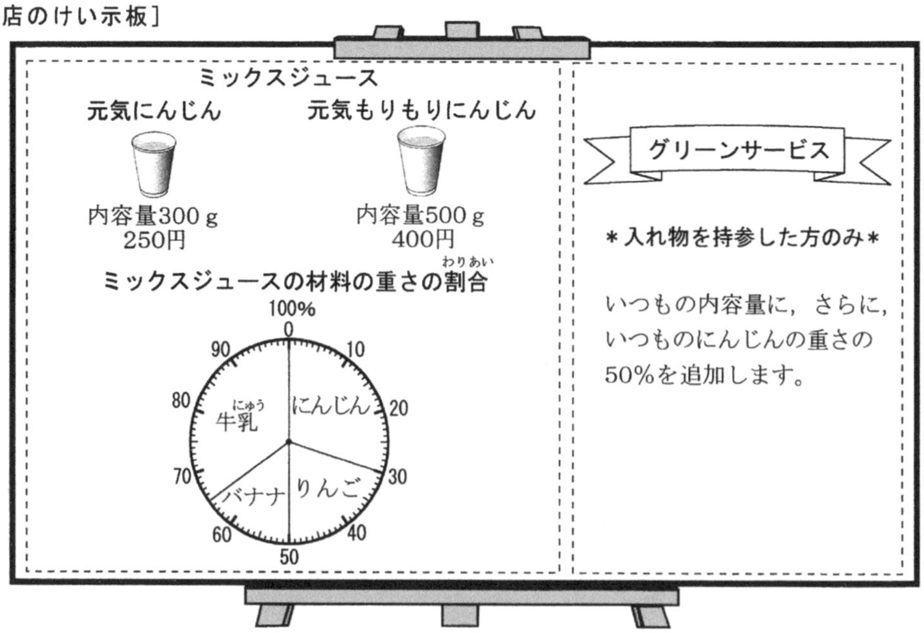

（問４）フラワーランドで，たけしさんは花を植える教室に参加しました。次の①・②に答えなさい。

① たけしさんをふくめ，参加者15人で，赤色と白色のパンジーと，オレンジ色と白色のビオラの花を植えることになり，１人１人がそれぞれの花について１色ずつ選びました。参加者全員の選んだ花の色を調べたところ，次の［　　］のことがわかっています。赤色のパンジーとオレンジ色のビオラを選んだ人数は，参加者全員の人数のどれだけにあたるか，分数で書きなさい。また，考え方を書きなさい。

・赤色のパンジーと白色のビオラを選んだ人数は４人 ・白色のパンジーとオレンジ色のビオラを選んだ人数は２人 ・白色のビオラを選んだ人数は全部で７人

パンジー

ビオラ

② たけしさんは，1500円以内で，おみやげに押《お》し花がはられたはがきを買うことにしました。このはがきの税こみの値段《ねだん》は，３枚組が270円，２枚組が200円でした。1500円以内で押し花がはられたはがきの枚数をいちばん多く買うためには，３枚組と２枚組をそれぞれいくつ買えばよいか，書きなさい。

（問５）室内にある木工ランドへ行くと，積み木コーナーがあり，立方体の積み木についての問題がけい示されていました。同じ大きさの立方体の積み木をすき間なく積み重ねた立体について，［正面から見た図］と［真上から見た図］，積み木の個数から，積み木の［積み重ね方がわかる図］をかく問題でした。たけしさんは，全部で９個の積み木を使った問題にちょう戦しました。方眼を使って，**（例）**のように正面から見た図に直線をかき加え，積み木の［積み重ね方がわかる図］を完成させなさい。

（例）

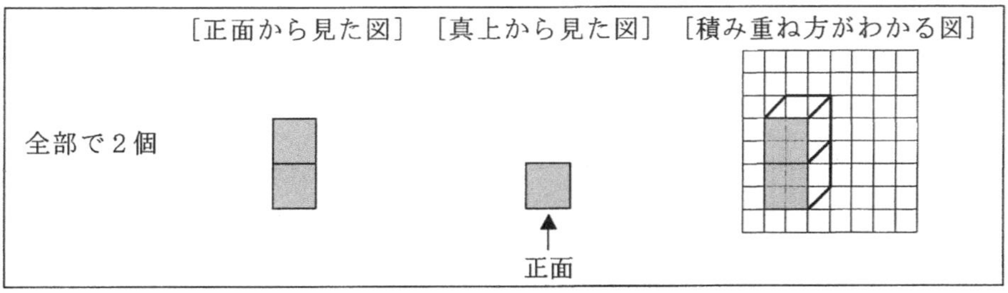

［正面から見た図］　［真上から見た図］　［積み重ね方がわかる図］

全部で９個

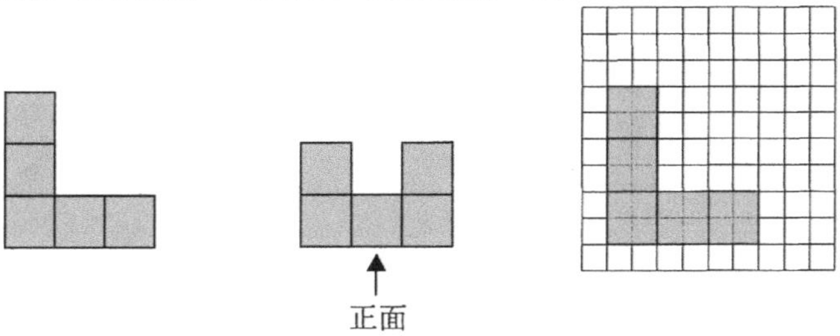

（問６）次に，クイズランドへ行きました。クイズ大会に参加したのは，たけしさんをふくめ，10人でした。クイズは80点満点で，全体の平均点は39.8点でした。たけしさんの得点は26点でしたが，順位は第４位であることにおどろきました。全員が20点以上で，同じ得点の人はいませんでした。第２位と第３位と第５位の得点をそれぞれ書きなさい。

（問７）閉《へい》園の時刻《こく》が近づいてきました。たけしさんは，もっと植物を観察したいと思いながら，植物園の出口まであと10mの地点で立ち止まり，そこからは，園内で流れていた曲に，次のようなリズムを合わせて歩き始めました。四分音符《ぷ》は１歩前に進み，四分休符《ふ》は１歩後ろに下がります。

出口をはじめて通りこすのは，出口まであと10mの地点から何歩目のときか，書きなさい。ただし，たけしさんの歩はばは60cmとします。

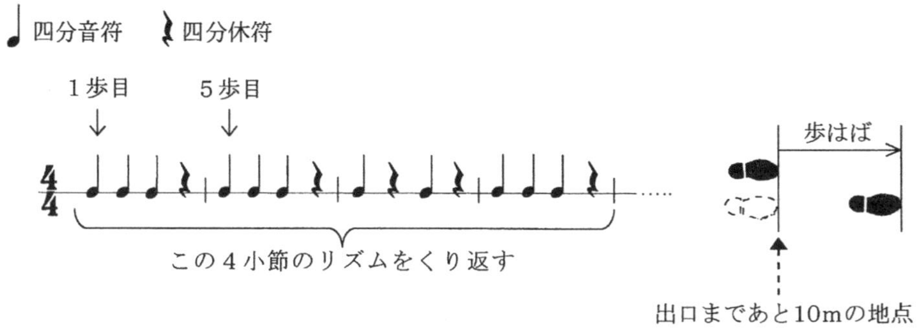

（問８）たけしさんは，帰りのバスの中で植物園のパンフレットを見ながら，長方形の花畑の中に通路があるといいなと考えました。そこで，次のように，２本の直線の通路が交わり，重なった部分にはふん水を置いた図をかきました。２本の直線の通路が重なっている，色がついた部分の面積は何m^2か，書きなさい。ただし，ふん水は色がついた部分の面積に関係がないこととします。

図

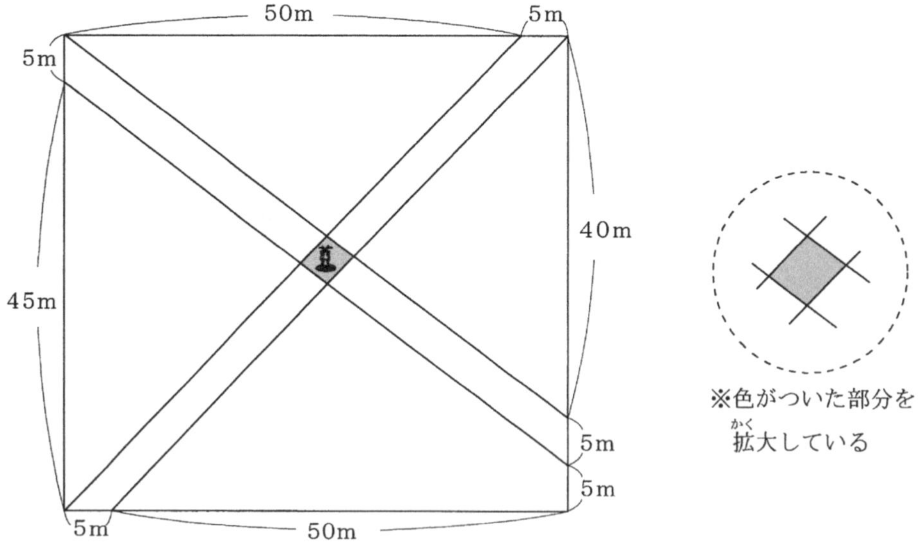

※色がついた部分を拡《かく》大している

徳島県立
富岡東中学校
川島中学校
城ノ内中等教育学校

受検番号	

令和４年度
県立中学校及び県立中等教育学校適性検査
検査Ⅰ

問題用紙

（時間45分）

【注意】

1　「始め」の合図があるまで，問題用紙を開いてはいけません。

2　問題用紙は，９ページまであります。

【課題１】・・・・・・・・P．１～４
【課題２】・・・・・・・・P．５～８
【課題３】・・・・・・・・P．９

3　解答は，この問題用紙ではなく，解答用紙の決められた場所に，ていねいに記入しなさい。

4　「始め」の合図があったら，まず，問題用紙の表紙と解答用紙のすべてに，受検番号を記入しなさい。

5　解答用紙の [*] には，何も記入してはいけません。

6　印刷がはっきりしなかったり，問題用紙や解答用紙がたりなかったりする場合は，静かに手をあげなさい。

7　「やめ」の合図で，すぐにえん筆をおき，解答用紙を裏《うら》返しにして２枚《まい》重ねて机《つくえ》の上におきなさい。

お詫び

著作権上の都合により、文章は掲載しておりません。ご不便をおかけし、誠に申し訳ございません。

教英出版

（大高《おおたか》　翔《しょう》「親子で楽しむこども俳句塾《じゅく》」より。一部省略等がある。）

※　詠む…短歌や俳句をつくること

［資料２］

《俳句Ａ》　梅が香にのつと日の出る山路かな　　松尾《まつお》　芭蕉《ばしょう》

《俳句Ｂ》　万《ばん》緑の中や吾子《あこ》の歯生え初《そ》むる　　中村《なかむら》　草田男《くさたお》

たけし　親しまれてきたといえば、私のおじいさんは、日本人は、昔から四季の変化に親しみをもち、それを言葉で表現してきたと言っていました。

ももこ　季語も、その一つですね。筆者は、俳句には季語を入れるところがおもしろいと言っています。この季語によって、俳句をつくった人が、［う］を表すことができるのですね。

たけし　［資料２］の《俳句Ａ》の季語は、「梅」です。梅の香にさそわれ、朝日が顔を出しています。朝日がのぼる感動のしゅん間が、「のつと」という言葉で表現されていますね。

こうじ　［資料２］の《俳句Ｂ》の季語は、「万緑」です。この俳句は、［え］と学びました。改めて、この句を見てみると、子どもの成長を喜ぶ様子がひしひしと伝わってきます。

ももこ　確かに、季語によって、日常の中のきらめくしゅん間が見えてくるようです。私は、［資料１］の「『今』しかないものを、俳句でつかまえてみましょう！」には、「［お］、俳句で表してみよう。」という筆者のメッセージがこめられていると思いました。

さくら　俳句の奥《おく》深さを感じ、ますます興味がわいてきました。私も自分の言葉をみがき、魅力的な作品をつくっていきます。

【課題1】　さくらさんの班《はん》は、国語の時間に、「俳句《はいく》」について、資料をもとに話し合っています。**[資料1]**、**[資料2]**、**[話し合いの一部]**を読んで、4ページの問いに答えなさい。

[資料1]

[話し合いの一部]

さくら　私《わたし》は、俳句に興味があり、**[資料1]**は、俳句の楽しさを知るきっかけとなりました。

たけし　私のおじいさんは、俳句をつくっています。テレビ番組を見ながら、最近は、若い人の中にも俳句を楽しむ人が増えてきたと喜んでいました。

しおり　みんなが親しみやすい俳句の魅《み》力は、どこにあるのでしょう。

こうじ　一つには、**[資料1]**の中では、短いことにあると言っています。確かに、短いと、思いついたときにすぐつくれるし、忘れないうちに句にできます。

ももこ　なるほど。いつでも、どこでも、つくれそうですね。

さくら　さらに別の面でも、短いことのよさがあると、**[資料1]**の　**あ**　の一文に書かれています。

しおり　ところで、私は、五・七・五のリズムが好きで、俳句をよく口ずさんで楽しんでいます。

こうじ　筆者は、**[資料1]**の中で、五つ、七つの音の組み合わせは　**い**　ので、俳句は、言葉が流れるように、気持ち良く聞こえ、声に出してみたくなると言っています。

しおり　短歌も五つ、七つの音の組み合わせからなっていて、日本人に古くから親しまれていますね。

【課題１】の問いは、右の４ページにあります。

（問1）［**資料1**］の〰〰部「世界の」が修飾《しょく》している言葉を、**ア**～**エ**の中から一つ選び、記号を書きなさい。

ア 今では、　世界の　**イ** あちこちで　**ウ** 人気が　**エ** あります。

（問2）**あ** に入る最も適切な一文を、［**資料1**］より見つけて、はじめとおわりの五字をそれぞれ書きなさい。（「、」や「。」も一字に数えます。）

（問3）**い** に入る最も適切な言葉を、［**資料1**］より、六字で書きぬきなさい。

（問4）＝＝部「季語」について、［**資料2**］の《**俳句A**》の季語が表す季節と同じ季節の俳句を、**ア**～**エ**の中から一つ選び、記号を書きなさい。

ア 雪とける解けると鳩《はと》の鳴く木かな　小林《こばやし》一茶《いっさ》

イ この道の富士になり行くすすきかな　河東《かわひがし》碧梧桐《へきごとう》

ウ 流れ行く大根の葉の早さかな　高浜《たかはま》虚子《きょし》

エ 水底《みなそこ》の草にこがるるほたるかな　与謝《よさ》蕪村《ぶそん》

（問5）［**資料1**］の⋯⋯部「ポイント」と同じ意味である熟《じゅく》語を、**ア**～**エ**の中から一つ選び、記号を書きなさい。

ア 得点　**イ** 弱点　**ウ** 支点　**エ** 要点

（問6）**う** に入る言葉を、［**資料1**］より、十三字で書きぬきなさい。

（問7）こうじさんは、［**資料2**］の《**俳句B**》の表現のくふうについて、**え** と発言しました。**え** に入る言葉として最も適切なものを、**ア**～**エ**の中から一つ選び、記号を書きなさい。

ア 遠くに見えるものと近くに見えるものを比べ、季節のおとずれの喜びを伝えている

イ 自分が見つけたものの様子をたとえを使って表現し、想像した世界をつくり出している

ウ 自然の中の小さな生き物をじっと見つめることで、しゅん間の様子をうまくとらえている

エ 緑と白という、色の対比があざやかで、みずみずしい生命力を感じさせている

（問8）［**資料1**］の――部「『今』しかないものを、俳句でつかまえてみましょう!」について、「**お**、俳句で表してみよう。」の **お** に入る言葉を、筆者が「『今』しかない」と述べている理由を明らかにし、四十字以上、五十字以内で書きなさい。（「、」や「。」も一字に数えます。）

【課題２】さくらさんたちは，社会の授業で，くらしの中に広がる情報通信技術（ＩＣＴ）について発表するために話し合っています。**［話し合いの前半］**，**［話し合いの後半］**，**資料１～４**をもとにして，あとの問いに答えなさい。

［話し合いの前半］

さくら　私《わたし》たちのくらしのさまざまな場面において，情報通信技術（ＩＣＴ）により，情報のやりとりが行われています。今日は「情報通信技術（ＩＣＴ）によるくらしへのえいきょう」について考えていきます。これまでの授業で学んだことで，印象に残っていることや考えたことを順に言ってください。

たけし　インターネットを使うことにより，海をこえて外国にいる人と簡《かん》単に会話をすることができます。私の家族は，㋐ブラジルに住んでいる友達の家族とインターネットを使って連絡《らく》を取り合っています。友達が，リオのカーニバルのすばらしさについて教えてくれました。㋑日本と世界の国々がとても近くなったような感じがします。

しおり　学校では，１人に１台のタブレット型コンピューターが配られています。授業で，それを使って動画や写真をさつえいし，発表資料として活用したり，個人の考えをまとめて，学級全体で共有したりしています。タブレット型コンピューターには，㋒税金が使われているので大切に使いたいですね。

こうじ　私の家は，農家です。先日，おじいさんといっしょに農業機械の展《てん》示会に行き，自動運転トラクターや自動運転田植え機の実演を見ました。㋓農業においても，情報通信技術（ＩＣＴ）が活用されていることにおどろきました。

さくら　情報通信技術（ＩＣＴ）を活用すると，さまざまな場面でたくさんの情報がやりとりでき，私たちのくらしはますます便利になりますね。私は，情報通信技術（ＩＣＴ）がこのように発展する前には，どのようにして情報を伝達していたのか，興味があります。

（問１）――部㋐について，ブラジルのある大陸と，面している海洋について，次の**ア**～**エ**の中から１つ選び，記号を書きなさい。

ア　南アメリカ大陸，太平洋　　**イ**　北アメリカ大陸，大西洋
ウ　南アメリカ大陸，大西洋　　**エ**　北アメリカ大陸，太平洋

（問２）――部㋑に関して，次の**ア**～**エ**は，日本の国土の位置や広がりについて述べたものです。正しいものには○，まちがっているものには×を書きなさい。

ア　日本は，オーストラリアやインドネシアと同じ緯《い》度にある。
イ　日本は，イギリスやインドと同じ経度にある。
ウ　日本の国土の東のはしは，南鳥《みなみとり》島である。
エ　日本の国土の北のはしから南のはしまでのきょりは，約4000kmである。

（問３）―― 部㋒に関して，しおりさんがジュースを買ったとき，支はらう金額にふくまれ，店などを通して国・都道府県・市区町村に納《おさ》められる税を何というか，書きなさい。

（問４）―― 部㋓に関して，こうじさんは，農業での情報通信技術（ＩＣＴ）の活用について興味をもち調べたところ，次の２つの資料を見つけました。情報通信技術（ＩＣＴ）を活用することで，日本の農業にとってどのようなことが期待できるか，**資料１**，**資料２**のそれぞれからわかることを述べたうえで，２つの資料を関連づけて書きなさい。

資料１　※スマート農業技術の効果

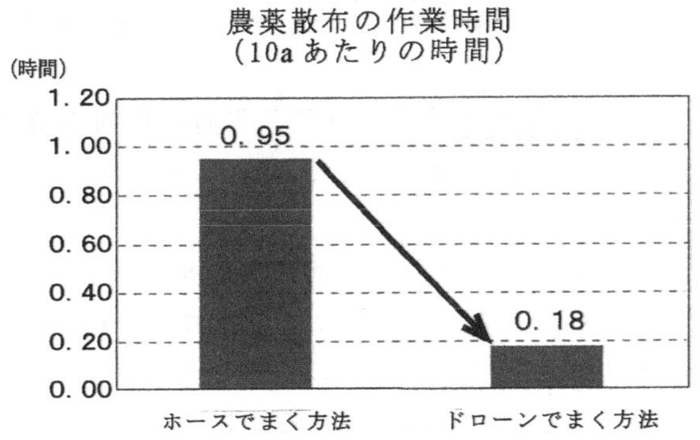

（農林水産省　2021年「スマート農業の展開について」より作成）

※ スマート農業とは，ロボット技術や情報通信技術（ＩＣＴ）を活用して行う農業のこと。

資料２　みかんの※てき果作業での情報通信技術（ＩＣＴ）の活用例

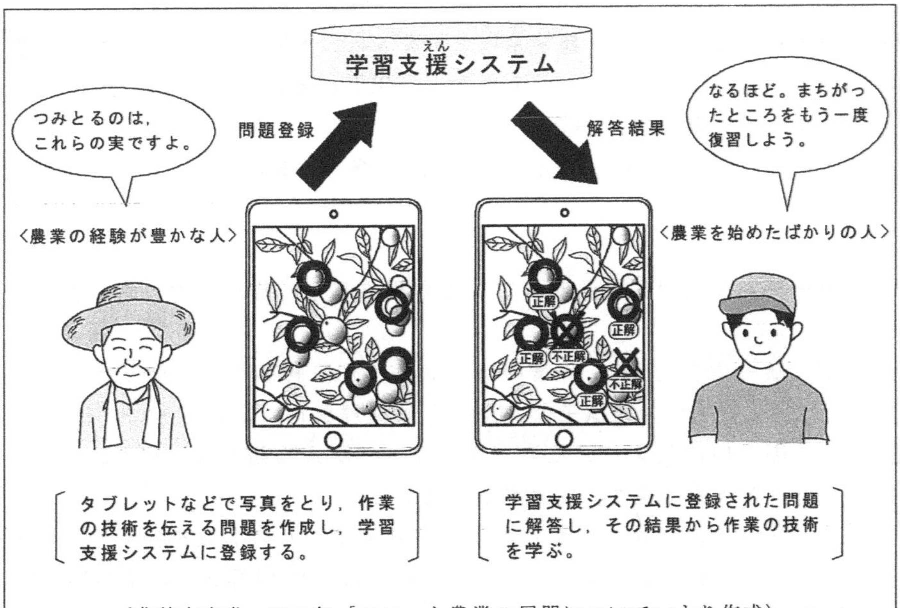

（農林水産省　2021年「スマート農業の展開について」より作成）

※ てき果とは，大きな実をつくるために，よぶんな実をつみとること。

［話し合いの後半］

さくら　これまでのくらしの中では，どのような情報伝達の方法があったのでしょうか。

たけし　㋔平城京跡《あと》からは，木簡《かん》が，たくさん発くつされています。平城京に都があったころは，木簡に品物名や産地などを書いて，荷札として使用し，情報を伝えていたようですね。

しおり　国風文化が生まれたころには，かな文字で書かれた作品がつくられ，貴《き》族のくらしや人々の細やかな感情などを，文章で表現していたと学びました。

こうじ　絵で情報を伝えた人もいました。肥後《ひご》（熊《くま》本県）の㋕御家人《ごけにん》であった竹《たけ》崎季長《ざきすえなが》がえがかせた「蒙古襲来絵詞《もうこしゅうらいえことば》」の中に，元軍との戦いの様子などがえがかれています。

たけし　私たちは，㋖絵巻《まき》や屏風《びょうぶ》絵を見て，当時の情報を得ることができます。また，それらを古い順に並《なら》べると，時代の特ちょうや変化にも気づくことができますね。

さくら　情報は，これまでも私たちの生活に欠かせないものであり，㋗さまざまな情報伝達の方法があることがわかりましたね。今後，情報通信技術（ＩＣＴ）がさらに発展することで，私たちのくらしも大きく変わりそうです。この技術をどの場面で，どのように活用するかについてもしっかり考えて，発表できるようにまとめましょう。

（問５）——— 部㋔に関して，各地方の特産物が全国各地から都へ運ばれていたのはどうしてか，８世紀の初めにつくられた律令《りつりょう》で定められた内容をふまえ，書きなさい。

（問６）——— 部㋕について，鎌倉幕府《かまくらばくふ》と御家人は，土地を仲立ちとした「ご恩《おん》と奉《ほう》公」の関係で結ばれていました。しかし，元軍との戦いのあと，幕府と御家人との関係がくずれ，幕府の力はおとろえていきました。幕府と御家人との関係がくずれていった理由を，「御家人は，」に続けて，「多くの費用」，「ほうび」という言葉を用いて書きなさい。

（問７）——— 部㋖に関して，次の**ア**～**エ**の出来事を，時代の古い順に並べ，記号を書きなさい。

ア　織田信長《おだのぶなが》と徳川家康《とくがわいえやす》の連合軍と，武田勝頼《たけだかつより》の軍が戦った長篠《ながしの》の戦いが起こる。この戦いの様子は「長篠合戦《かっせん》図屏風」にえがかれている。

イ　朝ていに仕《つか》えていた紫式部《むらさきしきぶ》によって源氏《げんじ》物語が書かれる。この物語の場面は「源氏物語絵巻」にえがかれている。

ウ　スペインの宣《せん》教師ザビエルが，日本にキリスト教を伝える。このころ日本にやってきたヨーロッパの人々の様子は「南蛮《なんばん》屏風」にえがかれている。

エ　力をもつようになった源氏と平氏《へいし》が勢力を争った平治《へいじ》の乱《らん》が起こる。この乱の様子は「平治物語絵巻」にえがかれている。

（問８） ―― 部㋗に関して，次の①・②に答えなさい。

① さくらさんは，家族で外出し，駅のトイレを利用したとき，トイレの表示に興味をもちました。そこで調べてみると，**資料３**が示すように，トイレの表示のしかたが時代とともに変わってきていることがわかりました。このように変わってきたのはどのような社会の実現をめざしているためか，書きなさい。

資料３　トイレの表示の変化

（日本工業規格（ＪＩＳ）「案内用図記号（公共・一般《ばん》施《し》設）」より作成）

② さくらさんは，**資料４**の駅前の観光案内板を見ていたとき，観光客に必要な情報が伝わりにくいと感じました。あなたがさくらさんなら，この観光案内板を，より情報が伝わりやすいものにするために，どのようなくふうをすればよいと考えるか，<u>２つ</u>書きなさい。

資料４　観光案内板

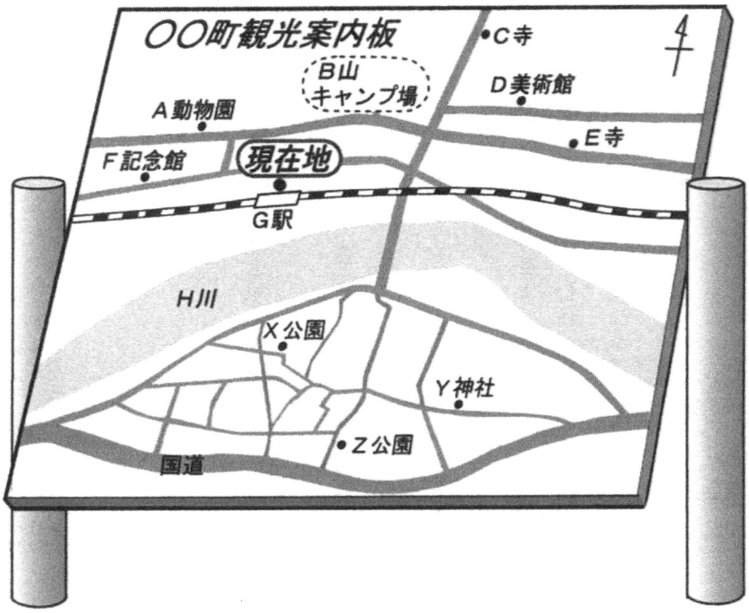

【課題3】

六年生のさくらさんたちは、卒業にあたり、おたがいのきずなをより深めるための話し合いを重ねています。今回は、言葉の力できずなをもっと深めようというテーマで話し合うことになりました。そこで、先生が用意したアンケート調査の結果「どのような言葉に出会ったとき、心と心を結ぶ言葉の大切さを感じるか」をもとに、一人一人が作文を書いて、発表します。あなたがさくらさんなら、どのように書きますか。次の条件に合わせて書きなさい。

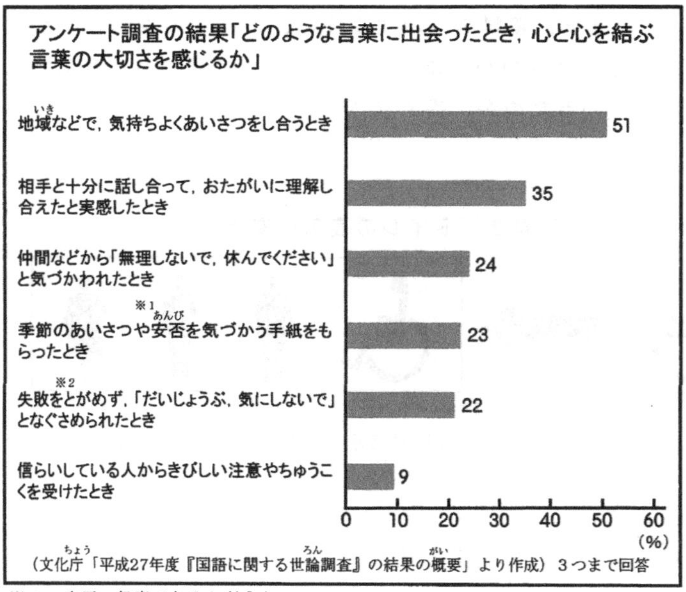

※１　安否…無事であるかどうか
※２　とがめる…注意したりせめたりすること

（条件）

・題と氏名を書かずに、本文から書き始めること。
・二段《だん》落構成で書くこと。
・一段落目には、上のアンケート調査の結果から、読み取れることを書くこと。
・二段落目には、読み取ったことに結びつく体験と、それをもとに感じたり考えたりしたことを書くこと。
・漢字を適切に使い、原こう用紙の正しい使い方に従《したが》って書くこと。ただし、数字や記号を記入するときには、（例）のように書くこと。

（例）| 10 | % |

・十三行から十五行までにおさめること。

受検番号	

令和4年度
県立中学校及び県立中等教育学校適性検査
検査Ⅱ

問　題　用　紙

（時間50分）

【注　意】

1　「始め」の合図があるまで，問題用紙を開いてはいけません。

2　問題用紙は，9ページまであります。

3　解答は，この問題用紙ではなく，解答用紙の決められた場所に，ていねいに記入しなさい。

4　「始め」の合図があったら，まず，問題用紙の表紙と解答用紙のすべてに，受検番号を記入しなさい。

5　解答用紙の［*］には，何も記入してはいけません。

6　印刷がはっきりしなかったり，問題用紙や解答用紙がたりなかったりする場合は，静かに手をあげなさい。

7　「やめ」の合図で，すぐにえん筆をおき，解答用紙を裏《うら》返しにして2枚《まい》重ねて机《つくえ》の上におきなさい。

【課題１】 さくらさんたちは，それぞれ自分の得意なことを紹介《しょうかい》しています。次の紹介文を読んで，あとの問いに答えなさい。

さくら	私《わたし》は，魚つりに自信があります。この前，つった魚の中でいちばん大きい魚は，体長30㎝でした。

（問１） この前，さくらさんがつった魚の中でいちばん小さい魚は，体長12㎝でした。いちばん大きい魚の体長は，いちばん小さい魚の体長の何倍か，書きなさい。

こうじ	私は，字を書くことが好きで書道教室に通っています。昨日は，１時間20分で書きぞめの作品を36枚《まい》書きました。

（問２） 昨日，こうじさんは，１時間あたり何枚の書きぞめの作品を書いたことになるか，書きなさい。

エミリ	私は，打楽器が得意です。小太鼓《だいこ》で演奏《そう》できる$\frac{4}{4}$拍子《びょうし》で４小節のリズムをいくつかつくり，練習しています。中学校では，吹《すい》奏楽部に入りたいです。

（問３） エミリさんは，次のようなリズムをつくりました。音符《ぷ》や休符《ふ》の長さをあとの［　　］の中の整数や分数とするとき，３小節目の［　　］にあてはまらないものを，**ア**～**エ**の中から１つ選び，記号を書きなさい。

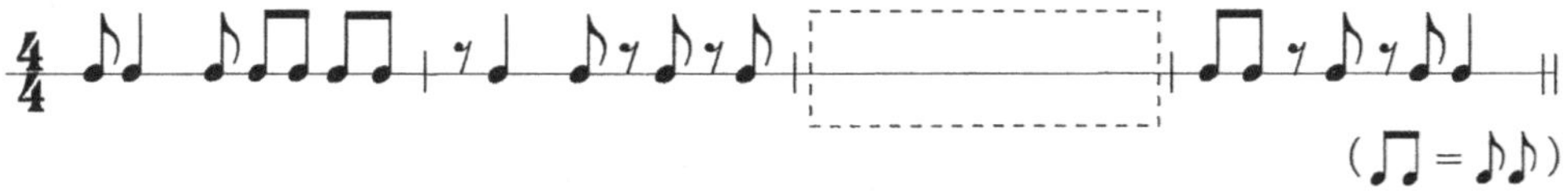

ア

イ

ウ

エ

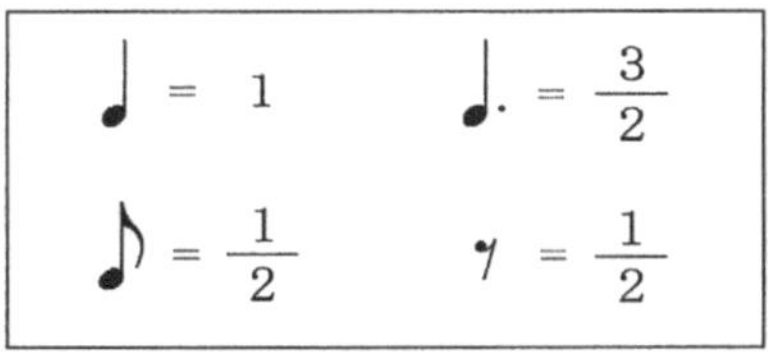

たけし　　私は，計算が得意です。わり算の筆算は，「たてる→かける→ひく→おろす」のくり返しがおもしろいです。

(問4) さくらさんは，たけしさんの説明を聞いたので，次の□にあてはまる数字を求めることができました。それぞれの□にあてはまる数字を書きなさい。ただし，同じ数字を使ってもよいこととします。

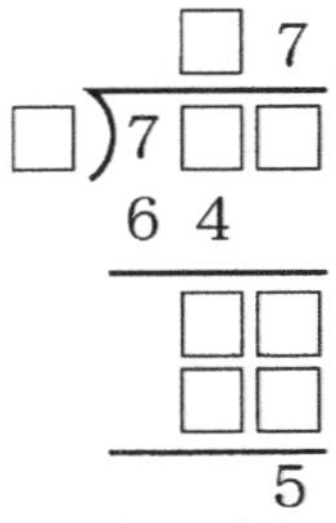

ともや　　私は，さいほうが好きです。布で小物をつくって友達にプレゼントをおくる計画を立てています。できあがりをイメージしながらつくっています。

(問5) ともやさんは，シールタイプのフェルトを買い，裏《うら》側の方眼のシートに模《も》様をかいて切りぬき，そのシートをはがして，つくった小物にはることにしました。ともやさんは，次の**図**のように，友達の名前をアルファベットでかいたときの頭《かしら》文字が点対称《てんたいしょう》な図形になるよう，方眼のシートにかきました。点Oが対称の中心になるように，ともやさんがかいた図形を完成させなさい。

図　　　　　　　フェルトの裏側

上

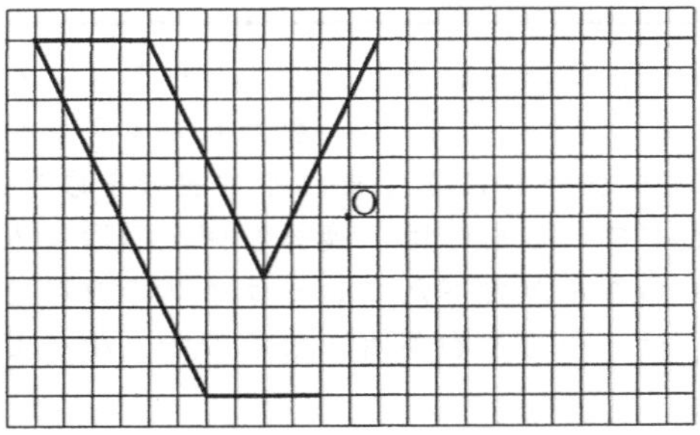

下

【課題２】　さくらさんたちは，地域《いき》のサイエンススクールに参加し，家庭の仕事をしたときのことを思い出しながら実験を行いました。さくらさんたちの会話をもとにして，あとの問いに答えなさい。

さくら　部屋のそうじをしたとき，本だなの本を動かしたり，たなをふいたりしました。とてもきれいになり，すっきりしました。

指導員　さくらさんがそうじをしたとき，うでを曲げたりのばしたりすることができたのは，筋《きん》肉の働きがあるからですね。うでを曲げたとき，うでの内側の筋肉と外側の筋肉は，それぞれどのようになっていたと思いますか。

さくら　うでの［　あ　］と思います。

指導員　そうですね。そのほかにも，私《わたし》たちが体を動かすためには，関節にも重要な働きがあります。

たけし　骨《ほね》と骨のつなぎ目である関節のおかげで，体を曲げられるし，筋肉ものびちぢみすることができます。

指導員　そのとおりですね。では，①骨にはどのような役割《わり》がありますか。

たけし　背《せ》中の骨やこしの骨には，体を［　い　］という役割があります。この役割があるおかげで，私たちは，立ったり，姿《し》勢を保ったりすることができます。また，頭や胸《むね》の骨には，体の中のやわらかいところを［　う　］という役割があります。

指導員　このように，体にはいろいろな役割がありますね。

（問１）さくらさんは［　あ　］で，うでを曲げたときの筋肉のようすを答えました。［　あ　］に入る最も適切なものを次の**ア**～**エ**の中から１つ選び，記号を書きなさい。

ア　内側の筋肉はちぢみ，外側の筋肉はゆるんでいた
イ　内側の筋肉はゆるみ，外側の筋肉はちぢんでいた
ウ　内側の筋肉はゆるみ，外側の筋肉もゆるんでいた
エ　内側の筋肉はちぢみ，外側の筋肉もちぢんでいた

（問２）―――部①について，たけしさんは［　い　］，［　う　］で，骨の役割について答えました。［　い　］，［　う　］に入る適切な言葉を書きなさい。

さくら　そうじのあと，家族といっしょにカレーライスをつくって食べました。このカレーライスの材料１つ１つが，私たちのエネルギーのもとになるのですね。

指導員　私たち生物は，食べ物にふくまれる栄養分を取り入れる必要がありますね。

たけし　私たちが食べているものは，養分を何から取り入れているのでしょうか。

指導員　では，さくらさんが食べたカレーライスの材料を例に，食べ物のもとをたどっていき，行きつく生物が何になるのか，調べてみましょう。

［資料調べ］

１　カレーライスの材料を書き出し，それが植物なのか，動物なのか考えて分ける。
２　１で分けた生物が，どのようにして必要な養分を取り入れているかを調べる。
３　２で，ほかの生物を食べて養分を取り入れているものについては，その食べ物をさかのぼってたどり，行きつくまで調べる。

［調べた結果］

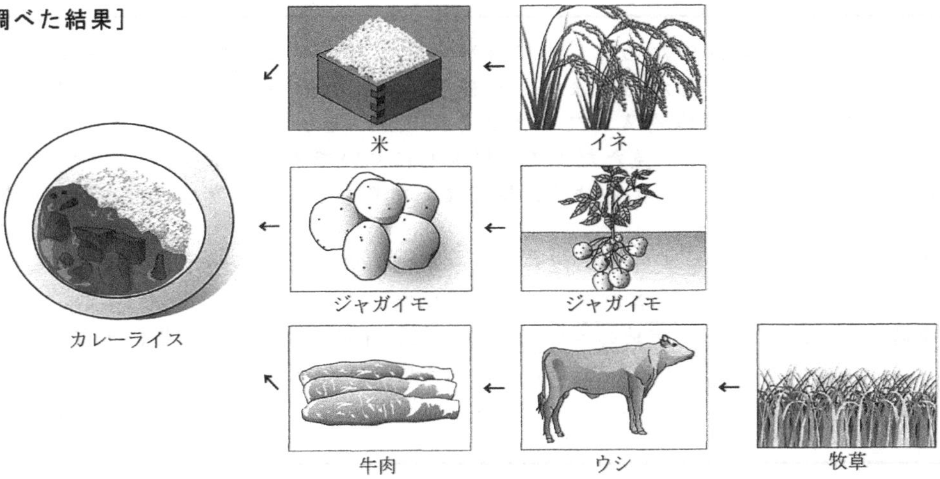

たけし　この結果から，②食べ物をさかのぼっていくと，カレーライスの材料は，植物に行きついていることがわかりますね。

さくら　私たちは，動物や植物を直接食べるだけでなく，動物を食べることで，間接的に植物を食べているといえそうですね。

指導員　そのとおりです。では，海の中の生き物についても考えてみましょう。次の図１を見てください。

図１

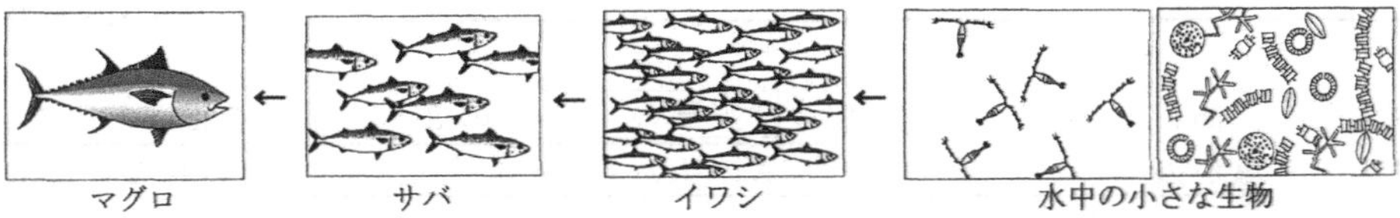

指導員　これを食物れんさといいます。食物れんさは，生物間の数も関係しており，一般《ぱん》的には，食べられる生物が，食べる生物より多いといわれています。

さくら　この例では，水中の小さな生物の数がいちばん多く，マグロの数がいちばん少ないということになるのですね。

たけし　自然の中では，何らかの原因で生物の数が変化することもあるのではないですか。そうすると，ほかの生物の数も変化しますね。

指導員　よく気がつきましたね。この例で，イワシの数が一時的に減ったとき，サバ，マグロと水中の小さな生物の数は，それぞれどのように変化しますか。

さくら　イワシの数が一時的に減ったとき，［　え　］

指導員　私たち人間の生活が，海の生物の食物れんさにえいきょうをあたえることもあるのですよ。海の環《かん》境を守るために，地球温暖《だん》化やプラスチックごみの問題などに興味をもって生活することが大切ですね。

（問３）―――部②について，食べ物のもとをたどると，植物に行きつく理由を，植物の働きをふまえて，書きなさい。

（問４）さくらさんは［　え　］で，イワシの数が一時的に減ったとき，サバ，マグロと水中の小さな生物の数がどのようになるのかを答えました。［　え　］に入る適切な言葉を，生物どうしの食べる・食べられるの関係をふまえて，書きなさい。

たけし　私は，家族のために，水に砂糖《さとう》とすだち果汁《じゅう》を入れて，すだちジュースをつくったことがあります。砂糖を入れたと思っていたら，飲んでみるとまちがって食塩を入れていたことに気がつき，おどろきました。

さくら　砂糖と食塩は，見ただけでは区別しにくいですからね。

たけし　砂糖も食塩も水にとけると見えなくなりますよね。食塩は消えてなくなったのでしょうか。

さくら　でも，食塩を入れたすだちジュースは，塩からかったでしょう。食塩は見えなくなっても，水の中にあるのではないですか。

指導員　では，次の 実験の手順 に従《したが》って，水の中に食塩が本当にあるのかどうか調べてみましょう。たけしさん，実験してみますか。

たけし　はい，してみます。

実験の手順

1　**図2**のように，食塩を水にとかす前の全体の重さ（水50ｇを入れたふた付きの容器，食塩10ｇを入れたプラスチックの入れ物）をはかる。

2　食塩10ｇを水の入った容器に入れ，水がこぼれないようにふたをしてよくふり，とかす。

3　再び全体の重さをはかり，１と比べる。

図２

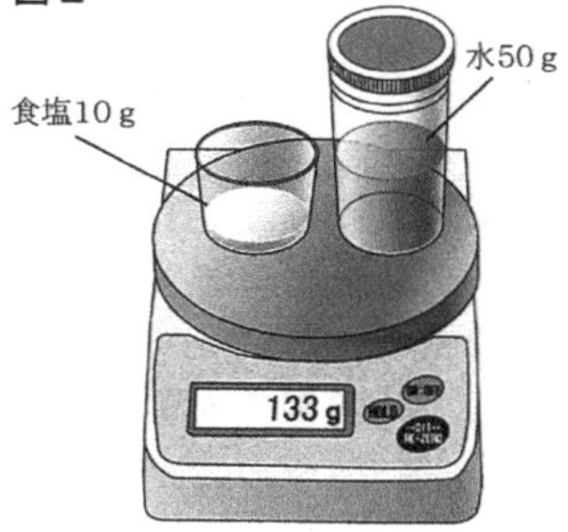

さくら　あれ，たけしさん，③［ 実験の手順 の３］で重さをはかるときに，食塩が入っていたプラスチックの入れ物を，電子てんびんにのせていませんよ。

たけし　なぜ，これをのせるのですか。

さくら　それは， お からです。

指導員　大切なことですね。では，その点に気をつけて，重さをはかってみましょう。

［実験結果］

	食塩を水にとかす前	食塩を水にとかした後
全体の重さ（ｇ）	133	133

たけし　食塩を水にとかす前の重さと，とかした後の重さは変わりませんね。

さくら　食塩は，水にとけて見えなくなっても，水の中にあるということですね。

指導員　そのとおりです。ほかのものについても，同じことがいえるのですよ。

（問５）――― 部③について，さくらさんは お で，［ 実験の手順 の３］で重さをはかるときに，食塩が入っていたプラスチックの入れ物を，電子てんびんにのせる理由を説明しました。どのように説明したか， お に入る適切な言葉を書きなさい。

*	(問2)	ア　　イ　　ウ　　エ
*	(問3)	
*	(問4)	
*	(問5)	
*	(問6)	御家人は,
*	(問7)	→ → →
*	(問8)	①
*		②
*		

*

*

*

*

15行

13行

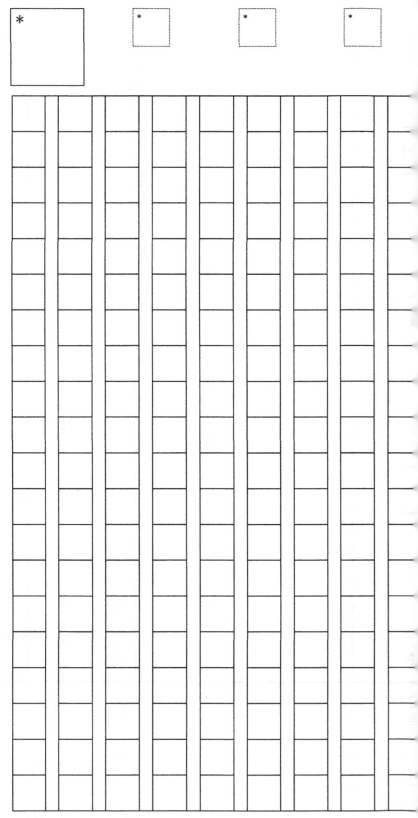

【課題２】

*	（問１）		
*	（問２）	い	
*		う	
*	（問３）		
*	（問４）		
*	（問５）		からです。
*	（問６）	か	
		き	
*	（問７）		g
*	（問８）		からです。

【解答

*

（考え方）

*

（問６）

① 約　　　　　　　　　　　　　　　　％

*

（考え方）

*

②

*

受検番号	

＊

県立中学校及び県立中等教育学校適性検査　検査Ⅱ　解答用紙（２）

＊

【課題３】

＊ （問１）
（　　　）（　　　）

＊ （問２）
円

＊ （問３）
① あ（　　　　　　）　い（　　　　　　）　う（　　　　　　）

＊ ② 【考え方】
（図）

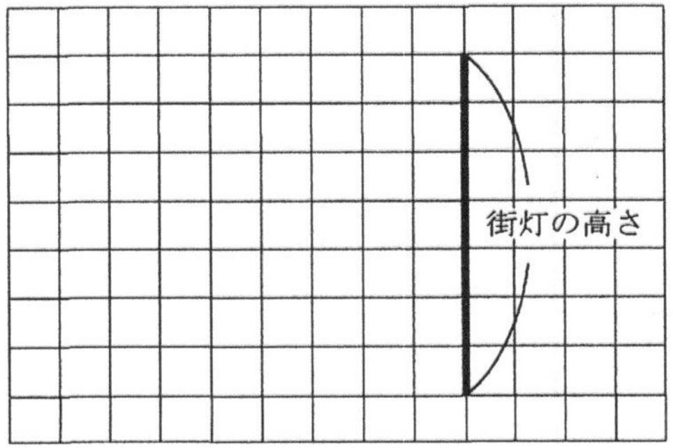

（言葉・数を使った説明）

＊ （問４）
①

＊ ②
枚《まい》

受検番号	

*

県立中学校及び県立中等教育学校適性検査　検査Ⅱ　解答用紙（1）

※200点満点
（配点非公表）

【課題1】

*

*	（問1）	倍
*	（問2）	枚《まい》
*	（問3）	
*	（問4）	

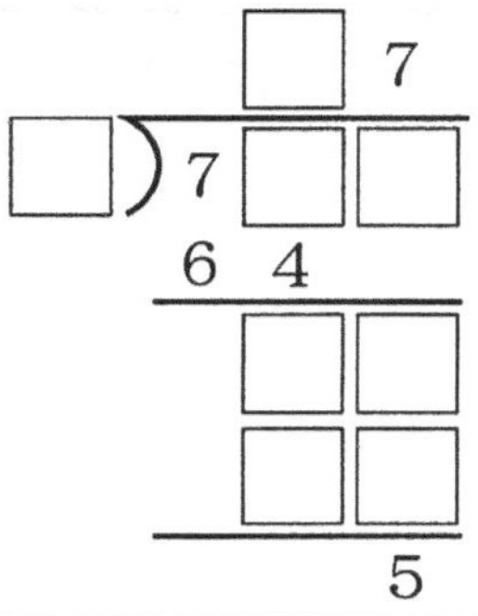

*　（問5）

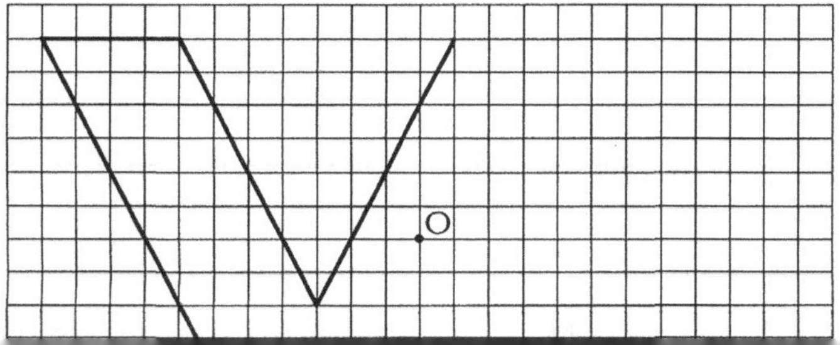

【解答

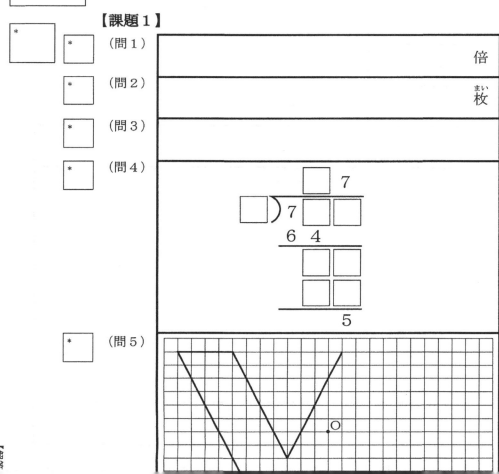

県立中学校及び県立中等教育学校適性検査　検査Ⅰ　解答用紙（２）

受検番号	

【課題３】

*

*

受検番号	

*

県立中学校及び県立中等教育学校適性検査　検査Ⅰ　解答用紙（１）

※100点満点
（配点非公表）

*

【課題１】

* （問１）

* （問２）

はじめの５字					
おわりの５字					

* （問３）　6

* （問４）

* （問５）

* （問６）　13

* （問７）

* （問８）　40　50

【解答

【課題２】

たけし　ところで，すだちジュースをつくったとき，おじいさんには，温かいすだちジュースをつくりました。温めた水に砂糖を入れると，すぐにとけました。砂糖や食塩のとけ方は，水の温度によって変わるのでしょうか。

指導員　これは，この前私が実験をした結果です。水の温度による，100gの水にとける砂糖と食塩の量を示しています。

[水の温度とものがとける量]

水の温度（℃）	20	40	60	80	100
砂糖（g）	200	240	280	360	485
食塩（g）	36	36	37	38	39

さくら　この結果を見ると，砂糖と食塩では，水の温度を変化させたときのとける量の変化のしかたに，ちがいがあることがわかります。砂糖は，［　か　］のに対して，食塩は，［　き　］のですね。

たけし　そうですね。見た目はよく似ているのに，とけ方の特ちょうはちがっていておもしろいです。それにしても，砂糖は少しの水でもたくさんとけるのですね。すだちジュースをつくったとき，60℃のコップ１ぱいの水に，14gの砂糖を入れましたが，すぐにとけました。もっと少ない水でもとけそうですね。

指導員　では，④**[水の温度とものがとける量]**から考えて，60℃の水に14gの砂糖をとかすには，何gの水があればよいのでしょうか。

たけし　［　く　］gです。

指導員　そのとおりです。砂糖を入れすぎないように気をつけないといけませんね。

たけし　食塩を使った調理についてはどうなのでしょう。

さくら　私はこれまで，スパゲッティを入れる前に，⑤なべで4Lの水をふっとうさせてから，40gの食塩を入れていましたが，**[水の温度とものがとける量]**から，いつ入れてもよいと考えました。そう考えた理由は，［　け　］からです。

たけし　生活の中で，あたりまえだと思っていたことも，科学的に見てみると，新しい発見につながりますね。

（問６）さくらさんは，**[水の温度とものがとける量]**をもとに，砂糖と食塩とを比かくし，［　か　］と［　き　］で，水の温度を変化させたときのとける量の変化のしかたに，ちがいがあることを説明しました。［　か　］には，砂糖の水へのとけ方の特ちょうを，［　き　］には，食塩の水へのとけ方の特ちょうを，「水の温度」，「量」という言葉を使って，それぞれ書きなさい。

（問７）——— 部④について，**[水の温度とものがとける量]**から，60℃の水に砂糖14gを全てとかすには，少なくとも何gの水が必要ですか。たけしさんが答えた［　く　］に入る数字を書きなさい。

（問８）——— 部⑤について，さくらさんは［　け　］で，なべの水に食塩をいつ入れてもよいと考えた理由について答えました。どのように答えたか，［　け　］に入る適切な言葉を，**[水の温度とものがとける量]**をもとに，水の量ととける食塩の量との関係をふまえて書きなさい。

【課題３】 みつるさんは，おばあさんと妹といっしょに，自分が住んでいる町のいろいろな場所をめぐりました。次の問いに答えなさい。

（問１）図書館の２階で行われた読み聞かせ会に参加しました。読み聞かせ会の会場を出たとき，次のような点字を見つけました。みつるさんは，点字について覚えていたことをもとに，点字を読みました。この点字が表している言葉をひらがなで書きなさい。ただし，●は，盛《も》り上がっている部分とします。

［見つけた点字］

●○	●○
●●	○●
○●	●○
（　）	（　）

［点字について覚えていたこと］

●○	●○	●●	●●	○●	①④
○○	●○	○○	●○	●○	②⑤
○○	○○	○○	○○	○○	③⑥
あ	い	う	え	お	

・点字の五十音は，「あ行」の点がもとになっている。

・「あ行」のそれぞれに⑥の位置の点を加えると「か行」になる。

・「あ行」のそれぞれに⑤と⑥の位置の点を加えると「さ行」になる。

・「あ行」のそれぞれに③と⑤の位置の点を加えると「た行」になる。

（問２）本屋へ行くと，映《えい》画の前売り券《けん》を売っていました。当日料金を調べると，右の表のようになっていました。前売り券の料金は，当日料金の20％引きになります。みつるさんは12才，妹は７才，おばあさんは65才です。全員分の前売り券を買うと，当日料金で買うより合計で何円安くなるか，書きなさい。

［当日料金］

年れい	料金（税こみ）
65才以上	1200円
13才以上65才未満	1800円
3才以上13才未満	1000円

（問３）公園の中を歩いていると，緊《きん》急貯水槽《そう》がありました。次の①・②に答えなさい。

①　緊急貯水槽には，右のような表示があり，その一部は植物でかくれていました。みつるさんは，この表示を見ながら，３日間供《きょう》給できる人数をもっと増やせないかと考え，１人が１日に水を３Ｌ使う場合と2.5Ｌ使う場合について，計算しました。そして，「３日間供給できる人数は，３Ｌ使う場合は［　あ　］人だけれど，2.5Ｌ使う場合は［　い　］人だから，［　う　］人増えるな。」と考えました。

緊急《きんきゅう》貯《ちょ》水《すい》槽《そう》
容量《ようりょう》　270m³
1人1日《ひとりいちにち》に３Ｌ使《つか》う場合《ばあい》，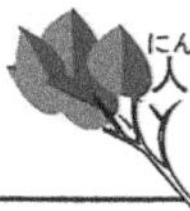人《にん》に
3日間供給《みっかかんきょうきゅう》できます。

［　あ　］，［　い　］，［　う　］にあてはまる数をそれぞれ書きなさい。

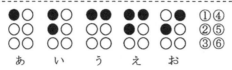

② 緊急貯水槽の近くに街灯がありました。みつるさんは，縮《しゅく》図をかかずに街灯のおよその高さを求めました。街灯のおよその高さを求めるために，「みつるさんが街灯のてっぺんを見上げた角度は，にぎりこぶし４つ分と半分で45°」のほかに，次の**ア**～**オ**の中から２つを使いました。

みつるさんの，街灯のおよその高さを求めるための【考え方】を，図と，言葉・数を使って説明しなさい。ただし，図は解答用紙の方眼にかき，みつるさんが使った**ア**～**オ**の中の２つは，その図の中に記号で書き入れることとします。

ア　みつるさんの身長
イ　地面からみつるさんの目までの高さ
ウ　街灯のかげの長さ
エ　みつるさんから街灯までのきょり
オ　みつるさんの目からにぎりこぶしまでの長さ

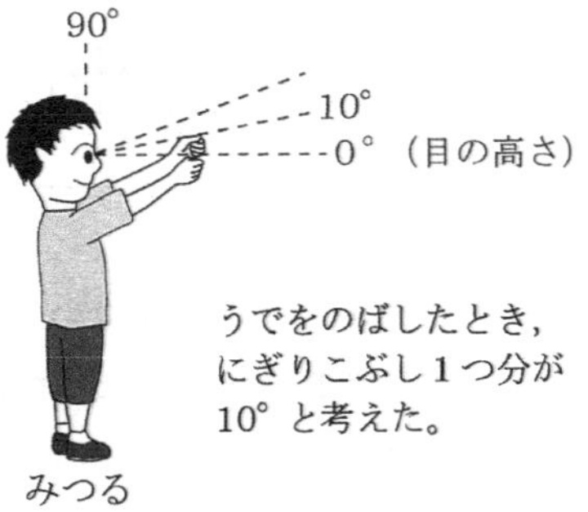

（問４）地元でとれた野菜などを売っている産直市へ行きました。次の①・②に答えなさい。

① みかんを買おうとすると，代金は730円でした。みつるさんの財布《さいふ》の中には，次の**図**のようなお金が入っていました。みつるさんが千円札に30円を加えて出そうとすると，おばあさんがおつりのこう貨の枚《まい》数がいちばん少なくなる出し方を教えてくれました。おばあさんの言うとおりにお金を出すと，おつりを入れた財布の中のこう貨の枚数は，５枚になっていました。

おばあさんは，どのようなお金の出し方をみつるさんに教えたか，書きなさい。

図

② 出口では，くじ引きを行っていました。箱の中の当たりくじを引くと風船がもらえます。いつもは，当たりくじとはずれくじの数の比は４：５ですが，この日は，産直祭りをしていたので，当たりくじを６枚，はずれくじを３枚増やし，当たりくじとはずれくじの数の比が等しくなるようにしていました。この日は，箱の中に，当たりくじが何枚入っていたか，書きなさい。

（問５）公民館で行われているもちつき体験に参加しました。みつるさんとおばあさんが，つきたてのもちを１人12個ずつ丸めて重さをはかった結果，２人の平均値《へいきんち》は等しくなり，さらに，２人の中央値《ちゅうおうち》も等しくなりました。次の**図**は，みつるさんとおばあさんが，もちを11個ずつ丸めて重さをはかったときの結果をドットプロットに表したものです。残り１個のもちの重さはそれぞれ何ｇだったか，書きなさい。また，考え方を言葉や数，式を使って書きなさい。ただし，どのもちの重さも，整数で表すこととします。

図

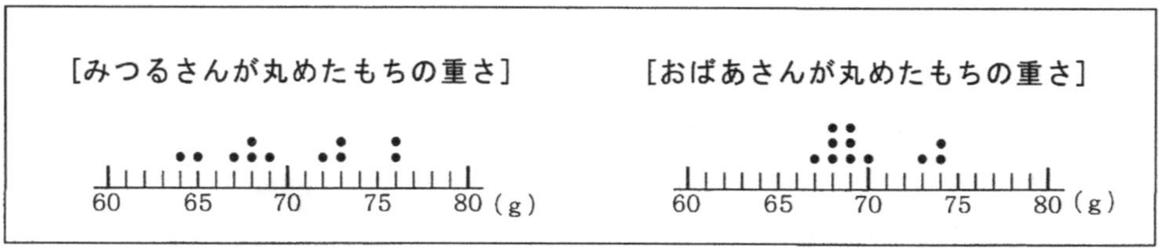

（問６）公民館で新聞を見ていると，「１個のトイレットペーパーに巻《ま》かれている長さが長くなったので，１パックに入っているトイレットペーパー全体の長さは同じでも，これまでの１パック12個から１パック４個になりました。」という記事を見つけました。次の①・②に答えなさい。ただし，１個のトイレットペーパーやしんは，**図１**のように，これまでと変わらず，どれも同じ形，同じ大きさとします。

図１

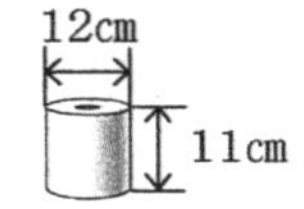

トイレットペーパーの大きさ

①　みつるさんは，次の**図３**のように，１パックのトイレットペーパーの包装《そう》フィルムの量が減ると想像しました。１パック４個の包装フィルムの量は，１パック12個の包装フィルムの量の何％にあたるか，四捨五入《ししゃごにゅう》で一の位までのがい数にして，書きなさい。また，考え方を言葉や数，式を使って書きなさい。ただし，円周率は3.14とします。なお，トイレットペーパーは，**図２**のように包装フィルムにぴったり入っていることとし，取っ手の部分は考えないこととします。

図２

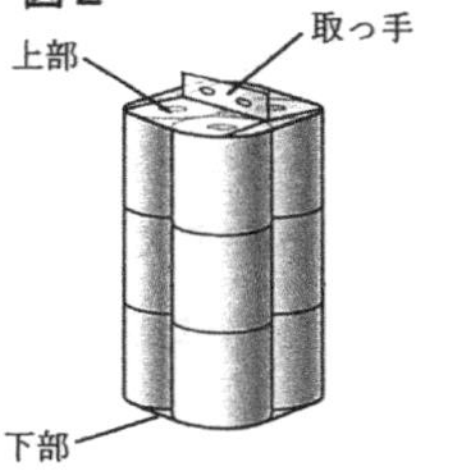

図３

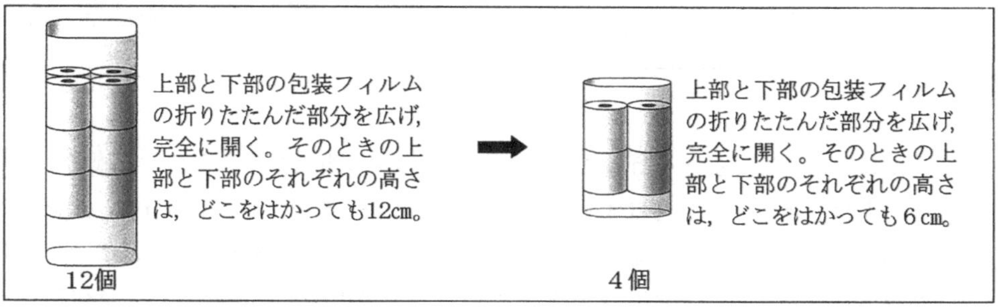

②　みつるさんは，①の１パック４個のトイレットペーパーは，災害への備えに適していると考えました。みつるさんがそう考えた理由を，２つ書きなさい。

【検

徳島県立
富岡東中学校
川島中学校
城ノ内中等教育学校

受検番号	

令和３年度
県立中学校及び県立中等教育学校適性検査
検査Ⅰ

問　題　用　紙

（時間45分）

【注　意】

1　「始め」の合図があるまで，問題用紙を開いてはいけません。

2　問題用紙は，９ページまであります。

【課題１】・・・・・・・P. １～４
【課題２】・・・・・・・P. ５～８
【課題３】・・・・・・・P. ９

3　解答は，この問題用紙ではなく，解答用紙の決められた場所に，ていねいに記入しなさい。

4　「始め」の合図があったら，まず，問題用紙の表紙と解答用紙のすべてに，受検番号を記入しなさい。

5　解答用紙の $\boxed{*}$ には，何も記入してはいけません。

6　印刷がはっきりしなかったり，問題用紙や解答用紙がたりなかったりする場合は，静かに手をあげなさい。

7　「やめ」の合図で，すぐにえん筆をおき，解答用紙を裏《うら》返しにして２枚《まい》重ねて机《つくえ》の上におきなさい。

要がありません。ところが、そのまま水田で育って秋を迎《むか》えたら、強い根を張りめぐらせていないイネは、秋に実る垂《た》れ下がるほどの重い稲穂《いなほ》を支えることはできません。

そこで、イネの穂が出る前に、水田の水は抜《ぬ》かれ、田んぼの表面の土が乾燥してひび割《わ》れするくらいに乾《かわ》かされます。この過程は、「中干《なかぼ》し」とよばれます。こうすれば、今まで水をいっぱいもらって、根を強く張らずに育っていたイネは、びっくりします。土が割れるほど乾燥させられ、危《き》機を感じてびっくりして、急いで水を求めて多くの根を張りめぐらせます。

イネは、水がないという〝ハングリー精神〟を刺激されて、根を張りめぐらせるのです。そうしてこそ、秋に垂れ下がるほどの重いお米を実らせるからだを支えることができます。中干しすることで、土にできたひび割れから、土の中に酸素を供《きょう》給する効果もあり、このことが根の成長をさらに助けることにもなります。

芝生やイネに限らず、乾燥した土の中で、植物たちは根を伸ばします。土の表面は乾燥していても、地下深くには水分があり、その水分を探し求めて、植物たちは長い根を伸ばすのです。これが、植物たちのハングリー精神です。

自然の中では、植物たちの欲《よっ》求が満たされるはずがありません。そんなとき、ハングリー精神を発揮《き》して、精いっぱいの努力を重ねる植物たちの生き方に、〝あっぱれ！〟と感嘆《たん》※1せざるを得ません。水が不足するという逆境の中で、その逆境を糧《かて》※2に根を強く張りめぐらせるという植物たちの生き方に〝あっぱれ〟という感嘆語はふさわしいのです。

（田中《たなか》修《おさむ》「植物のあっぱれな生き方　生を全《まっと》うする驚異《きょうい》のしくみ」より。一部省略等がある。）

※1　感嘆…感心してほめたたえること

※2　糧…活動力のもとなるもの

しおり　中干しは、植物のハングリー精神を生かしていますね。以前、外国語の授業で「『ハングリー』とは、おなかがすいた様子」と習ったので、イメージしやすかったです。

さくら　今まで水の中で、安心して育っていたイネは水を抜かれて、おどろいたでしょうね。でも、中干しをすることで、根を張りめぐらせる効果があることがわかりますね。

たけし　その上、［資料］には、「根の成長をさらに助ける」ことになる［え］もあると書いてありますよ。

ももこ　雑草は、水を与えなくても強く生きていますね。芝生やイネだけでなく他の植物も、ハングリー精神をどのように発揮しているかが［資料］の［お］の一文に書かれていて納得《なっ》しました。

しおり　筆者も、そのような植物たちの生き方に〝あっぱれ！〟と言っているのだと思います。

こうじ　私も、自分自身に〝あっぱれ！〟と言えるよう、［資料］の植物たちの生き方をこれからの学校生活に生かしていこうと思います。

【課題1】さくらさんの班《はん》は、国語の時間に、資料をもとに話し合っています。［資料］、［話し合いの一部］を読んで、4ページの問いに答えなさい。

［資料］

ゴルフ場の芝生《しばふ》に二〜三日間、水を与《あた》えなければ、芝生はハングリー精神を刺激《しげき》され、水が欲《ほ》しく、水を探《さが》し求めて、一生懸《けん》命に根を伸《の》ばします。それでも、水が得られなければ、芝生は疲《つか》れ果て、枯《か》れそうになります。そんな四〜五日目のギリギリのところで、水を与えます。

水をもらった芝生は、元気を取り戻《もど》します。元気を取り戻せば、また水を与えません。二〜三日の間、水を与えられなければ、芝生は「水が欲しい」というハングリー精神を再び刺激され、水を求めて根をさらに発達させます。これを繰《く》り返せば、芝生は、たくさんの強い根を精いっぱいに生やします。

根の発達のためにハングリー精神を刺激する方法は、イネにも利用されます。田植えのすんだ水田では、水がいっぱい張りめぐらされ、イネは水につかって育ちます。水の中で育つイネには、主に、三つの恩恵《おんけい》があります。一つ目は、水は温まると冷めにくいので、夜も暖《あたた》かさを保てます。これは、インドや東南アジアの暑い地域《いき》出身のイネには望ましい環《かん》境です。

二つ目は、土の上でなら水の不足に悩《なや》まねばなりませんが、水の中なら、水不足に悩む必要がないことです。三つ目は、水の中には、多くの養分が豊富に含《ふく》まれていることです。水は高いところから低いところへ流れてくるので、その途《と》上で養分が溶《と》け込《こ》みます。そのため、水につかっていれば、イネはそれらの養分を吸収《きゅうしゅう》することができます。このように、水の中は、イネにとっては、たいへん恵《めぐ》まれた環境なのです。

イネの根は水が不足するような乾燥《かんそう》地では、水を求めて強く張りめぐらせる力をもっています。［A］、水が容易に得られる水田では、根を張りめぐらせる必

［話し合いの一部］

さくら　私《わたし》は、水がいっぱいに張られた田んぼをよく見かけますが、水田には、イネにとってこんなによい点がたくさんあるとは、知りませんでした。

たけし　［資料］の中にある「三つの恩恵」ですね。恩恵は、恵みという意味だったと思います。

こうじ　筆者は、その恩恵について、水の中は、水不足に悩む必要がなく、多くの養分が豊富に含まれていると述べていますね。

たけし　もう一つは、［資料］に［あ］と書かれています。この三つが、恩恵なのですね。

ももこ　イネを水の中で育てる理由がよくわかりました。話はかわりますが、私は、田んぼが乾いて、ひび割れている様子を見たことがあり、水不足かなと心配していました。中干しだったのですね。

さくら　私も、まさか、わざと水を抜いているとは思いませんでした。ところで、筆者は、水の中は［い］で、中干しした田んぼは［う］だと表現していますが、その通りだと感じました。

【課題1】の問いは、右の4ページにあります。

（問1）【資料】の━━部「養分」と同じ「漢語」である熟《じゅく》語を、ア～エの中から一つ選び、記号を書きなさい。

ア 海辺　イ 宿屋　ウ 旅先　エ 森林

（問2）【資料】の［A］に入る最も適切なものを、ア～エの中から一つ選び、記号を書きなさい。

ア さて　イ だから　ウ でも　エ つまり

（問3）［あ］に入る言葉を、【資料】より、二十五字で書きぬきなさい。（「、」や「。」も一字に数えます。）

（問4）［い］、［う］の組み合わせとして最も適切なものを、ア～エの中から一つ選び、記号を書きなさい。

ア （［い］逆境　［う］恵まれた環境）
イ （［い］恵まれた環境　［う］逆境）
ウ （［い］逆境　［う］望ましい環境）
エ （［い］望ましい環境　［う］恵まれた環境）

（問5）══部「根の成長をさらに助ける」について、［え］に入る最も適切な言葉を、【資料】より、十三字で書きぬきなさい。

（問6）［お］に入る最も適切な一文を、【資料】より見つけて、はじめとおわりの五字をそれぞれ書きなさい。（「、」や「。」も一字に数えます。）

（問7）【資料】について述べたこととして最も適切なものを、ア～エの中から一つ選び、記号を書きなさい。

ア 植物を育てる中で体験したことを中心に紹介《しょうかい》している。
イ 植物のような生き方を人間もすべきだと主張している。
ウ 植物が環境の変化にうまく適応していく姿《すがた》を伝えている。
エ 植物を水不足にさせることに反対する意見を述べている。

（問8）【資料】の〰〰部「精いっぱいの努力を重ねる植物たちの生き方」は、生活のいろいろな場面で活用できると考えられます。あなたは、学校生活のどのような場面で、どのように生かしていこうと考えますか。具体例を挙げて、五十字以上、六十字以内で書きなさい。（「、」や「。」も一字に数えます。）

【課題２】　四国のある県に住んでいるさくらさんたちは，自分たちの県のまちづくりについて話し合っています。［**話し合いの前半**］，［**話し合いの後半**］，**資料１～４**をもとにして，あとの問いに答えなさい。

［**話し合いの前半**］

さくら	私《わたし》たちはこれまで，㋐地域《いき》の安全やくらし，環《かん》境，歴史などについて学習してきました。今日はそれらのことをもとに，「私たちが住む県をさらに魅《み》力的な県にしていくために」というテーマで考えていきます。学んできたことで，印象に残っていることやわかったことを順に言ってください。
たけし	私たちの県には，海に面した平地や山が集まる山地など㋑さまざまな地形があります。そして，その地形を生かし，海岸部ではサーフィン，山地を流れる川ではラフティングを楽しむことができます。観光客もたくさん来ていることがわかりました。
しおり	県内では，たくさんの農産物を育てています。その農産物を全国の人々にもっと知ってもらえるように，ブランド化を進めたり，㋒情報ネットワークを利用したりするなど，農家の人々がくふうを重ねています。
こうじ	㋓社会の時間に，調べ学習をしていたら，私たちの県だけでなく，日本の食料自給率についての**資料１**と，世界の人口についての**資料２**を見つけました。２つの資料から見えてくるのは，［　あ　］という課題です。
しおり	日本の食料生産について，私も興味があります。食料を安定して確保するためにも，家庭科で学習したことを思い出しながら，自分たちの県にある伝統的な食事のよさや，季節ごとにとれる野菜や果物などがどのように消費されているのかを調べてみたいと思います。
さくら	私たちが住む県には，よいところがたくさんあることがわかりました。そのよさを，まちづくりに生かしていくのがよいと思います。

（問１）―――部㋐について，次の文の①，②にあてはまる適切な言葉を，**ア**～**エ**の中から１つずつ選び，記号を書きなさい。

> 警《けい》察署《しょ》や交番の警察官は，子どもたちが事件にまきこまれないようにするために，子どもや保護者に対して（　①　）を行っている。
> また，交番の警察官は（　②　）も行い，地域に異《い》常がないかを確認《にん》している。

ア　パトロール　　**イ**　交通安全教室　　**ウ**　地域の安全会議　　**エ**　防犯教室

（問２）―――部㋑に関して，次の**ア**～**エ**は，日本各地にあるさまざまな地形について述べたものです。正しいものには○，まちがっているものには×を書きなさい。

ア　東北地方の南部には，霞ヶ《かすみが》浦《うら》とよばれる湖がある。

イ　中部地方には，険しく高い山なみの奥羽《おうう》山脈がある。

ウ　四国地方の南西部には，四万十《しまんと》川が流れている。

エ　九州地方には，筑紫《つくし》平野とよばれる平地がある。

（問３）――― 部㋒について，農産物だけでなく，生活の中のさまざまな分野で情報ネットワークが活用されています。さくらさんたちが住む県には「情報ネットワーク図書館システム」があり，多くの人が利用しやすい図書館づくりが進められています。このシステムでは，登録している図書館どうしが，保管する本や資料についての情報を共有しています。情報を共有していることが，利用者にとってどのような点で便利か，「本」，「図書館」という言葉を用いて書きなさい。

（問４）――― 部㋓で，こうじさんは，資料から，今後考えられる課題について述べました。[あ] にあてはまる課題を，**資料１**，**資料２**のそれぞれからわかることを述べたうえで，２つの資料を関連づけて書きなさい。

資料１　日本の食料自給率の移り変わり

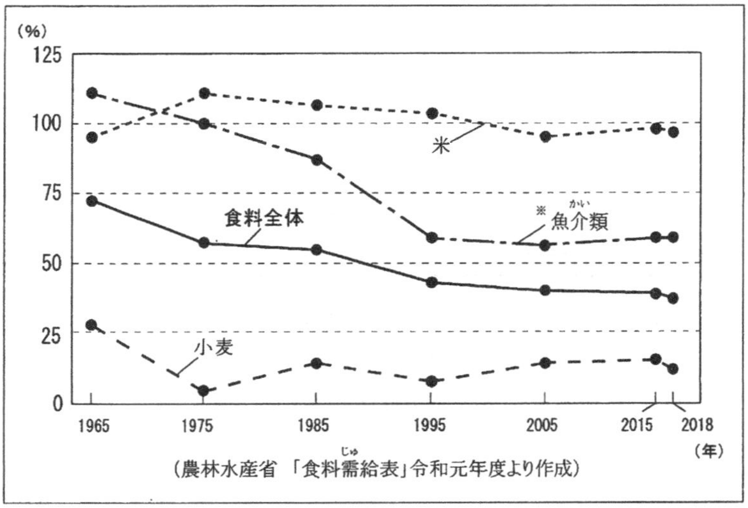

（農林水産省「食料需《じゅ》給表」令和元年度より作成）

※ 魚介類とは魚，貝，エビ，イカなどの水産物のこと

資料２　世界の人口の移り変わり

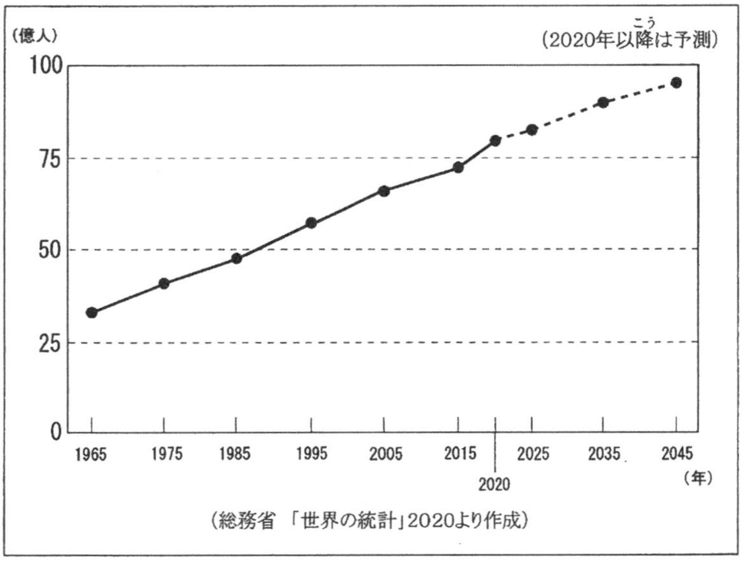

（総務省「世界の統計」2020より作成）

［話し合いの後半］

さくら　歴史や文化についてもよいところがありそうですね。

たけし　県の東部には，㋔古墳《ふん》という豪《ごう》族の墓があります。前方後円墳としては，県内で最も古いものだと考えられています。

こうじ　県の西部には，㋕歴史的な建物や町なみのほかに，国の重要な文化財に指定されている伝統芸能があります。

さくら　私たちが住む県にあるたくさんのよさを，まちづくりに生かすために具体的にどのような方法が考えられますか。

しおり　例えば，東部のＡ市には古墳のある一帯を整備した㋖公園があります。その公園で焼き物づくりなどの体験教室を開くのはどうですか。

こうじ　それはよい考えですね。県の西部の歴史的な町なみの中に舞《ぶ》台（ステージ）をつくり，伝統芸能を発表して，インターネットで全国に発信するというのもよいと思いませんか。

さくら　このような話し合いを，これからも積極的に行いたいですね。そして，私たちが，よりよいまちづくりへの関心をもっと高め，生まれ育ったまちでくらしていきたいです。そのうえで，㋗県外から移り住んでみたいと思ってもらえる県にしていきたいですね。

（問５）―― 部㋔について，古墳は日本各地でつくられ，特に巨《きょ》大な前方後円墳が大和《やまと》（奈良県）や河内《かわち》（大阪府）に数多く見られます。どうしてこの地域には巨大な古墳が集まっているのか，古墳の大きさが表す意味をふまえ，書きなさい。

（問６）―― 部㋕に関して，次のア～エは，日本の歴史的な建物や町なみについて述べたものです。時代の古い順に並《なら》べ，記号を書きなさい。

ア　中国との貿易を行い，多くの富をたくわえた足利義満《あしかがよしみつ》は，京都の北山《きたやま》に３層《そう》の金閣《きんかく》を建て，２層め，３層めに金ぱくをはった。

イ　徳川家康《とくがわいえやす》は，政治の中心にふさわしい城や城下町を江《え》戸につくるための大規模《ぼ》な工事に着手した。

ウ　聖武《しょうむ》天皇《てんのう》は，全国に国分寺《こくぶんじ》を建てることを命じ，都には国分寺の中心となる東大寺《とうだいじ》を建てた。

エ　東北地方で力をもっていた藤原《ふじわら》氏が戦いのない世の中を願って建てた中尊寺《ちゅうそんじ》に，金色堂《こんじきどう》がつくられた。

（問７）―― 部㋖をふくむ公共施《し》設の設備について，次の（　　　）にあてはまる言葉を書きなさい。

公共施設の設備は，だれもが使いやすいように整えられている。これは，（　　　　）という，日本国憲法《にほんこくけんぽう》の三つの原則のうちの一つに示された考え方にもとづいている。

（問８）―― 部㋗に関して，さくらさんは，次の２つの資料を見つけました。あなたがさくらさんなら，あなたが住むまちに四国以外の地域から移り住んでもらう（移住してもらう）ために，どのようなくふうをすればよいと考えるか，**資料３**，**資料４**を関連づけて書きなさい。

資料３　四国を移住先として考えたきっかけ

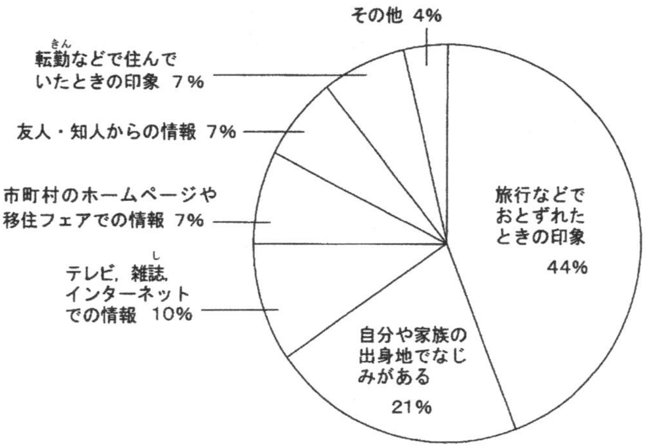

（四国経済《ざい》連合会「四国への移住に関するアンケート調査結果」H26より作成）

資料４　特に四国の魅力と感じていること

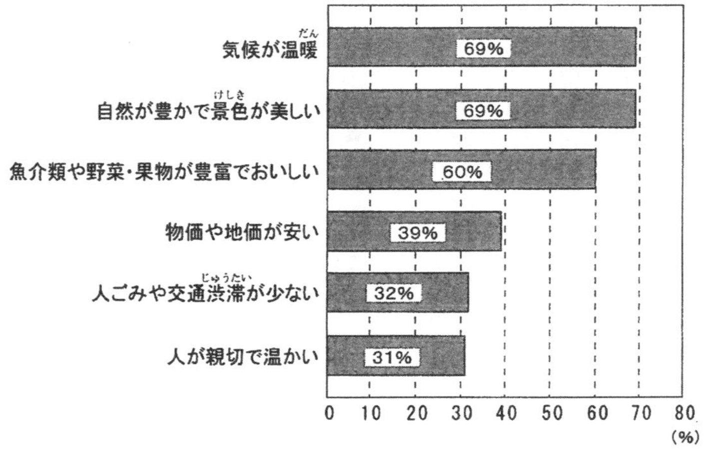

（四国経済連合会「四国への移住に関するアンケート調査結果」H26より作成）　複数回答

【課題３】

さくらさんの学級は、近くの小学校の六年生と、ビデオレターによる交流を計画しています。自分の学級を紹《しょう》介《かい》するテーマについて話し合った結果、次の**ア**〜**エ**の四つの［テーマ］が決まり、その中から班《はん》ごとに一つを選ぶことになりました。さくらさんの班も、一つのテーマを選び、ビデオレターをつくります。さくらさんは原こうをつくる係です。あなたがさくらさんなら、どのような原こうにしますか。次の条件に合わせて書きなさい。

［テーマ］

ア　**学級の目標（合い言葉）**

イ　**学級で育てているもの**

ウ　**学級で人気のある遊び**

エ　**学級全体でがんばっている（がんばった）こと**

（条　件）

・上の**ア**〜**エ**の中から、選んだテーマの**記号**を、解答用紙の「**テーマ**□」の□の中に書くこと。
・題と氏名を書かずに、本文から書き始めること。
・二段《だん》落構成で書くこと。
・一段落目には、選んだテーマで紹介したいもの（事がら）と、それを紹介したい理由について書くこと。
・二段落目には、紹介したい内容について、相手に伝わりやすく書くこと。
・漢字を適切に使い、原こう用紙の正しい使い方に従《したが》って書くこと。
・十三行から十五行までにおさめること。

受検番号	

令和3年度
県立中学校及び県立中等教育学校適性検査
検査Ⅱ

問　題　用　紙

（時間50分）

【注　意】

1　「始め」の合図があるまで，問題用紙を開いてはいけません。

2　問題用紙は，10ページまであります。

【課題1】・・・・・・・P. 1，2
【課題2】・・・・・・・P. 3～7
【課題3】・・・・・・・P. 8～10

3　解答は，この問題用紙ではなく，解答用紙の決められた場所に，ていねいに記入しなさい。

4　「始め」の合図があったら，まず，問題用紙の表紙と解答用紙のすべてに，受検番号を記入しなさい。

5　解答用紙の[*]には，何も記入してはいけません。

6　印刷がはっきりしなかったり，問題用紙や解答用紙がたりなかったりする場合は，静かに手をあげなさい。

7　「やめ」の合図で，すぐにえん筆をおき，解答用紙を裏《うら》返しにして2枚《まい》重ねて机《つくえ》の上におきなさい。

【課題１】　たけしさんたちが，家庭の仕事について話をしています。たけしさんたちの会話をもとにして，あとの問いに答えなさい。

たけし　みなさんは，家でどのような仕事をしていますか。

さくら　私《わたし》は，自分の部屋のゆかのふきそうじをしています。

こうじ　私は，おやつの用意をしています。この前は，カステラを切り分けました。大人用と子ども用では，１切れの大きさを変えて切りました。大人用の１切れの大きさは，カステラ１本を６等分した１個分です。子ども用の１切れの大きさは，カステラ１本を８等分した１個分です。

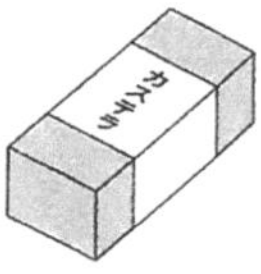

しおり　私は，昨日，買い物に行きました。あめを２ふくろとチョコレートを５ふくろ，ゼリーを２ふくろ買いました。

たけし　みなさんがいろいろな仕事をしているのを知って，私も家族の一員として自分ができることを増やしていきたいです。

（問１）さくらさんの部屋のゆかの形は，右の**図**のような五角形です。この部屋のゆかの面積は何m^2か，書きなさい。

図

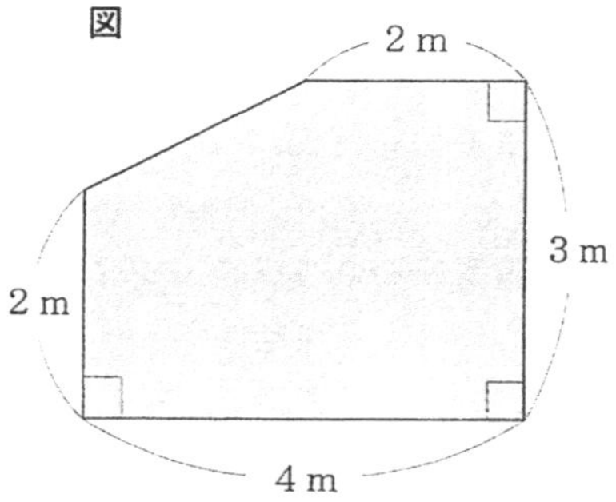

（問２）こうじさんが切り分けたカステラについて，次の①・②に答えなさい。ただし，カステラ１本の大きさは，すべて同じとします。

①　子ども用の１切れの大きさは，大人用の１切れの大きさの何倍か，書きなさい。

②　大人４人と子ども６人のお客さんが来ました。家には，カステラが３本あり，お客さん全員に切って出すことにしました。大人には，大人用の１切れの大きさのカステラを１人に２切れずつ用意しました。その残りのカステラを子ども用の１切れの大きさに切り，できるだけ多く用意しました。子どもに同じ数ずつ分けるとき，子ども１人には最大何切れずつ用意することができるか，また，余ったカステラの大きさは，カステラ１本のどれだけにあたるか，それぞれ書きなさい。

（問３）しおりさんの買い物について，次の①・②に答えなさい。

① しおりさんは，「あめ１ふくろの値段《ねだん》は，チョコレート１ふくろの値段より90円高く，ゼリー１ふくろの値段は，あめ１ふくろの値段より40円高かった。」と言っています。全部の代金が1970円のとき，あめ１ふくろの値段は何円か，書きなさい。ただし，消費税は考えないこととします。

② しおりさんは，家に帰ってそれぞれのふくろをすべて開けました。あめは１ふくろに21個ずつ，チョコレートは１ふくろに14個ずつ，ゼリーは１ふくろに７個ずつ入っていました。計画的に食べるために，買ったすべてのあめとチョコレートとゼリーを，それぞれ同じ数ずつ余りが出ないように，できるだけ多くの紙ぶくろに分けようと思います。１つの紙ぶくろに，あめ，チョコレート，ゼリーをそれぞれ何個ずつ入れるか，書きなさい。

（問４）たけしさんは，庭でバーベキューをする際に，テーブルといすの準備をすることにしました。お客さんが多くなると，次の図のようにテーブルを増やして，その周りにいすを置くこととします。あとの①・②に答えなさい。

図

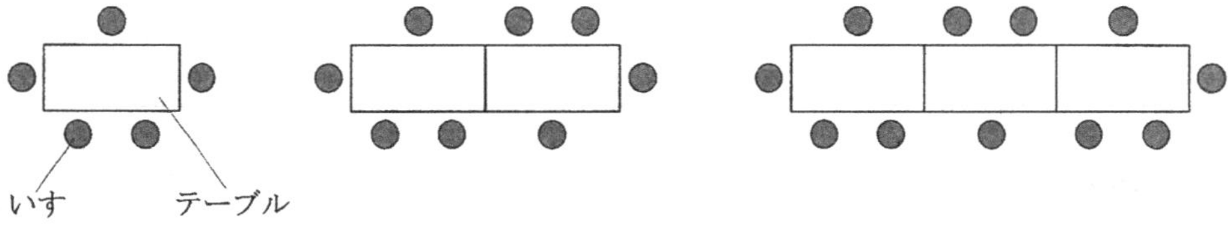

① テーブルの数が４個のとき，いすは全部で何きゃく必要か，書きなさい。

② テーブルの数を x 個，いすの数を y きゃくとして，x と y の関係を式に表しなさい。

【課題２】 さくらさんたちは，地域《いき》のサイエンススクールに参加し，野外活動のことを思い出しながら実験を行いました。さくらさんたちの会話や，観　察，実験１，実験２ をもとにして，あとの問いに答えなさい。

さくら　今回の野外活動でも，いろいろな生き物の観察ができました。私《わたし》は，トノサマガエルのようすを観察して，記録しました。季節ごとに観察を続けてきたので，変化がよくわかります。

[さくらさんの観察記録の一部]

トノサマガエルのようす
公園の池
午前１１時　晴れ
気温２０℃　水温２２℃
おたまじゃくしから成長したトノサマガエルが池の中にいた。

たけし　私たちの班《はん》では雲の観察をしました。私は，３時間ごとに空全体の雲の量を調べました。

さくら　どのようにして調べたのですか。そのときのようすを教えてください。

観　察

１　図１のように，内側を黒くぬった透《とう》明半球に空を映《うつ》して，雲の量を調べる。空全体の広さを10として，空をおおっている雲の広さをもとに，天気を記録する。
　雲の広さが０～８を「晴れ」，９～10を「くもり」とし，雲の量に関係なく，雨が降《ふ》っているときは「雨」とする。

２　３時間ごとに雲の色や形，雲が動く方位を記録する。方位は方位磁針《じしん》で確かめ，８方位で表す。

図１

[雲のようすと天気の変化の記録]

〈午前１０時〉
晴れ　雲の量…５
気がついたこと
白くてうすい雲が広がって見えた。雲は南西から北東へゆっくりと動いていた。

〈午後１時〉
晴れ　雲の量…７
気がついたこと
白い雲が厚くなってきた。雲は西の方からどんどん広がってきているようだ。

〈午後４時〉
くもり　雲の量…１０
気がついたこと
空全体が黒っぽい雲でおおわれていた。遠くの空は雨が降っているように見えた。

たけし　午後４時の観察の後はみんなで片《かた》づけをして，家に帰ったのでしたね。私は10分くらいで家に着いたのですが，その後しばらくして雨が降ってきました。

さくら　午後４時の記録に，「遠くの空は雨が降っているように見えた。」とありますが，それは①私たちが野外活動をした地域より［　あ　］の方の空だったのではないですか。

指導員　そうですね。日本付近の天気の変化の特ちょうを知っておくと，天気を予想することができますね。

（問１）**［さくらさんの観察記録の一部］**をもとに，その季節の生き物のようすとして，最も適切なものを**ア**～**エ**から１つ選び，記号を書きなさい。

ア　ヘチマは葉もくきもかれてしまい，実の中からたくさんの種が出てくる。
イ　イチョウの枝から，折りたたまれたような緑色の葉が出ている。
ウ　成虫になったオオカマキリが，草むらで卵《たまご》を産んでいる。
エ　緑色の葉がたくさんしげった木の幹では，セミが活発に鳴いている。

（問２）野外で観察するとき，温度計を使って気温や水温を正しくはかるために，どのようなことに気をつける必要があるか，「日光」という言葉を使って，気温や水温のはかり方に共通する注意点を書きなさい。

（問３）―――部①について，さくらさんは［　あ　］で，方位を答えました。［　あ　］に入る方位を，**東・西・南・北**から１つ選び，書きなさい。また，そう考えた理由を，［観　察］の**［雲のようすと天気の変化の記録］**をもとにして書きなさい。

（問４）方位磁針で方位を調べるときは，近くに磁石《しゃく》や鉄がないことを確かめる必要があります。その理由を，方位磁針の針《はり》の性質をふまえて書きなさい。

さくら　野外活動では，まきを燃やして食事の準備をしました。

たけし　最初は，まきに火がついたと思ってもすぐに消えてしまって大変でした。指導員の先生に火が消えない方法を教えていただいた後，②まきの置き方をくふうしたので，火が一度つくと，まきが燃え続けるようになりました。

指導員　うまく燃えて，よかったですね。ところで，空気は，ちっ素や酸素，二酸化炭素などの気体が混ざってできているのですよ。

たけし　それらの気体のうち，どれかに，物を燃やすはたらきがあるのではないですか。

指導員　では，ちっ素，酸素，二酸化炭素の３つの気体をびんに集め，火のついたろうそくを入れて調べてみましょう。

実験１

1　**図２**のように，水中で逆さにしたびんに，酸素を７～８分めまで入れてふたをして取り出す。

2　酸素を入れたびんの中に火のついたろうそくを入れてふたをし，燃え方を調べる。

3　同じようにして，ちっ素を入れたびん，二酸化炭素を入れたびんを用意し，それぞれのびんに火のついたろうそくを入れて，燃え方を調べる。

図２

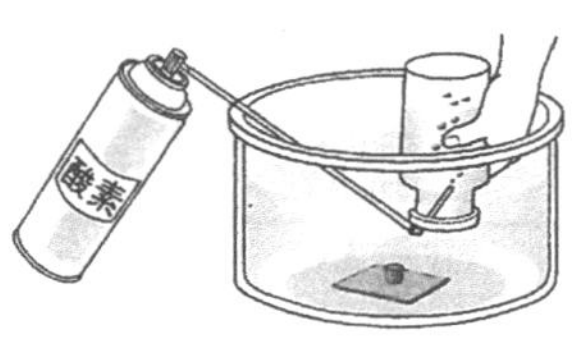

たけし　酸素のびんではろうそくの火が激《はげ》しく燃えたけれど，ちっ素と二酸化炭素のびんではすぐに火が消えましたよ。

さくら　酸素には，物を燃やすはたらきがあるということですね。

たけし　でも，しばらくすると，酸素のびんのろうそくの火は消えました。どうして燃え続けないのですか。

指導員　では，物を燃やす前と燃やした後の空気について，調べてみましょう。

実験２

1　空気が入った２本のびん**ア**，**イ**を用意する。

2　**図３**のように，**イ**のびんに火のついたろうそくを入れてふたをし，火が消えたら取り出す。

3　**図４**のように，気体検知管（酸素用検知管）を使って，**ア**，**イ**それぞれのびんの中の空気にふくまれる酸素の体積の割合《わりあい》を調べる。

　次に，気体検知管（二酸化炭素用検知管）を使って，**ア**，**イ**それぞれのびんの中の空気にふくまれる二酸化炭素の体積の割合を調べる。

図３

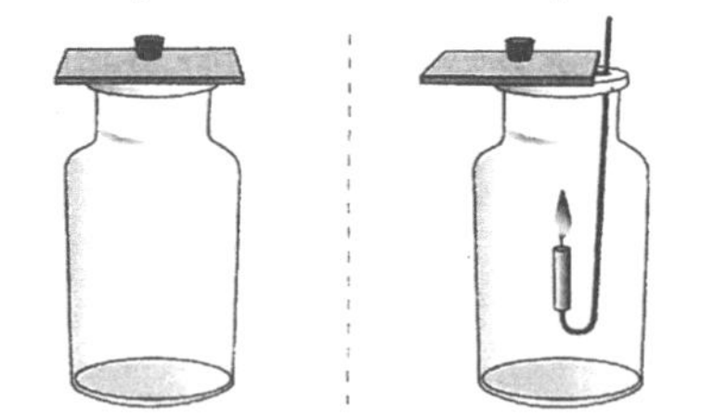

図４

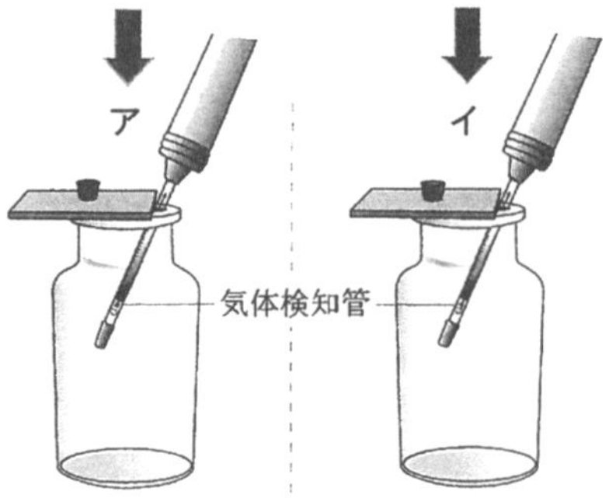

燃やす前の空気　　燃やした後の空気

	（問２）	ア		イ		ウ		エ	

*	（問３）
*	（問４）　という課題です。
*	（問５）
*	（問６）　→　→　→
*	（問７）
*	（問８）

*

*

*

*

15行

13行

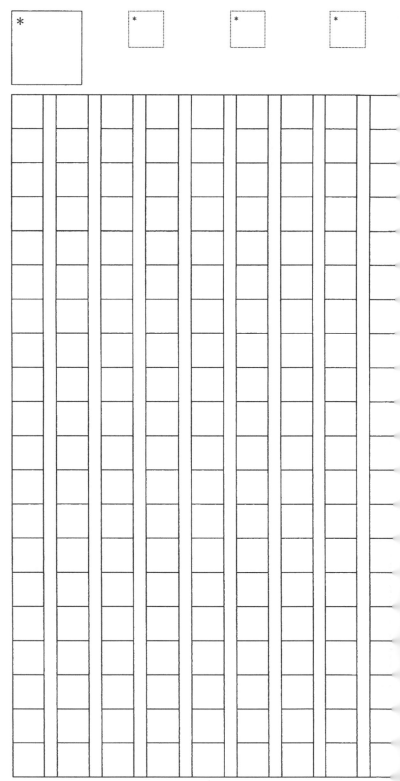

		理由
*	（問４）	
*	（問５）	
*	（問６）	イ　燃やした後の空気 0　10　20　30　40　50　60　70　80　90　100%
*	（問７）	い
*		う
*	（問８）	まず， ちっ素です。

裏

(　　　) (　　　)

* (問4)

cm 以上

* (問5)

ア	イ	ウ	エ

* (問6)

①

* ②

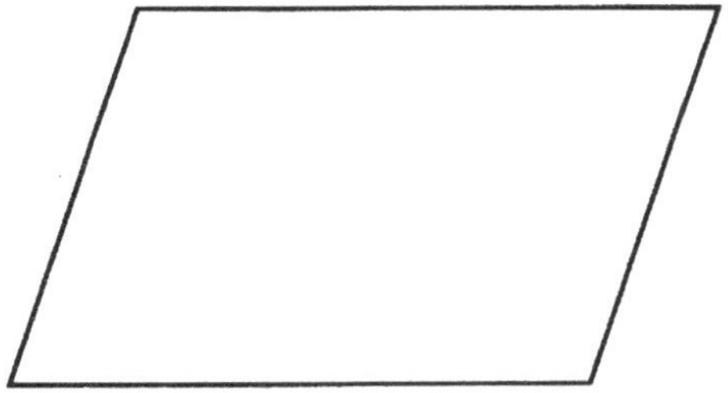

受検番号	

*

県立中学校及び県立中等教育学校適性検査　検査Ⅱ　解答用紙（2）

【課題３】

*

(問１)

* ①

* ② 人分

* (問２)

メダカ１ぴきあたりの水の量は，（　　　　）Ｌになり，

水そう（　　　）から水そう（　　　）へメダカを（　　　　　）移す。

*

(考え方)

(問３)

* ① 枚《まい》

受検番号	

*

※200点満点
（配点非公表）

県立中学校及び県立中等教育学校適性検査　検査Ⅱ　解答用紙（１）

*

【課題１】

*	（問１）	m^2
*	（問２）①	倍
*	②	最大（　　　）切れずつ用意することができ，余ったカステラの大きさは，カステラ１本の（　　　）にあたる。
*	（問３）①	円
*	②	あめ（　　　）個，チョコレート（　　　）個，ゼリー（　　　）個
*	（問４）①	きゃく
*	②	

*

【課題２】

*	（問１）	
*	（問２）	
*	（問３）	

*　*

受検番号	

県立中学校及び県立中等教育学校適性検査　検査Ⅰ　解答用紙（2）

【課題3】

テーマ

受検番号	

*

※100点満点
（配点非公表）

県立中学校及び県立中等教育学校適性検査　検査Ⅰ　解答用紙（１）

【課題１】

*

*	（問１）	
*	（問２）	
*	（問３）	25
*	（問４）	
*	（問５）	13
*	（問６）	はじめの５字
		おわりの５字
*	（問７）	
*	（問８）	50　60

（問５）——— 部②について，**〈まきの置き方〉A**，**B**と，そう置くことによって，まきの火がよく燃え続けるようになった理由との組み合わせとして，最も適切なものを**ア**～**エ**から１つ選び，記号を書きなさい。

〈まきの置き方〉

A すき間なく置く

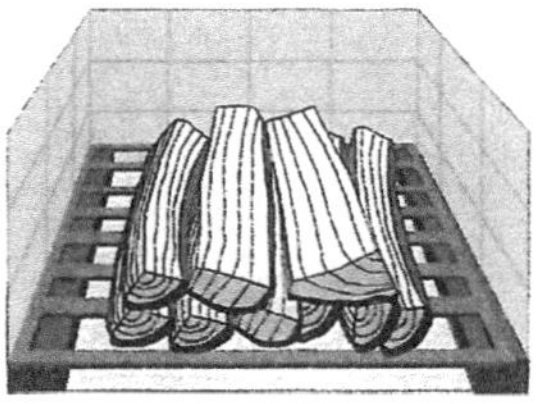

B 間をあけて置く

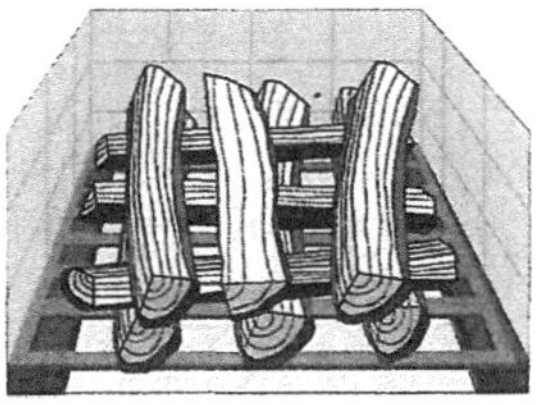

ア　**A**のように置くことで，火が新しいまきに燃え移るようになったから。
イ　**A**のように置くことで，風によってまきの火が消えることを防いだから。
ウ　**B**のように置くことで，黒いけむりが出て火がつきやすくなったから。
エ　**B**のように置くことで，新しい空気がまきにふれやすくなったから。

（問６）［実験２］で，気体検知管（酸素用検知管）を使って調べたとき，**図５**のようになりました。**図６**は，これをもとに，空気の成分の体積の割合をグラフに表したものです。「**ア** 燃やす前の空気」のグラフを参考にして，「**イ** 燃やした後の空気」のグラフを完成させなさい。ただし，気体名は，A～Cの記号のみでよいこととします。

図５

ア 燃やす前の空気

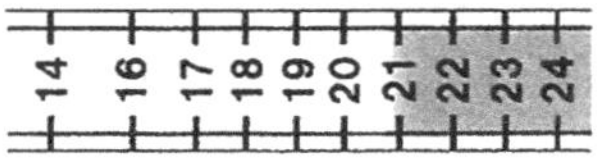

イ 燃やした後の空気

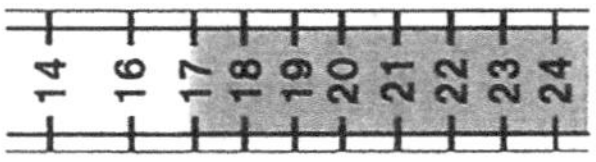

図６

ア 燃やす前の空気

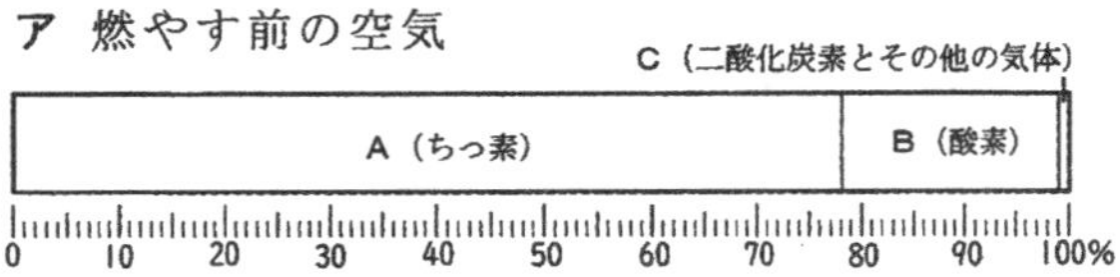

イ 燃やした後の空気

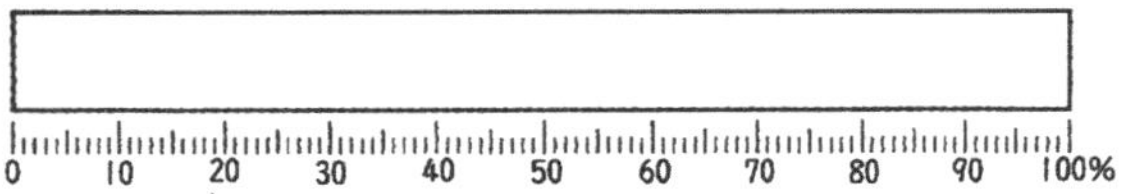

指導員　ここには，それぞれ，ちっ素，酸素，二酸化炭素，空気のいずれかが入った４つのびんがあります。でも，見ただけでは，どのびんにどの気体が入っているかわかりませんね。実験結果やこれまでの学習をもとに考えると，この中からちっ素が入っているびんを見つけることができるでしょうか。

さくら　できると思います。

たけし　私もできると思います。気体を調べるために，どんなものが使えるかホワイトボードに書き出してみます。

［ホワイトボードの一部］

・火のついたろうそく	・石灰水《せっかいすい》
・二酸化炭素用検知管	・酸素用検知管

指導員　使うものの本数や量は，必要な分だけ使っていいですよ。

たけし　私はこれらの中から，［　い　］の２つを使って，実験してみようと思います。

さくら　その２つの組み合わせでは，ちっ素が入ったびんを見つけることはできないのではないですか。なぜなら，［　う　］

たけし　なるほど。では，別の方法を考えました。③酸素用検知管と石灰水の組み合わせならどうですか。

さくら　その組み合わせなら，ちっ素が入ったびんを見つけることができると思います。まず，［　え　］ちっ素です。

指導員　そうですね。今までに学習したことを生かして考えると，いろいろな方法でちっ素が入ったびんを見つけることができますね。これからも生活の中で何か確かめたいことや疑《ぎ》問に思ったことが出てきたときは，いろいろな方法を考えて調べてみましょう。

（問７）［　い　］には，たけしさんが［**ホワイトボードの一部**］から選んだ，ちっ素が入ったびんを見つけることができない２つの組み合わせが入ります。次の**ア**～**エ**の中から，その組み合わせを１つ選び，記号を書きなさい。また，［　う　］には，さくらさんがちっ素を見つけることができないと考えた理由が入ります。その理由を書きなさい。

ア　火のついたろうそく　と　石灰水
イ　火のついたろうそく　と　酸素用検知管
ウ　二酸化炭素用検知管　と　酸素用検知管
エ　二酸化炭素用検知管　と　火のついたろうそく

（問８）さくらさんは［　え　］で，たけしさんが考えた ――― 部③の組み合わせについて，ちっ素が入ったびんを見つける方法を説明しました。その方法を，「まず，」に続けて書き始め，最後は「ちっ素です。」につながるように，順序立てて書きなさい。

【課題３】 みつるさんたちは，楽しい学校生活にするために学級でいろいろな係を担《たん》当しています。次の問いに答えなさい。ただし，問題用紙を折ったり切ったりしてはいけません。

（問１）お楽しみ係は，「勇気が出る歌詞《し》の曲を選ぼう」というアンケートを学級全員に行い，A，B，C，D，Eの５曲の中から１人２曲ずつ選んでもらいました。次の①・②に答えなさい。

アンケートの結果	
曲	選んだ人数
A	１３人
B	３人
C	１４人
D	１１人
E	１５人

①　アンケートの結果は，右のようになり，お楽しみ会では，学級全員の人数の半分以上の人が選んだ曲をすべてかけることにしました。５曲のうち，どの曲をかけることになるか，記号を書きなさい。

②　希望者には，歌詞カードを配ることにしました。希望者が後から増えると予想し，最初の希望者の人数の40％を増やして合計21人分つくりました。最初の希望者の人数より何人分増やしてつくったか，書きなさい。

（問２）生き物係は，２つの水そうでメダカの世話をしています。水そうＡと水そうＢはどちらも直方体で，水そうＡは，うちのりが縦《たて》30cm，横50cm，深さ40cmです。水そうＢは，うちのりが縦20cm，横30cm，深さ30cmです。水は，どちらの水そうも深さの $\frac{4}{5}$ まで入っています。水そうＡにはメダカが27ひき，水そうＢにはメダカが12ひき泳いでいますが，メダカ１ぴきあたりの水の量をどちらの水そうも同じ量にしようと考えました。

メダカ１ぴきあたりの水の量は何Ｌになり，どちらの水そうからどちらの水そうへメダカを何びき移せばよいか，書きなさい。また，考え方を言葉や数，式を使って書きなさい。ただし，メダカの体積は考えないこととします。

（問３）出版係は，学級で集めたイラストなどの作品を用紙にはり，簡《かん》単な本をつくっています。次の**図**は，用紙を３枚《まい》使った場合の例です。１枚めは**表**にだけ作品をはり，**裏**《うら》は表紙と裏表紙にします。２枚めからは両面に作品をはります。

図（例）

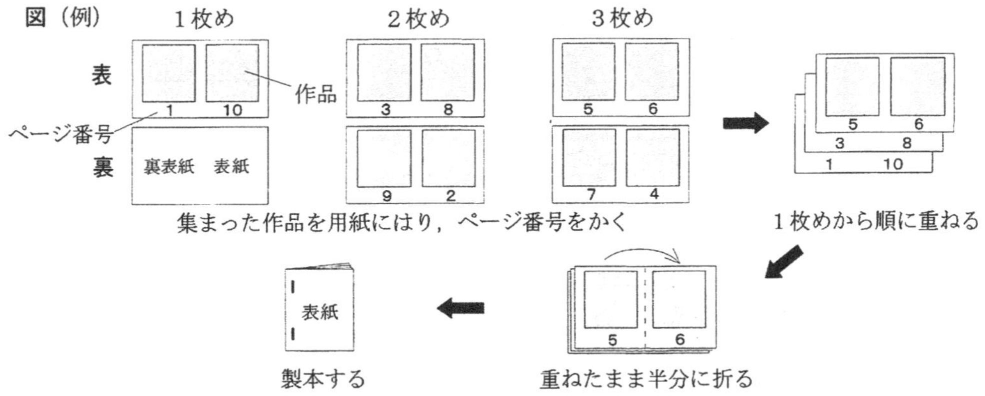

この方法で本をつくり，６枚めの**表**のページ番号が11と48になる場合，例を参考にして，次の①・②に答えなさい。

①　用紙は全部で何枚使ったか，書きなさい。

②　12枚めの**裏**のページ番号は何と何になるか，解答用紙の（　　）の中に書きなさい。

（問４）けい示係は，いつもバランスを考えてけい示をしています。右の**図**のように色画用紙で作った20個の花のかざりを円周の上にけい示します。円周の上で花の中心からとなりの花の中心までを**間の長さ**とします。**間の長さ**を20cm以上にしたいとき，この円の半径は少なくとも何cm以上にしなければならないか，整数で答えなさい。ただし，円周率は，3.14とします。

図

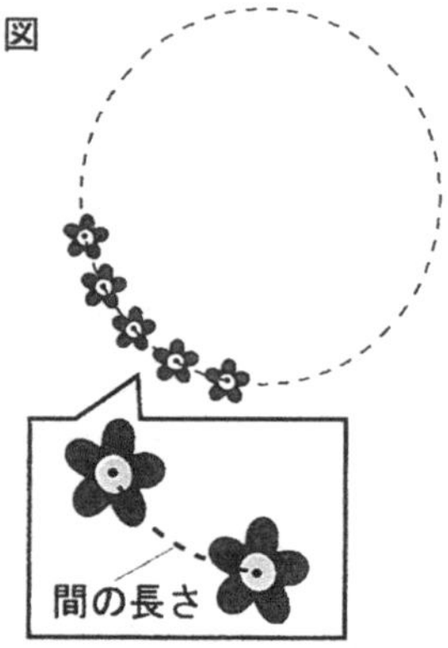

（問５）図書係は，学校図書館の本についていろいろなデータを集め，グラフや表に表しました。次の**ア**～**エ**のことがらについて，あとの**資料**をもとに考え，「正しい」ものには○，「正しくない」ものには×，「これらの資料からはわからない」ものには△を，それぞれ書きなさい。

ア　文学の本の冊《さっ》数は，2019年度より2018年度の方が多い。

イ　歴史の本の冊数は，2015年度からは毎年増え続けている。

ウ　自然科学の本の冊数の2019年度と2018年度を比べると，2019年度は，2018年度より15％以上増加している。

エ　2019年度の全校児童の１か月に借りる１人あたりの平均冊数は，12冊である。

資料

［本の総冊数］

年　度	冊数（冊）
2016年度	5314
2017年度	5287
2018年度	5150
2019年度	5450

［歴史の本の２年ごとの冊数］

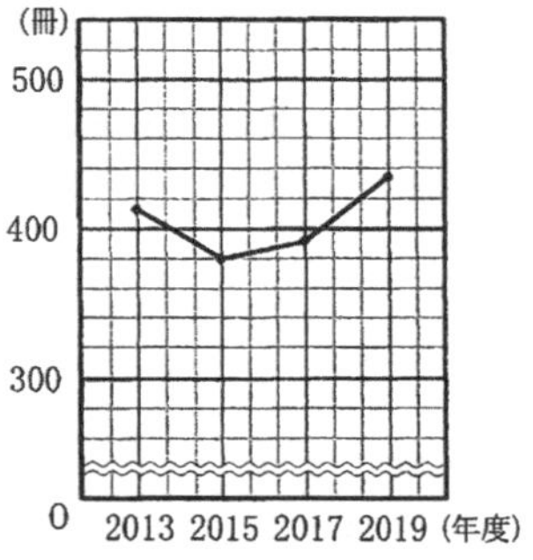

［本の種類の割合《わりあい》］

2018年度

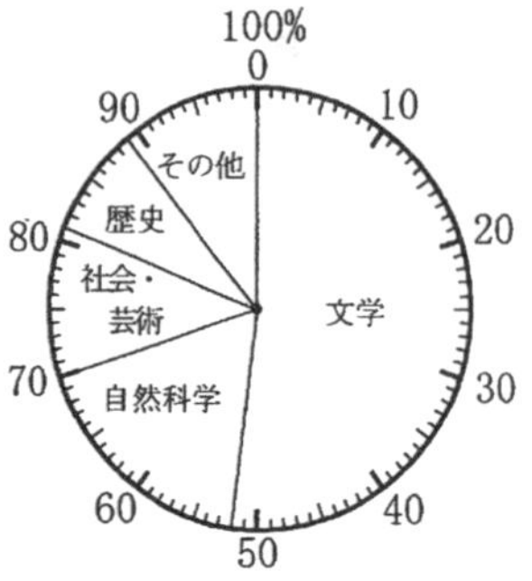

2019年度

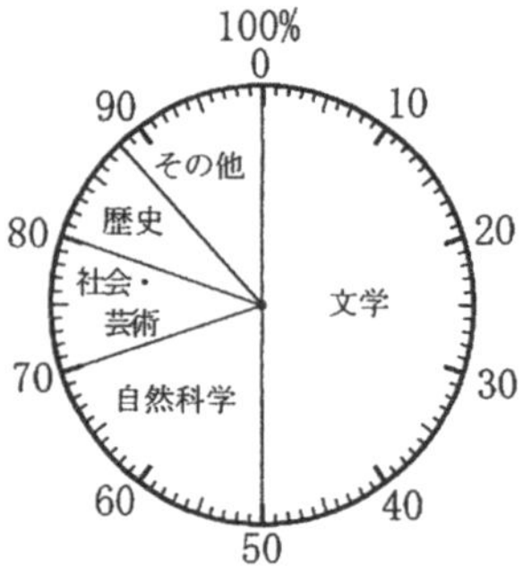

［１か月に借りる１人あたりの平均冊数(2019年度)］

学　年	冊数（冊）
１年生	19
２年生	15
３年生	11
４年生	12
５年生	8
６年生	7

（問６）新聞係は，みんなに知らせたい話題などを新聞記事にしています。みつるさんたちの会話をもとにして，あとの①・②に答えなさい。

みつる　円を半分に折って切った**図１**のような紙を折るだけで，15°ずつの折り目がある手づくり分度器がつくれますよ。

しおり　**図２**のように，**ア**が**ウ**に重なるように折って開くと，90°の折り目ができています。そして，**イ**を分度器の中心と考えて，さらに，**図３**のように**エ**が**ウ**に重なるように折って開くと，45°, 90°, 135°の折り目ができています。では，15°の折り目をつくる方法はあるのですか。

図１

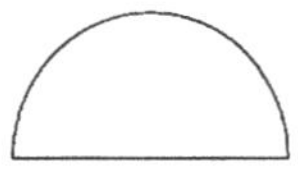

図２

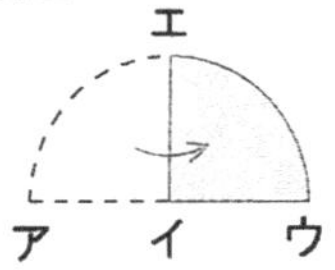

図３

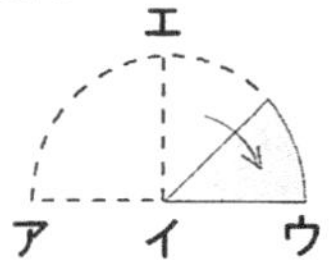

みつる　15°の折り目をつくるためには，まず30°の折り目をつくります。**図４**から１回折り，それを開いて，もう１回折って開くと30°の折り目ができています。

[　　　　]

図４

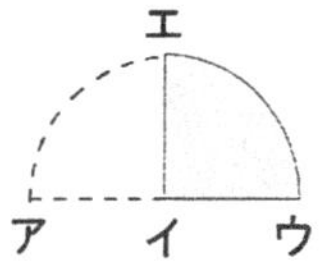

しおり　30°を正確に折ることができるよい方法ですね。さらに，60°, 15°, 75°もつくり，紙を開くと15°ずつの折り目がある手づくり分度器ができますね。

私は，**図５**のように正五角形を分けてパズルをつくりました。直線ＡＦは，辺ＣＤに垂《すい》直に交わっています。直線ＢＧは，頂《ちょう》点Ｂと頂点Ｄを結ぶ直線の一部です。分けた４つのピース ㋐，㋑，㋒，㋓ を並《なら》べかえて**図６**のような平行四辺形をつくりました。このパズルも紹介《しょうかい》しますね。

図５

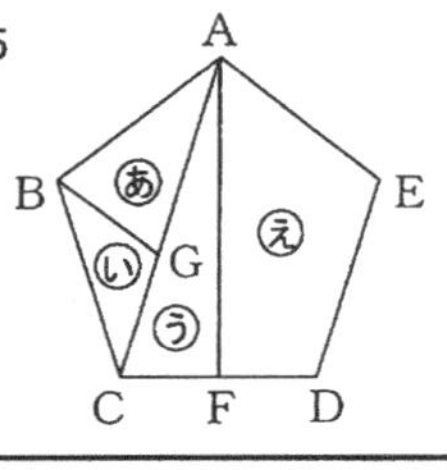

図６

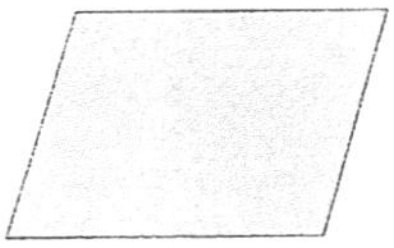

①　みつるさんは，[　　　　]で30°の折り目のつくり方について，記号を使ってくわしく説明しました。**図２**，**図３**についてのしおりさんの発言を参考にして，[　　　　]にあてはまる説明を書きなさい。ただし，手づくり分度器には，角度をつくるための折り目がついてもよいこととします。

②　しおりさんは，どのように**図５**の正五角形から**図６**の平行四辺形をつくりましたか。㋐～㋓の４つのピースをどのように並べたかがわかるように，平行四辺形を４つのピースに直線で区切り，それぞれ ㋐，㋑，㋒，㋓ のいずれかを書きなさい。ただし，並べ方があっていれば，角度や長さは正確でなくてもよいこととし，裏返して並べてもかまわないこととします。

徳島県立
城ノ内中学校
富岡東中学校
川島中学校

受検番号	

平成29年度

県立中学校　適性検査　検査Ⅰ

問　題　用　紙

（時間45分）

【注　意】

1　「始め」の合図があるまで，問題用紙を開いてはいけません。

2　問題用紙は，5ページまであります。

3　解答は，この問題用紙ではなく，解答用紙の決められた場所に，ていねいに記入しなさい。

4　「始め」の合図があったら，まず，問題用紙の表紙と解答用紙のすべてに，受検番号を記入しなさい。

5　解答用紙の［*］には，何も記入してはいけません。

6　印刷がはっきりしなかったり，問題用紙や解答用紙がたりなかったりする場合は，静かに手をあげなさい。

7　「やめ」の合図で，すぐにえん筆を置き，解答用紙を裏《うら》返しにして2枚《まい》重ねて机《つくえ》の上に置きなさい。

【課題１】さくらさんの班《はん》は，国語の時間に，フランスの昆《こん》虫学者ファーブル(1823~1915)の生き方について調べています。調べていくうちに，同じ出来事でも本によって書き表し方にちがいがあることに興味をもち，２冊《さつ》の本を読み比べてみることにしました。それぞれの本の一部である［資料１］と［資料２］，［話し合いの一部］を読んで，あとの問いに答えなさい。（1～9は，段《だん》落の番号を表します。）

［資料１］

1 だれにでも一生のうちには、思いもかけぬ新しい世界のとびらをひらいてくれる本があるものです。ほんのちょっとした偶《ぐう》然、たった五、六行の文字が、わたしたちを夢にも思わなかった運命にみちびいていってしまうのです。

2 ある冬の夜でした。わたしは家じゅうの者が寝《ね》しずまったあと、ひとり、まだあたたかさのこっている暖炉《だんろ》のそばで本を読んでいました。その夜わたしの読んでいた本は昆虫学の本でした。どんなふうにして手にいれたものか、もうわすれてしまいましたが、この本こそ、わたしにとって、わたしの新しい運命の出発点になった記念すべき本だったのです。

3 それは、すばらしい昆虫学者レオン・デュフール先生が、タマムシツチスガリの習性について書いた本でした。

4 もちろん、わたしが昆虫に興味をもちだしたのは、そのときがはじめてではありません。おさないときから、わたしは美しいオサムシのはねやアゲハチョウのはねのすばらしさにむちゅうでした。

5 わたしの夢は、長いことまるで暖炉のなかでもえないままおかれているまきのように、ひっそりと、わたしの心のなかで眠《ねむ》っていたのです。火花さえあれば、それはすぐにもえ出す状態でした。レオン・デュフール先生の本は、ちょうど、この火花だったのです。

6 これはわたしの心の目ざめでした。すばらしい感動が、ふいにわたしの夢に道しるべをつくってくれたのです。

7 その当時の昆虫の研究といえば、きれいな昆虫のはねを箱にならべて標本をつくり、それに名まえをつけて分類するくらいなものでした。

8 でも、動物科学とはそんなものではなかったのです。もっとすばらしい、生きた動物の構造や習性、そして生活の研究があったのです。

9 わたしは胸《むね》をわくわくさせながらその本を読み、昆虫学を一生の仕事にする決心をかためました。

（大岡《おおおか》 信《まこと》編訳《やく》「ファーブルの昆虫記 下」より。一部省略等がある。）

［資料２］

人は、人生を大きく変えるような本と出会うことがあります。ファーブルには、31歳《さい》のとき、のちに「火花」と彼《かれ》がよぶほど衝撃《しょうげき》的な、本との出会いがありました。フランスの昆虫学者、デュフールが書いた昆虫の本との出会いでした。その本には、生きた昆虫の暮《く》らしが、くわしく書かれていました。ファーブルは、昆虫をつかまえて集めるだけでなく、生きた姿《すがた》を研究する魅《み》力を知ったのです。それからファーブルは、デュフールの研究を補《おぎな》う研究をして発表しました。その発表は賞をもらい、あこがれのデュフールからお祝いの手紙までもらったのです。

ファーブルはのちに次のように書いています。

「それはひとつの火花だ。それがなければ、炉《ろ》のなかのまきはいつまでも役に立たずに終わる。そして、そんな本を手にする機会は、よく偶然が与《あた》えてくれるものだ。」

（海部《かいふ》 宣男《のりお》監《かん》修「誰《だれ》かに伝えたい！勇気がわいてくる科学者の言葉２ 科学の 礎《いしずえ》 を築いた人びと」より。一部省略等がある。）

［話し合いの一部］

さくら　［**資料１**］と［**資料２**］は，どちらも火花にたとえられている【あ】について書かれています。けれども，読んでいると［**資料１**］は，ファーブルの気持ちがひしひしと伝わってきますね。

こうじ　それは，ファーブルのことが，［**資料１**］では「【い】」と書かれているからではないでしょうか。読者は，ファーブルの心の動きを手に取るように感じながら読むことができますね。それに対して，［**資料２**］では「ファーブル」と客観的に書かれています。

しおり　それに，［**資料１**］では，【う】と書かれている部分が，［**資料２**］では，「昆虫をつかまえて集めるだけでなく，生きた姿を研究する魅力を知ったのです。」と，とても簡《かん》潔に表現されています。比べてみると，［**資料１**］には，ファーブルのおどろきや喜びが強く表れていますね。

たけし　ほかにもあります。［**資料１**］では，「思いもかけぬ新しい世界のとびらをひらいてくれる」や「夢にも思わなかった運命にみちびいていってしまう」，さらに「【え】」，「心の目ざめでした」と，その出来事がファーブルの人生を変えるきっかけとなったことがくり返し書かれており，強く印象づけられますね。

さくら　このように大きくゆれ動くファーブルの心情を，［**資料２**］は，「衝撃的」という一語にまとめています。「【お】」という言葉で表現することもできますが，「衝撃的」という言葉が選ばれています。その出来事が予期せず起こったように感じますね。

こうじ　たしかに，［**資料２**］の文章の最後に置かれているファーブルの言葉の中にも，「よく偶然が与えてくれる」とあって，思いがけず起こることが強調されていますね。

たけし　一方，［**資料１**］では，ファーブルに準備が整っていたからこそ，そのような偶然が起こったのだということが明確に書かれていますよ。

しおり　また，「まき」は，［**資料１**］では【か】をたとえたものであるとはっきりと書かれていますが，［**資料２**］では限定されていません。だから，「才能」，「個性」，「素質」など，いろいろなものに置きかえることができますね。

さくら　なるほど。読み比べてみると，それぞれの資料の特徴《ちょう》やよさが分かってきました。［**資料１**］は，ファーブルのおどろきや喜びが強く表れるように表現することで，読者にファーブルの魅力を伝えています。［**資料２**］は，【　き　】

～（話し合いが続く）～

（問１）さくらさんの発言の【あ】に入る言葉として最も適切なものを，**ア**～**エ**の中から１つ選び，記号を書きなさい。

ア　「ファーブルの昆虫記」の完成　　**イ**　ファーブルの冬の暮らし

ウ　デュフールが書いた本との出会い　　**エ**　デュフールとファーブルの友情

（問２）こうじさんの発言の【い】に入る言葉を書きなさい。

（問３）しおりさんの発言の【う】には，［**資料１**］の【1】～【9】のいずれかの段落が入ります。最も適切なものを【1】～【9】の中から１つ選び，番号を書きなさい。

（問４）たけしさんの発言の「【え】」に入る13字の言葉を，本文中より書きぬきなさい。

（問５）さくらさんは，【お】で２つの言葉を挙げました。【お】に入る言葉として適切なものを，**ア**～**カ**の中から２つ選び，記号を書きなさい。

ア　詩的　**イ**　劇《げき》的　**ウ**　美的　**エ**　感動的　**オ**　感覚的　**カ**　感情的

（問６）たけしさんは「ファーブルに準備が整っていた」と発言しましたが，その根拠《きょ》として最も適切な９字の言葉を，本文中より書きぬきなさい。

（問７）しおりさんの発言の【か】に入る漢字１字の言葉を，本文中より見つけて書きなさい。

（問８）さくらさんは，［**資料２**］の特徴やよさについて【　き　】と発言しました。あなたがさくらさんなら，どのように発言しますか。［**資料２**］の特徴を［**話し合いの一部**］の中で示されている言葉を用いて書き，さらにそのよさについて書きなさい。ただし，「［**資料２**］は，」に続けて，40字以上，60字以内で書きなさい。（「，」や「。」も１字に数えます。）

【課題２】「米づくり」体験に参加したさくらさんたちは，体験を終え，農家の林さんに質問しました。また，さくらさんたちは，米に対する関心が高まり，米の歴史に関わる出来事について調べ，資料を持ち寄って話し合いました。次の **［林さんとの会話の一部］**，**［話し合いの一部］**，**資料１～５**をもとにして，あとの問いに答えなさい。

［林さんとの会話の一部］

さくら　「米づくり」体験では田植えをしましたが，とても苦労しました。米づくりは時間がかかるものですね。

林さん　でもね，**資料１**を見てごらん。

たけし　2014年の米づくりにおける10ａあたりの作業時間は，1965年の作業時間と比べると約６分の１に減っていますね。作業の中でも特に［　①　］の作業時間が約45時間も短くなっています。

林さん　なぜ，作業時間がだんだん短くなってきたかわかるかな。

さくら　それは，［　　　②　　　］

たけし　そのために，小さく入り組んだ水田が多いところは，耕地整理が行われ，水田の形を広く整えた地域《いき》もあると聞きました。

林さん　それに，病気に強くて味のよい米を作るために品種改良を進めてきたんだよ。㋐この品種改良は，かん境にやさしい農業にもつながったんだよ。

しおり　さまざまなくふうで作業時間が短くなり，おいしい米が作られるようになったのですね。

林さん　そうなんだ。次に**資料２**を見てごらん。日本の米の作付面積と生産量はだんだんと減ってきているのがわかるね。でも，効率のよい米づくりを行えるよう努力したことで，［　　　③　　　］は増えてきているんだよ。

さくら　農家の人たちの努力が実を結んできているのですね。

資料１　日本の米づくりにおける10ａあたりの作業時間の推《すい》移

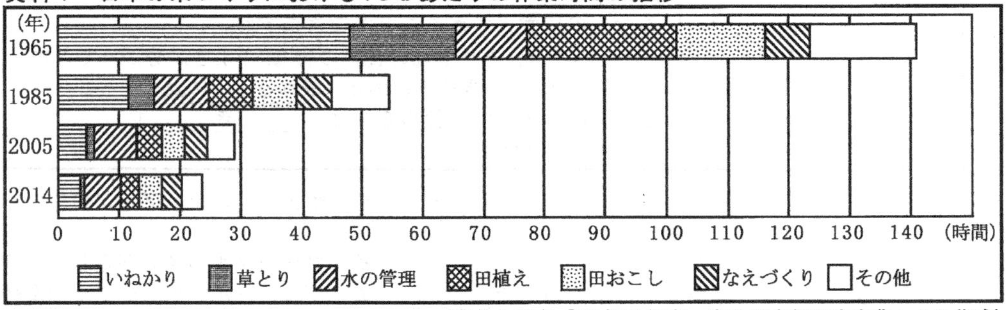

（農林水産省「平成26年産　米及び麦類の生産費」より作成）

（問１）たけしさんの発言の［　①　］に入る最も適切な言葉を書きなさい。

（問２）さくらさんは，［　②　］で作業時間が短くなった理由を述べています。［　②　］に入る言葉を書きなさい。

（問３）――部㋐について，かん境にやさしい農業につながった理由を書きなさい。

（問４）林さんの発言の［　③　］に入る適切な言葉を，**資料２**から考えて書きなさい。

資料２　日本の米の作付面積と生産量の推移

年	作付面積（万ha）	生産量（万t）
1965	312	1218
1985	232	1161
2005	170	906
2014	157	844

（農林水産省「平成26年産　作物統計」より作成）

［話し合いの一部］

さくら　林さんのお話から，農家の人たちのくふうや努力がよくわかりました。米の歴史に関わる出来事について調べたことを話し合ってみましょう。

しおり　米づくりが始まったころについて調べてみました。㋑米づくりは弥生《やよい》時代に各地に広がり，人々は，安定して食料を得られるようになったことがわかりました。それに関連する**資料３**を持ってきました。**資料３**には，㋒どんな役割《わり》があったでしょうか。

たけし　それは，［　④　］

しおり　そうですね。また，むらの人口も増え，農作業を共同で行うことも多くなりました。他のむらとの争いが起こり，むらのまわりにほりをめぐらしたかん濠《ごう》集落も生まれました。㋓何が原因で，他のむらとの争いが起こったのでしょうか。

さくら　［　⑤　］

しおり　そのとおりです。たけしさんは，どんなことを調べましたか。

たけし　いろいろな時代の米に関わる出来事を集めました。㋔その出来事を古い順に並《なら》べてみましょう。

しおり　米に関わる出来事を調べてみると，米が不足したり，大きく値《ね》上がりをしたりしたときの人々の米に対する思いが伝わってきます。

さくら　先日，母が米を産地直送する農家のインターネットのサイトを見つけて，米を買いました。その米のふくろに付いていた**資料４**と**資料５**を持ってきました。**資料４**の中の表は，消費者庁《ちょう》が定めている品質の表示です。

しおり　**資料４**や**資料５**などの情報は，わたしたち消費者にとって役に立ちますね。

さくら　そうですね。㋕わたしたちもかしこい消費者として米をいただきましょう。

（問５）　―― 部㋑について，米づくりの道具として，いねの穂《ほ》をかり取るために使われた道具をア～エの中から１つ選び，記号を書きなさい。

ア　千歯こき　**イ**　田げた　**ウ**　備中《びっちゅう》ぐわ　**エ**　石包丁《いしぼうちょう》

資料３　**高床《たかゆか》の倉庫**

（問６）　―― 部㋒について，たけしさんの発言の［　④　］に入る適切な言葉を，**資料３**から考えて書きなさい。

（問７）　―― 部㋓について，さくらさんの発言の［　⑤　］に入る適切な言葉を，米づくりとの関わりから書きなさい。

（問８）　―― 部㋔について，たけしさんが調べた**ア～エ**の出来事を古い順に並べ，記号で書きなさい。

ア　大塩平八郎《おおしおへいはちろう》の乱《らん》が起こった。　**イ**　米騒動《こめそうどう》が全国に広がった。
ウ　米が配給制になった。　**エ**　豊臣秀吉《とよとみひでよし》による検地が始まった。

（問９）　―― 部㋕について，わたしたちには米の消費者としてどのようなことが大切か，**資料４**の役割と**資料５**の意味を書き，「情報」という言葉を使って説明しなさい。

資料４

山田　太郎《たろう》

名称《しょう》	精　米		
原料玄《げん》米	産　地	品　種	産　年
	単一原料米 〇〇県　コシヒカリ　28年産		
内容量	2.0kg		
精米年月日	平成28年11月10日		
販《はん》売者	山田　太郎 △△△市□□□町１丁目 ☎000－000－0000		

資料５

JAS

【課題３】さくらさんたち６年生は，ふれあいタイムで２年生の子どもたちと交流します。さくらさんは，参加したみんなが楽しめるように，ふれあいタイムでどのような活動をすればよいか提案しました。あなたがさくらさんなら，どのような活動にしようと提案しますか。次の条件に従《したが》って書きなさい。

（条件）

・題と氏名を書かずに，本文から書き始めること。
・２段《だん》落構成で書くこと。
・１段落目には，あなたの提案する活動と，提案する理由を書くこと。
・２段落目には，「~~が考えられます」という言葉を必ず使って，あなたの提案を実行に移すうえで生じるであろう問題（思い通りにいかないことや，考えておかなければならないことなど）を予想して書くこと。そして，それをどのように解決するのか具体的に書くこと。
・漢字を適切に使い，原こう用紙の正しい使い方に従って書くこと。
・13行から15行までにおさめること。

受検番号	

平成29年度

県立中学校　適性検査　検査Ⅱ

問　題　用　紙

（時間50分）

【注　意】

1　「始め」の合図があるまで，問題用紙を開いてはいけません。

2　問題用紙は，5ページまであります。

3　解答は，この問題用紙ではなく，解答用紙の決められた場所に，ていねいに記入しなさい。

4　「始め」の合図があったら，まず，問題用紙の表紙と解答用紙のすべてに，受検番号を記入しなさい。

5　解答用紙の［*］には，何も記入してはいけません。

6　印刷がはっきりしなかったり，問題用紙や解答用紙がたりなかったりする場合は，静かに手をあげなさい。

7　「やめ」の合図で，すぐにえん筆を置き，解答用紙を裏《うら》返しにして2枚《まい》重ねて机《つくえ》の上に置きなさい。

【課題１】さくらさんの小学校では，運動会で6年生126人全員が「阿波《あわ》おどり」をします。次の問いに答えなさい。

（問１）男おどりの足運びについて考えています。次の㋐～㋓の動きを基本として，くり返します。

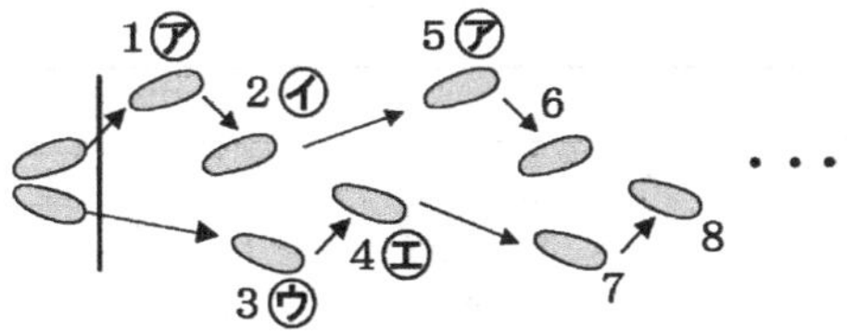

１歩目「左横」㋐，２歩目「左前」㋑，
３歩目「右横」㋒，４歩目「右前」㋓，
５歩目「左横」㋐，６歩目…となる。

さくらさんの歩数が最初から数えて98歩目になったとき，運動場の中央線をこえました。98歩目はどの足になるか，㋐～㋓の中から１つ選び，記号を書きなさい。

（問２）６年生全員が，男おどりをする人，女おどりをする人，鳴り物(楽器)を演奏《そう》する人，高張りちょうちんを持つ人に分かれました。鳴り物を演奏する18人と高張りちょうちんを持つ3人をのぞいた人がおどります。おどる人の60%が男おどりをする人，残りが女おどりをする人です。女おどりをする人は何人になるか，書きなさい。

（問３）次の楽譜《ふ》は，学校で考えた鳴り物の［かね］と［小太鼓《だいこ》］の楽譜の一部です。１小節の中で［かね］と［小太鼓］の音が同時に鳴るところがあります。音符《ぷ》や休符《ふ》の長さを右の□の中の整数や分数とするとき，［かね］の**A**の音と同時に鳴るところは，［小太鼓］のどこか，㋐～㋔の中から１つ選び，記号を書きなさい。

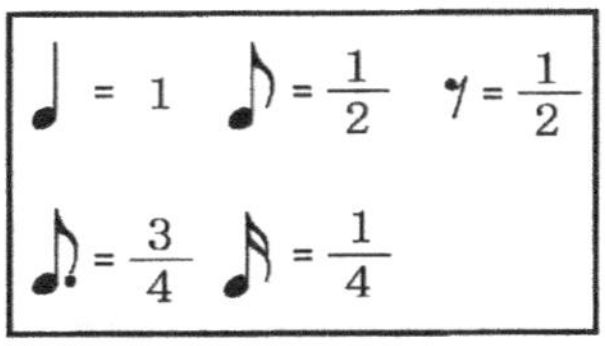

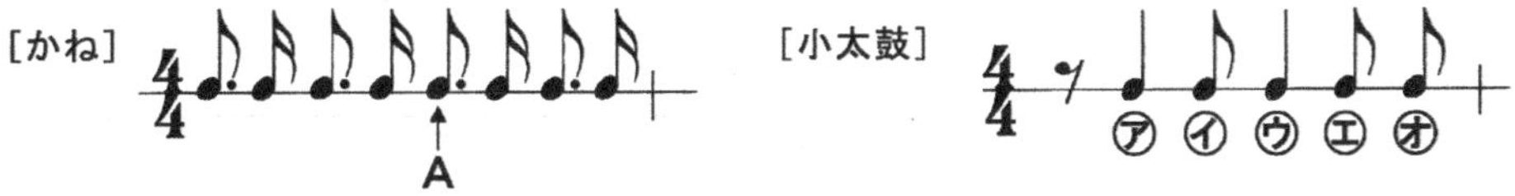

（問４）女おどりをする人は，頭にかぶる編み笠《がさ》を作り，それに校章をかくことにします。校章は右の図のように２つの正方形と円を組み合わせた形です。▨の部分に色をぬります。色をぬる面積は何㎠になるか，書きなさい。ただし，円周率は3.14とします。

（問５）「阿波おどり」の最後は，鳴り物を演奏する18人と高張りちょうちんを持つ３人をのぞく全員で１つの正三角形の隊形を作ります。●や○を人と考え，次の図のようなきまりにしたがって，順々に集まってくるようにします。全員で作った正三角形の隊形のいちばん外側になる人数は何人になるか，書きなさい。ただし，男おどり，女おどりに関係なく集まるものとします。

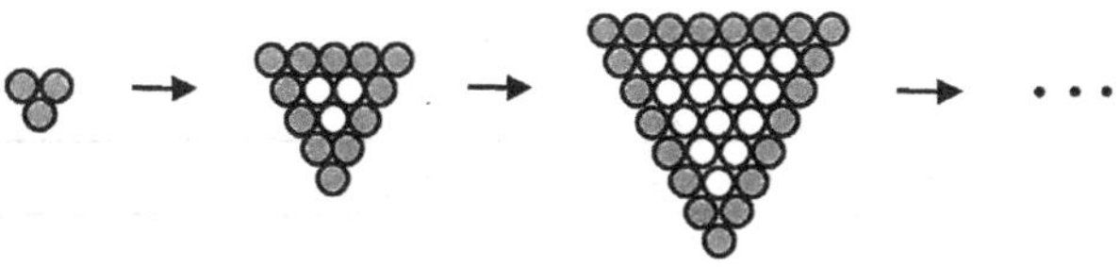

【課題２】さくらさんたちは，科学センターの指導員の先生と，アサガオを用いて実験しています。実験１ ～ 実験６ ，指導員の先生とさくらさんたちの会話の一部をもとにして，あとの問いに答えなさい。

さくら　種子が発芽するためには，何が必要なのでしょうか。
指導員　それでは，種子の発芽に必要な条件を確かめる実験をしてみましょう。

実験１ （**図１**）
1　だっし綿を入れたカップ**ア**～**カ**を用意し，すべてにアサガオの種子をまく。
2　条件を１つずつ変えて実験し，種子が発芽するか調べる。

図１

変える条件		実験のようす	同じにする条件
水	**ア** あり **イ** なし	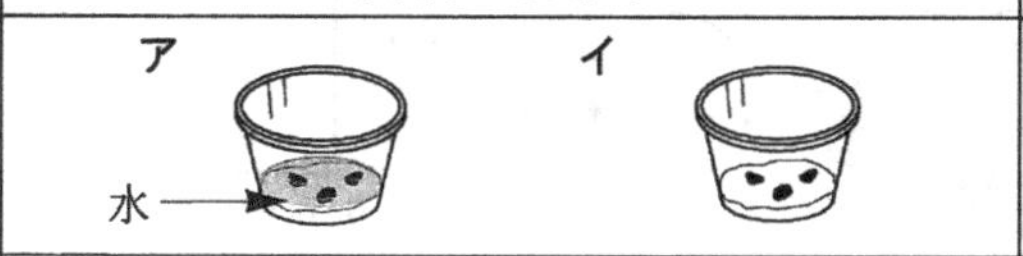	・ あ ・ い （日当たりは同じ。）
空気	**ウ** ふれる **エ** ふれない	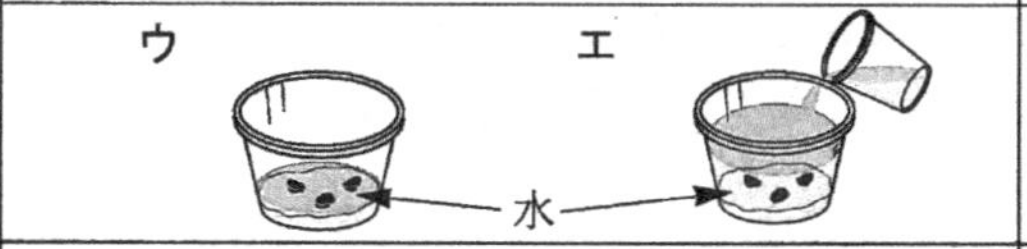	・ い ・ う （日当たりは同じ。）
温度	**オ** あたたかい **カ** 冷たい	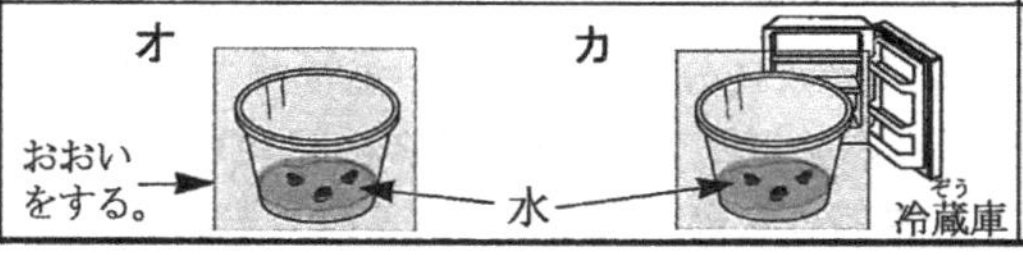	・ あ ・ う ・暗くする。

（問１）同じにする条件の あ ～ う に入る言葉として適切なものを，**a**～**c**の中から１つ選び，記号を書きなさい。

a　あたたかいところに置く。　**b**　水をあたえる。　**c**　空気にふれるようにする。

（問２）発芽したものを，**ア**～**カ**の中からすべて選び，記号を書きなさい。
（問３） 実験１ から種子の発芽には，何が必要だということがわかるか，書きなさい。

さくらさんたちは，発芽したアサガオの種子を土に植えかえ育てていました。ある晴れた日，アサガオの葉がしおれていたので，水をやると元気になりました。

さくら　水が葉まで届《とど》いたのですね。
たけし　㋐水を葉に届けるための植物の体のつくりは，どのようになっているのかな。
指導員　ここの庭にたくさんあるホウセンカを使って実験してみましょう。

実験２ （**図２**・**図３**）
1　切り花用染《せん》色液で色をつけた水に，ホウセンカの根の先を入れる。
2　数時間後，根・くき・葉の色を観察する。また，根・くき・葉をカッターナイフで，縦《たて》や横に切り，虫眼鏡で切り口のようすを観察する。

図２

図３

〈黒い部分は色がついていたところを表す。〉

図４

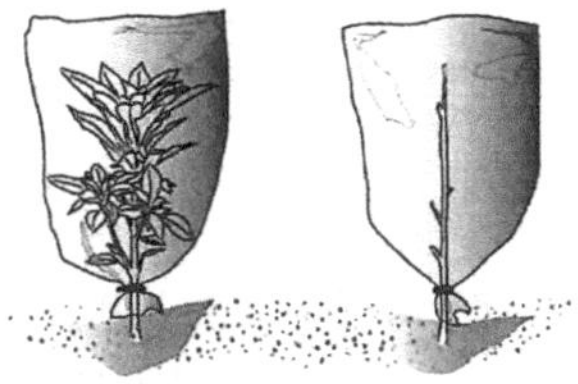

指導員　葉まで届いた水は，その後どうなったか調べてみましょう。

実験３ （**図４**）
1　晴れた日に，同じぐらいの大きさのホウセンカを２つ選び，一方の葉を全部取る。
2　それぞれのホウセンカに，ポリエチレンのふくろをかぶせ，ひもで口をしばる。
3　約15分後，ふくろの内側のようすを観察する。

さくら　㋑葉のついた方が，ふくろの内側に水てきが多くついていましたね。
指導員　これは，蒸《じょう》散というはたらきが関係しているのですよ。

（問４）―― 部㋐の問いに対する答えを，**図３**をもとにして書きなさい。
（問５）―― 部㋑からどのようなことがわかるか，蒸散のはたらきにふれて書きなさい。

【課題２】

*	*	（問１）
	*	（問２）
	*	（問３）
	*	（問４）
	*	（問５）
	*	（問６）
	*	（問７）
	*	（問８）　→　→　→
	*	（問９）

【課題３】の解答欄は裏面にあります。

15行 13行

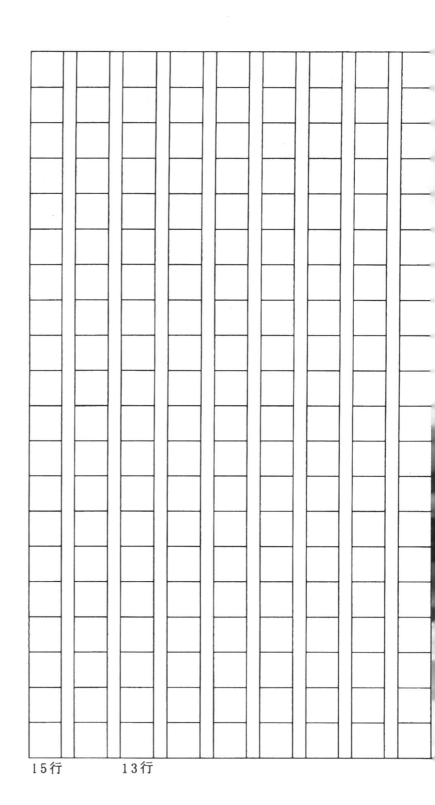

*	（問３）	
*	（問４）	
*	（問５）	
*	（問６）	
*	（問７）	
*	（問８）	（実験方法） / （実験結果）
*		（実験方法） / （実験結果）

【課題３】の解答欄は裏面にあります。

*	②	**図２** 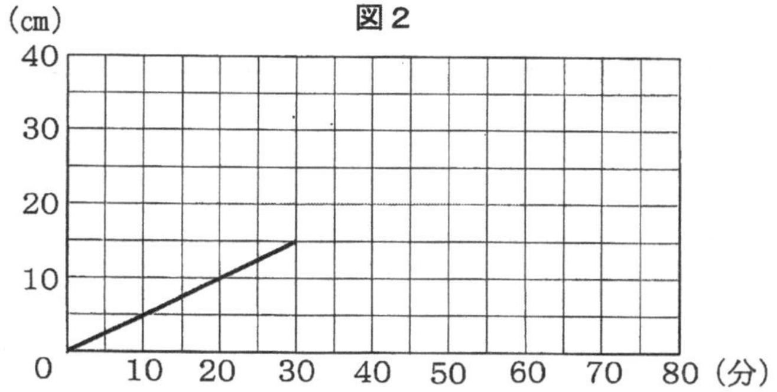
*	（問５）①	個
*	②	㎡
*	（問６）	クッキー　　　円，せんべい　　　円
*	（問７）	㎠

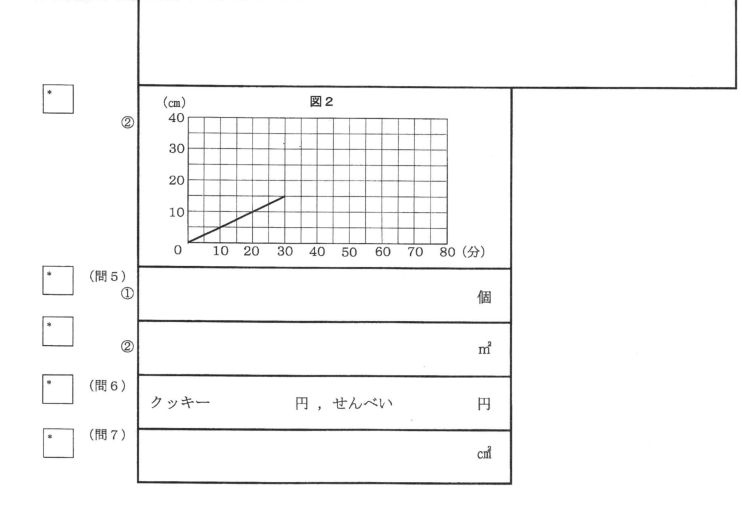

受検番号	

＊

適性検査　検査Ⅱ　解答用紙（２）

＊

【課題３】

＊	（問１）	通り
＊	（問２）	km
＊	（問３）①	m
＊	②	公園　→　　　→　　　→　　　→　　　→　公園
＊		午後　　時　　分　　秒
＊	（問４）①	㎤

受検番号	

※200点満点
（配点非公表）

*

適性検査　検査Ⅱ　解答用紙（１）

【課題１】

*

*	（問１）	
*	（問２）	人
*	（問３）	
*	（問４）	cm^2
*	（問５）	人

【課題２】

*

*	（問１）	あ		い		う	

【解答用

受検番号	

*

*

*

*

*

*

*

適性検査　検査Ⅰ　解答用紙（２）

【課題３】

受検番号	

※100点満点
(配点非公表)

適性検査　検査Ⅰ　解答用紙（1）

【課題1】

(問1)

(問2)

(問3)

(問4)　13

(問5)

(問6)　9

(問7)

(問8)　[資料2]は,

【解答用

さくらさんたちのアサガオは，たくさんのむらさき色の花をさかせました。

指導員　アサガオの花のしるの色は，酸性やアルカリ性の水よう液の性質によって変化します。アサガオの花のしるを使って実験してみましょう。

実験４（図５）

1　３本の試験管にＡ～Ｃのそれぞれの水よう液を入れる。

2　それぞれの試験管にアサガオの花のしるを少量加えて，色の変化を見る。

図５

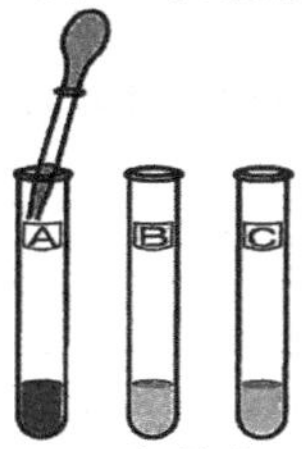

［さくらさんのノートの一部］

水よう液		アサガオの花のしるの色の変化
A	うすい塩酸	赤　色
B	うすい水酸化ナトリウム水よう液	黄　色
C	食塩水	変化なし

指導員　アサガオの花のしるの色の変化について，どんなことがわかりますか。

さくら　え

指導員　そうですね。実は，うすい塩酸はトイレ用洗《せん》ざいの中にも入っています。

たけし　そういえば，「金属製品に使ってはいけない」という注意がきがあるトイレ用洗ざいを見たことがあります。

指導員　よく気がつきましたね。では，次に鉄に水よう液を加えたときのようすを確かめてみましょう。実験では，実験道具を正しく使うのはもちろんですが，かん気をする，安全眼鏡をかける，　お　，火を近づけないなど，安全に注意してください。

実験５（図６）

1　鉄を，３本の試験管に入れる。

2　１本めにはうすい塩酸を，２本めにはうすい水酸化ナトリウム水よう液を，３本めには食塩水を加え，鉄が変化するか，ようすを比べる。

図６

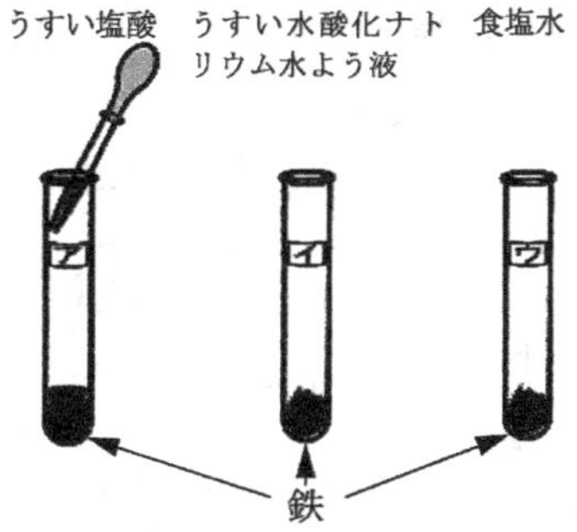

［実験結果］

加えた水よう液		試験管の中のようす
ア	うすい塩酸	あわを出してとけた。あたたかくなった。
イ	うすい水酸化ナトリウム水よう液	変化しなかった。
ウ	食塩水	変化しなかった。

さくら　うすい塩酸には，鉄をとかすはたらきがあるのですね。

たけし　ところで，あわを出してとけた鉄は，その後どうなったのですか。

指導員　では，アの試験管の液を使って実験で確かめてみましょう。

実験６（図７）

1　実験５のアの試験管の液から，少量の上ずみ液を蒸発皿に取り，弱い火で加熱する。

2　液が少し残っているうちに火を止めて，しばらくそのままにしておく。

3　蒸発皿が冷めてから，蒸発皿に残ったものを集めて性質を調べ，鉄の性質と比べる。

図７

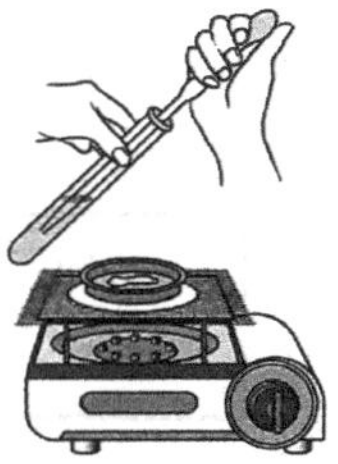

たけし　鉄はうすい塩酸によって㋒別のものに変化したのですね。

（問６）さくらさんは　え　で，酸性，アルカリ性の水よう液によってアサガオの花のしるの色がどう変化するか答えました。　え　に入る適切な言葉を書きなさい。

（問７）指導員は　実験５　で，うすい塩酸とうすい水酸化ナトリウム水よう液を使うときに，注意しなければならないことを　お　で言いました。　お　に入る適切な言葉を書きなさい。

（問８）―― 部㋒について，実験６の蒸発皿に残ったものが別のものに変化したことを調べるための実験方法を２つ書き，それぞれの実験の結果もあわせて書きなさい。

【課題3】たけしさんの学年では，となり町での校外学習に向けて計画を立てています。次の問いに答えなさい。

（問1）出発式での役割《わり》は，司会者，あいさつをする人，連らく係の３つです。３つの役割については，それぞれ１人ずつ，ちがう人を選ぶことにします。希望者は４人でした。選び方は何通りあるか，書きなさい。

（問2）たけしさんの班《はん》では，校外学習の班別自由行動の計画を立てているときに，地図上のきょりと実際のきょりが話題になりました。地図は縮尺《しゅくしゃく》25000分の1の縮図です。そこで，地図上にある2点間の直線の長さを測ったら6.2㎝でした。この2点間の実際の直線きょりは何㎞になるか，書きなさい。

（問3）たけしさんの班は，班別自由行動で見学する場所のまわり方について，**［班別自由行動についてのメモ］**と**［たけしさんの班が作った地図］**をもとに考えています。次の①・②に答えなさい。

［班別自由行動についてのメモ］

- 班別自由行動の時間は，午後1時から午後4時20分までとする。
- 公園を出発して公園に帰ってくる。
- 公園は見学場所と考えない。
- 見学場所での見学時間は，それぞれ30分とする。
- 徒歩で移動するが，路面電車を利用してもよい。
- 路面電車は神社と城《しろ》の間を時速30㎞で走行し，神社と城の間には停車駅はない。

［たけしさんの班が作った地図］

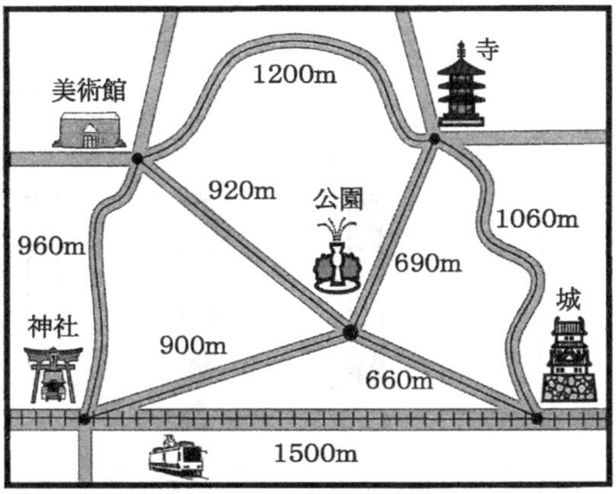

① たけしさんの班は５人です。歩く速さの平均を考えることになり，5人の**［１分間歩いたきょりと平均］**を表にしました。まことさんの歩いたきょりは何ｍになるか，書きなさい。

［１分間歩いたきょりと平均］

たけし	さくら	まこと	しおり	こうじ	平　均
52m	55m		53m	50m	53m

② たけしさんの班では，歩く速さを分速50ｍと考えることにしました。行きたい見学場所である寺，城，神社，美術館の４か所すべてをいちばん短い時間でまわるには，どんな順にまわればよいか，書きなさい。また，午後１時ちょうどに出発し，いちばん短い時間でまわったときの到《とう》着時刻《こく》は，午後何時何分何秒になるか，書きなさい。ただし，一度通った道は通らないことにし，路面電車は一度しか使わないことにします。また，路面電車を利用する場合の待つ時間は考えないことにします。

（問４）見学場所である神社には，手などをきれいにするところがあります。そこには，**図１**のようなうちのりが縦《たて》80㎝，横120㎝，深さ35㎝の直方体の水盤《ばん》（石でつくった水をためるもの）があります。**図２**は，水を全部ぬいた状態の水盤に水を一定の量で入れたとき，時間と水面の高さの関係を途《と》中まで表したグラフです。次の①・②に答えなさい。

図１

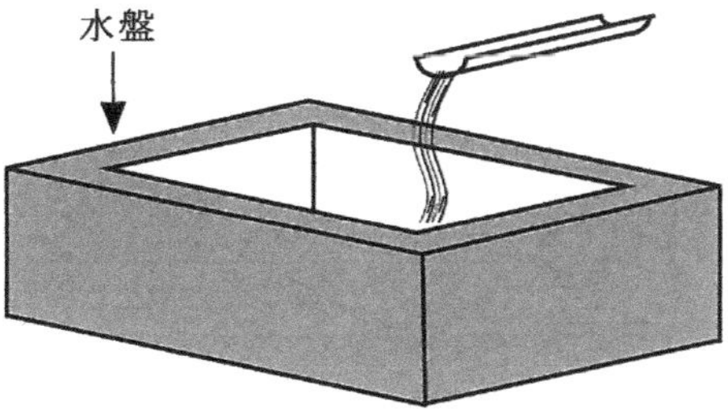

図２

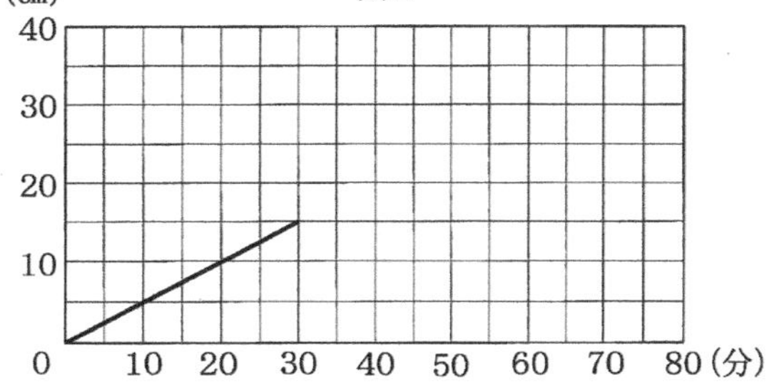

①　直方体の水盤には，1秒間に何㎤の水が入るか，書きなさい。また，考え方を言葉や式を使って書きなさい。

②　水を80分間入れ続けたとき，グラフはどうなるか，**図２**のグラフを完成させなさい。

（問５）見学場所である美術館の立体作品の事前調べをするために，パンフレットを送ってもらいました。**［立方体を組み合わせた立体作品］**を見て，次の①・②に答えなさい。

[立方体を組み合わせた立体作品]

１辺が１ｍの立方体を，すきまなく積み重ねた立体作品です。

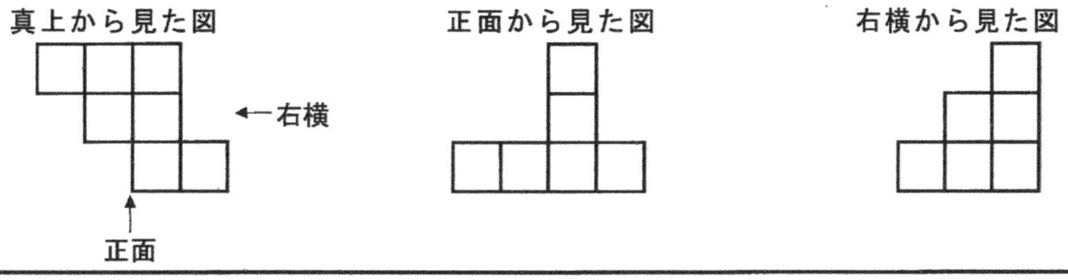

①　立方体の個数は何個あるか，書きなさい。

②　右の**図**に示した立体の表面の面積を14㎡とするとき，**［立方体を組み合わせた立体作品］**の表面の面積は何㎡になるか，書きなさい。

図

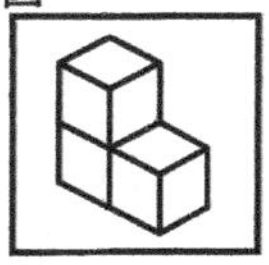

（問６）みやげ物を買う計画を立てます。クッキーとせんべいを合わせて10枚《まい》買おうと思い，調べてみると1670円でした。そのクッキーとせんべいの枚数を反対にして，合わせて10枚買うと1610円になるそうです。クッキー１枚の値段《ねだん》は，せんべい１枚の値段より30円高いそうです。クッキー１枚とせんべい１枚の値段はそれぞれ何円か，書きなさい。ただし，消費税は考えないことにします。

（問７）たけしさんの班では，話し合ったことを長方形の大きな紙にまとめます。長方形の紙は白色と水色の２種類があり，白色の紙は水色の紙を拡《かく》大したものです。白色の紙と水色の紙を重ねて比べると，白色の縦の長さは水色の縦の長さより20㎝長く，白色の縦の長さは水色の横の長さに等しく，白色の横の長さは水色の横の長さより25㎝長くなっています。水色の紙の面積はいくらになるか，書きなさい。

徳島県立

富岡東中学校
川島中学校
城ノ内中等教育学校

受検番号	

令和２年度

県立中学校及び県立中等教育学校適性検査
検査Ⅰ

問　題　用　紙

（時間45分）

【注　意】

1　「始め」の合図があるまで，問題用紙を開いてはいけません。

2　問題用紙は，５ページまであります。

3　解答は，この問題用紙ではなく，解答用紙の決められた場所に，ていねいに記入しなさい。

4　「始め」の合図があったら，まず，問題用紙の表紙と解答用紙のすべてに，受検番号を記入しなさい。

5　解答用紙の [*] には，何も記入してはいけません。

6　印刷がはっきりしなかったり，問題用紙や解答用紙がたりなかったりする場合は，静かに手をあげなさい。

7　「やめ」の合図で，すぐにえん筆をおき，解答用紙を裏《うら》返しにして２枚《まい》重ねて机《つくえ》の上におきなさい。

ではなく、まずは「大工の仕事」というテーマを確認します。そのあとで「どんなところにポイントを置いて書こうかな」と考えます。その大工が職人として一人前になるまでについて語ってくれた※1棟梁《とうりょう》の話が印象的だったので、そのことを中心に書こうと決めたとしましょう。棟梁の話の中から「一人前には最低一〇年」とか「不器用な者の方が成功する」といったフレーズが仮の見出しにできそうだとわかります。ここまで整理しておけば、「よし、このことを頭に入れながら書いていこう」と書きやすくなるはずです。

もし、書き進めるうちに、「あれ、やっぱり職人になるまでの話よりも、棟梁が言っていた仕事の※2醍醐味《だいごみ》のほうに重点が移ってしまうな」と思ったら、先につけた仮の見出しを変えて「自然の素材と向き合うおもしろさ」などに修正していきます。

都会の電車のなかには、よく週刊誌の広告がつり下がっています。雑誌によっては、ドキッとするような見出しの文字がおどっています。実際に記事を読んでみると、見出しほどの衝撃《しょうげき》的な内容はなかったりするのはよくあることですが、広告というのはとにかく人目を引いて読んでもらう（買ってもらう）ことが目的なので、こういうショッキングな見出しが登場してきます。

一般《ぱん》の新聞の見出しでは、あくまで記事の内容のうち重要なところを強調し、かつ全体の内容が想像できるような言葉が選ばれます。しかし、読者の目を引くものにしようという気持ちは同じです。見出しにはただ要点（ポイント）を示すだけでなく、読者に目を留めてもらうという役割《わり》があるのです。

（川井《い》龍介《りゅうすけ》「伝えるための教科書」岩波ジュニア新書より。一部省略等がある。）

※1 棟梁…大工のリーダー

※2 醍醐味…本当のおもしろさ

（問1）［資料］の――部「見出しがおどっています」は、「見出し」を人にたとえて表現をくふうしています。同じ表現のくふうがされている文を、ア～エの中から一つ選び、記号を書きなさい。

ア 妹がねむっています。　イ 外が暗くなっています。

ウ 空が泣いています。　エ 手紙が届《とど》いています。

（問2）[あ]に入る最も適切な言葉を、［資料］より、十字で書きぬきなさい。

（問3）[い]に入る最も適切な一文を、［資料］より見つけて、はじめとおわりの五字をそれぞれ書きなさい。（「、」や「。」も一字に数えます。）

（問4）══部「書く前に見出しをつけることをおすすめします」とありますが、その理由について最も適切なものを、ア～エの中から一つ選び、記号を書きなさい。

ア 新聞記者は記事を書く前に、必ず見出しをつけているから。

イ 見出しをつけると、テーマを簡《かん》単に決めることができるから。

ウ 最終的にその見出しを読み手に必ず見せる必要があるから。

エ 自分が書こうとするもののポイントがどこかを自覚できるから。

（問5）［資料］の〰〰部「不器用」と同じように、「不□□」で成り立つ熟《じゅく》語を、ア～エの中から一つ選び、記号を書きなさい。

ア 常識　イ 自由　ウ 制限　エ 解決

（問6）━━部「仮の見出し」について、[う]に入る言葉を、「書き進める」、「重点」の二語を使って、「からですね。」につながるように、三十字以上、四十字以内で書きなさい。（「、」も一字に数えます。）

（問7）[え]に入る最も適切な言葉を、［資料］より、十一字で書きぬきなさい。

（問8）［資料］に書かれている内容として適切なものを、ア～エの中から一つ選び、記号を書きなさい。

ア 新聞の場合、一つの記事に複数の見出しをつけることもある。

イ 長い文章を書くときにだけ、見出しをつけるべきである。

ウ 一般の新聞の見出しは、記事の内容の一部を強調するだけでよい。

エ 週刊誌の広告の場合、見出しと雑誌の記事の内容に関係はない。

【課題2】さくらさんたちは，それぞれが興味をもっている仕事について話し合っています。［**話し合いの前半**］，［**話し合いの後半**］，**資料１～５**をもとにして，あとの問いに答えなさい。

［話し合いの前半］

さくら	私《わたし》は，気象予報士について調べました。気象予報士は，気象庁《ちょう》から提供《きょう》される各地の観測データなどから，天候を予想したり，㋐気候の様子を調べたりします。気象予報士になるには，国家資格が必要です。
しおり	私の父と母は，おかしをつくっている工場で働いています。徳島の食材を使ったおかしを，機械で効率よく，たくさん製造していると聞いたことがあります。
さくら	５年生の社会科で，大工場と中小工場について学習しました。中小工場と比べると，大工場は，［　　あ　　］が大きな特ちょうです。
こうじ	私は，消防の仕事にあこがれています。火事や事故が起こると，指令を受けて早く出動し，㋑消火活動やけが人の救助を行うすばらしい仕事です。
たけし	私の母は，スーパーマーケットで働いています。お店では，㋒お客さんの願いに合わせたくふうをした売り方をしていると話していました。
こうじ	３年生のとき，見学に行きましたね。たくさん買うと安くなったり，表示によって産地がわかったりするくふうがありました。

（問１）―― 部㋐について，次の文の①～③にあてはまる言葉を，**ア～オ**の中から１つずつ選び，記号を書きなさい。

> 日本の冬の気候は，日本の中央に連なる山地と（　①　）のえいきょうで，（　②　）側ではかわいた晴天の日が，（　③　）側では雪の日が多い。

ア　日本海　　**イ**　大西洋　　**ウ**　太平洋　　**エ**　台風　　**オ**　季節風

（問２）さくらさんの発言の［　　あ　　］に入る適切な言葉を，**資料１**をもとに，「工場数」，「生産額」という２つの言葉を使って，「～けれど，～こと」に合うように書きなさい。

資料１　日本の工場数，工業生産額にしめる大工場と中小工場の割《わり》合

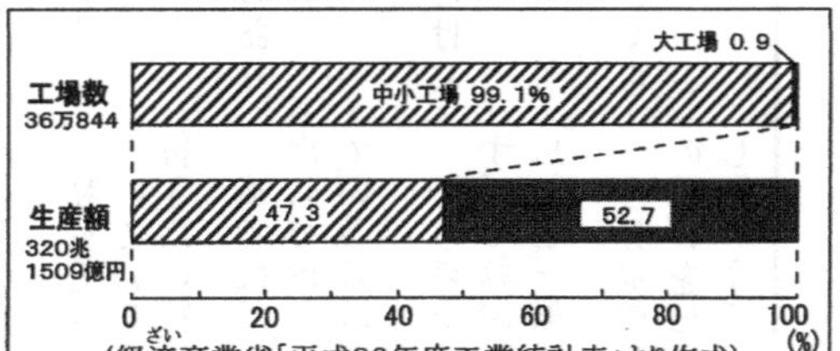

（経済《ざい》産業省「平成30年度工業統計表」より作成）

（問３）―― 部㋑について，速く消火するための消防署《しょ》のくふうとして適切でないものを**ア～エ**の中から１つ選び，記号を書きなさい。

ア　出動がないときは，消火のための器具の点検や，訓練などをしている。
イ　火事を知らせる119番の電話は，それぞれの消防署で受けている。
ウ　火事の大きさによって，出動させる消防自動車の種類と台数を，前もって決めている。
エ　ヘルメットや防火服など，消火に必要なものをあらかじめ準備している。

（問４）―― 部㋒について，スーパーマーケットで，**資料２**のような売り方で売られているキュウリを見つけました。ほかにも，お客さんの願いに合わせた，**資料３**の，**A**，**B**のようなくふうをした売り方も見つけました。「ごみやむだをへらし，必要な本数だけ買いたい。」というお客さんの願いに合わせるには，どのようなくふうをした売り方があるか，**A**，**B**の書き方を参考にして，店の立場で書きなさい。

資料２　売り方の例

ビニールぶくろに３本入れて売る。

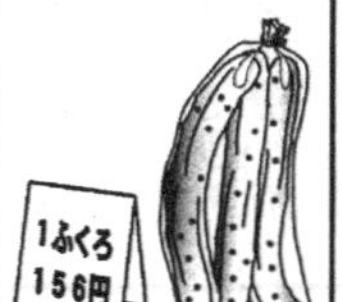

資料３　お客さんの願いとそれに合わせたキュウリの売り方

お客さんの願い	少しでも安く買いたい。	つくられた場所を知りたい。
くふうをした売り方	**A** ビニールぶくろに６本入れ，１本あたりの値段《ねだん》を下げて売る。	**B** ビニールぶくろに３本入れ，産地を書いたシールをはって売る。
実際に売っているようす		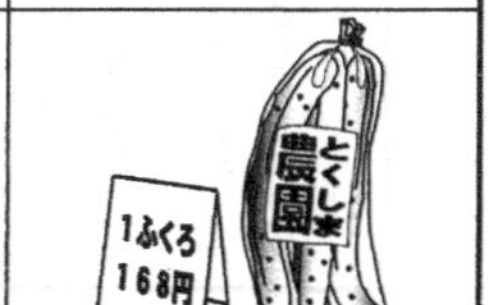

【課題1】さくらさんの班《はん》は、国語の時間に、資料をもとに話し合っています。[資料]、[話し合いの一部]を読んで、あとの問いに答えなさい。

[資料]

新聞の紙面のなかに、「台風一七号沖縄に上陸」、「アカデミー賞今夜決定」など、大きな字で目立つように並《なら》んでいるのが見出しです。新聞ではどんな小さな記事にも、必ず見出しがついています。小さな記事には見出しは一本だけですが、大きな記事（トップ記事など）には、大小数本の見出しがつくのがふつうです。雑誌《し》でも同じように、誌面には大小さまざまな見出しがおどっています。

新聞や雑誌の「見出し」は、記事の要点やポイントを表したフレーズ（語句）です。もし、見出しがなかったら、読者は記事の内容を知るためには、それぞれの記事を読むしかありませんが、見出しがあれば、記事を読まなくても、およそ何について書かれているか見当がつきます。

文書で何かを伝えるとき、テーマをはっきりさせるとともに、文書の要点を言葉にして表すことは、読み手の理解を助けるだけでなく、書き手にとっても大切です。新聞記者が記事を書くとき、書き出す前に「仮見出し」というものをつけることがあります。これによって、書くべき内容を確認《にん》しながら書き進めることができるからです。みなさんにも、作文や小論《ろん》文など長くまとまったものはもちろん、案内文や報告文など、どのようなものでも本文を書く前に見出しをつけることをおすすめします。最終的に、その見出しを読み手に見せるかどうかは、とりあえず考えなくてかまいません。自分が書こうとするもののポイントが、どこにあるかを自覚するためにつけてみる価値《ち》はあります。

例えば、職業体験として、家の建築現場の仕事を見学・取材して報告文を書くことになったとしましょう。いきなり書きはじめるの

[話し合いの一部]

さくら　私《わたし》は、興味をもった新聞記事を切りぬいています。[資料]に書いてあるように、見出しは、[あ]を表しているので、見出しを参考にすると、短時間で記事を選ぶことができます。

たけし　今、さくらさんが言った「短時間で記事を選ぶことができます」という言葉は、[資料]の[い]の一文とつながると思います。この文は、筆者が読者にとって見出しがあることの大切さを説明しているのですね。

こうじ　私は、見出しが、文章を書く人にとっても大切だと初めて知りました。

しおり　「書く前に見出しをつけることをおすすめします」とあります。確かに、見出しのようなものをメモして作文を書いたときには、とても書きやすかったです。

たけし　見出しをもとに書いていくことを意識し続けられるからでしょうね。でも、私なら、その見出しがなかなか思いつかないような気がします。

こうじ　私もそうです。それに、なんとか見出しを決めたとしても、書いているうちに、別の書きたいことがうかんできて、それを書きたい気持ちが強くなることがあるかもしれません。

しおり　筆者は、そんなことも考えたのでしょうね。[資料]には、見出しではなく、「仮の見出し」と書いています。「仮の」とついているのは、[う]からですね。

たけし　そう考えると、自分の思いを表現するときに気が楽になります。それから、筆者は、何かを伝えるために見出しを使う場合、広告と一般の新聞に共通する[え]という役割も述べていますね。

さくら　自分が理解するときに見出しに助けられているように、自分の思いを伝えるときには、相手にとって理解の助けとなる見出しを考えていきたいですね。

［話し合いの後半］

さくら	仕事に着目して歴史をみるのも，おもしろいですね。㋓人々《ひとびと》は仕事をすることを通して，産業や文化を発展《てん》させてきたことがわかります。
たけし	例えば，人々は農作業をするなかでたがいに知恵《ちえ》をしぼり，農具を改良したり，作物の品種改良をしたりして，生産力を高めました。また，田植えのときにおどられた田楽《でんがく》や，祭りのときに演じられた猿楽《さるがく》が，やがて，能や㋔狂言《きょうげん》へと発展したように，新しい文化も生まれてきました。
こうじ	歴史上の人物からも学ぶことがたくさんありました。私は，戦国大名の政治に興味があります。㋕織田信長《おだのぶなが》は，新しい考え方を積極的に取り入れました。このことは，仕事をするうえでのヒントになると思います。
しおり	自分が興味をもっている仕事や，歴史の中における仕事について考えてみると，その役割や意義に気づくことができました。これからもいろいろな仕事について調べてみたいです。
さくら	私も気象予報士以外の仕事について調べていたら，次の㋖マークを見つけました。女性をはじめ，だれもが働きやすい場所が増えるといいですね。

（問５）――― 部㋓について，さくらさんは，**ア**～**エ**の歴史上の産業についての出来事を取り上げました。**ア**～**エ**を時代の古い順に並《なら》べ，記号を書きなさい。

ア　高度経済成長のころ，多くの人々が懸命《けんめい》に働いて経済発展を支えた。
イ　都市ではバスの運行が始まり，乗務員などの職業で，女性が活躍《かつやく》するようになった。
ウ　応仁《おうにん》の乱《らん》で焼け野原になった京都で，町衆《まちしゅう》が伝統的な手工業を復活させた。
エ　五街道が整備され，飛脚《ひきゃく》が書状や荷物を，宿場ごとにリレーをして運んだ。

（問６）――― 部㋔はどのようなものか，「当時の日常の言葉」，「こっけい」という２つの言葉を使って，書きなさい。

（問７）――― 部㋕について，織田信長が行ったこととして適切なものを，**ア**～**エ**の中からすべて選び，記号を書きなさい。

ア　安土城《あづちじょう》の城下町で，商人たちが自由に営業することを認《みと》めた。
イ　武家諸法度《ぶけしょはっと》というきまりを定めて，全国200以上の大名を支配した。
ウ　キリスト教を保護して，教会や学校を建てることを認めた。
エ　刀狩令《かたながりれい》を出して，百姓《ひゃくしょう》から刀や鉄砲《てっぽう》などの武器を取り上げた。

（問８）――― 部㋖は，**資料４**の，「**えるぼし**」というマークです。**資料５**に示されている「15～64才の人口」と「15～64才で職業に就《つ》いている人口」からわかる男性と女性のちがいを明らかにしたうえで，国が，**【マークの説明】**に書かれている取り組みを進めている理由を書きなさい。

資料４　「えるぼし」

【マークの説明】
「女性が働きやすい職場づくり」に取り組む会社が，計画を立て，一定の条件を満たしたときに，国から使用を認められる。国が2016年に始めた制度。

資料5　15～64才の人口と，15～64才で職業に就いている人口の男女別の人数

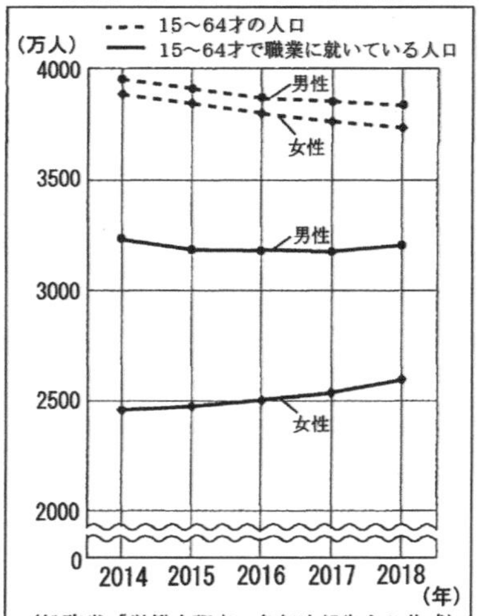

(総務省「労働力調査」各年次報告より作成)

【課題３】　６年生のさくらさんたちは，小学校生活をふり返り，大切さを実感した言葉をテーマにして文集をつくることにしました。そこで，さくらさんたちは，次の□の**ア～ウ**の中から，大切さを実感した言葉を１つ選び，体験をもとに書くことにしました。あなたがさくらさんなら，どの言葉を選んで書きますか。下の条件に合わせて書きなさい。

ア　**感謝**（感謝したこと，または，感謝されたこと）
イ　**親切**（親切にしたこと，または，親切にされたこと）
ウ　**信らい**（信らいしたこと，または，信らいされたこと）

（条件）

・上の□の**ア～ウ**の中から，あなたが選んだ言葉の**記号**を，解答用紙の「**大切さを実感した言葉** □」の□の中に書くこと。書く内容については，「～したこと」，「～されたこと」のどちらかの体験を選んで書くこと。

・題と氏名を書かずに，本文から書き始めること。

・３段《だん》落構成で書くこと。

・１段落目には，選んだ言葉の大切さを実感した体験を具体的に書くこと。

・２段落目には，その体験の際に考えたことを書くこと。

・３段落目には，春から始まる新しい学校生活に，その言葉をどのように生かしたいかを書くこと。

・漢字を適切に使い，原こう用紙の正しい使い方に従《したが》って書くこと。

・13行から15行までにおさめること。

受検番号	

令和２年度
県立中学校及び県立中等教育学校適性検査
検査Ⅱ

問　題　用　紙

（時間50分）

【注　意】

1　「始め」の合図があるまで，問題用紙を開いてはいけません。

2　問題用紙は，５ページまであります。

3　解答は，この問題用紙ではなく，解答用紙の決められた場所に，ていねいに記入しなさい。

4　「始め」の合図があったら，まず，問題用紙の表紙と解答用紙のすべてに，受検番号を記入しなさい。

5　解答用紙の［*］には，何も記入してはいけません。

6　印刷がはっきりしなかったり，問題用紙や解答用紙がたりなかったりする場合は，静かに手をあげなさい。

7　「やめ」の合図で，すぐにえん筆をおき，解答用紙を裏《うら》返しにして２枚《まい》重ねて机《つくえ》の上におきなさい。

【課題１】たけしさんは，体力づくりのために家の人といっしょにランニングをしています。次の問いに答えなさい。

（問１）次の表は，たけしさんが９月から１月までのランニングをした日数を記録したものです。次の①・②に答えなさい。

月	9	10	11	12	1
ランニングをした日数（日）	4	5	9	12	10

①　たけしさんは，９月にランニングをしたきょりの合計を求めました。1.4km走った日が１日，1.6km走った日が２日，1.8km走った日が１日でした。９月にランニングをしたきょりの合計は何kmか，書きなさい。

②　たけしさんは，９月から１月まで，１か月平均何日ランニングをしたことになるか，書きなさい。

（問２）次のグラフは，たけしさんが家から公園までをランニングで往復したときのようすを表したものです。次の①・②に答えなさい。

たけしさんがランニングをしたときの時間と家からのきょり

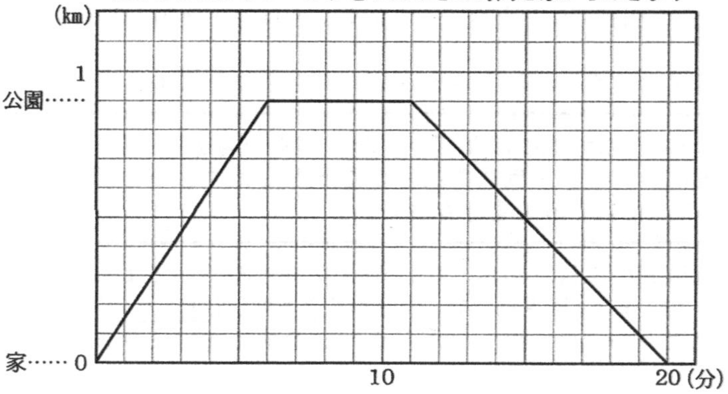

①　たけしさんが，公園でいた時間はどれだけか，書きなさい。

②　たけしさんが，公園を出発してから家に着くまでの帰りの速さは分速何mか，書きなさい。

（問３）右の図は，たけしさんのランニングコースの一つである駅の北側のようすを表した絵地図です。すべての道路が縦《たて》と横に120ｍの等しい間かくで垂《すい》直に交わっています。市役所の屋上スペースは高さ60ｍのところにあります。また，テレビとうの展《てん》望スペースは高さ105ｍのところにあります。駅の位置をもとにすると，市役所の屋上スペースの位置は，３つの長さの組で，

（[東]480m，[北]240m，[高さ]60m）

と表すことができます。

市役所の位置をもとにしたとき，テレビとうの展望スペースの位置は，３つの長さの組でどのように表すことができるか，書きなさい。

図

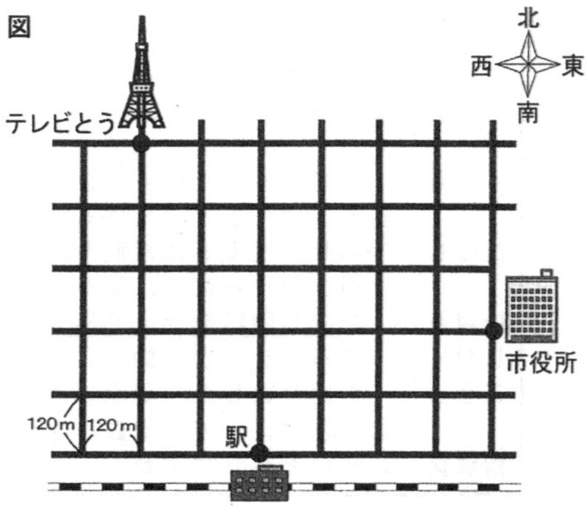

【課題２】さくらさんたちは，科学センターで開かれている「楽しい理科教室」に参加しました。実験１ ～ 実験３ ，指導員の先生とさくらさんたちの会話の一部をもとにして，あとの問いに答えなさい。

指導員　電磁《じ》石の性質について調べてみましょう。

実験１

1　ストローに，エナメル線を同じ向きに100回まいてコイルをつくる。㋐<u>エナメル線の両はしのエナメルを，紙やすりで２cmほどはがす。</u>コイルの中に鉄くぎを入れる。

2　かん電池１個を用意し，**図１**のような回路をつくる。電流を流して，電磁石で持ち上げることができる鉄のゼムクリップの数を調べ，**[実験結果]**のような表に記録する。

3　次に，かん電池を２個直列につなぎ，２と同じようにして実験と記録をする。

図１

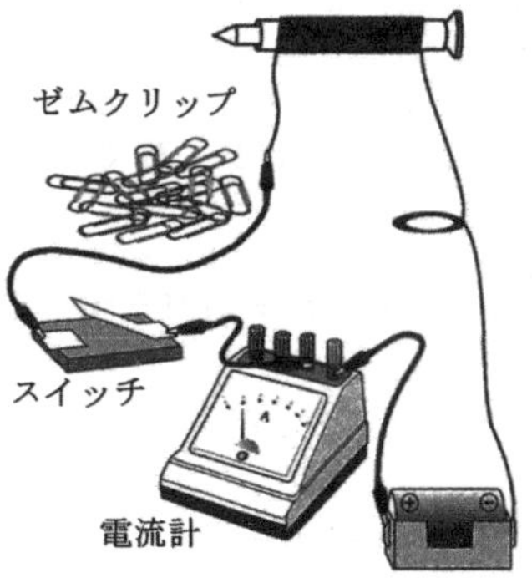

[実験結果]

かん電池の数		１個	２個
電流の強さ		0.8A	1.5A
ゼムクリップの数	１回め	６個	12個
	２回め	７個	14個
	３回め	６個	14個
	合　計	19個	40個
	平　均	約６個	約13個

さくら　電流を流すと，電磁石にゼムクリップがつきましたね。

（問１）―――部㋐のようにするのはなぜか，その理由を書きなさい。
（問２）電磁石の性質について，**[実験結果]** からわかったことを，「電流」，「引きつける力」という２つの言葉を使って書きなさい。

指導員　次に，電磁石の性質を利用して，チョウがとんでいるようなおもちゃをつくりましょう。まず，画用紙でチョウをつくります。㋑<u>チョウの体</u>はどんなつくりになっていたのか，思い出しながらチョウの体をかいてみましょう。

実験２

1　**図２**のように，電磁石をセロハンテープで紙コップにはりつけて，回路をつくる。

2　紙コップに，ストローとゼムクリップを取りつける。棒《ぼう》磁石の一方の極が下になるように，糸でゼムクリップにつるす。

3　電磁石と棒磁石の間に，１cmぐらいのすきまができるように糸の長さを調節して，棒磁石に画用紙でつくったチョウをつける。

図２

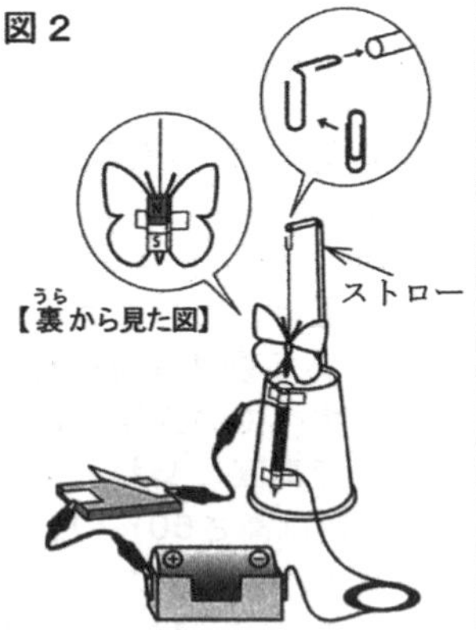

さくら　糸でつるしたチョウを手で動かすと，ふりこのようにゆれます。電磁石に電流を流してみます。
たけし　あれ。電磁石に電流を流すと，チョウが電磁石に引きつけられて，動かなくなりました。どうしたらいいですか。
指導員　㋒<u>少し回路を変えてみましょうか。</u>
しおり　あっ，チョウが動くようになりました。
こうじ　わかりました。電流の向きを［　あ　］からチョウが動いたのですね。このことによって，電磁石と棒磁石が，［　い　］ようになったのですね。
指導員　そのとおりですね。

*

（問２）

けれど，　　　　　　　　　　　　　　こと

*

（問３）

*

（問４）

*

（問５）

→　→　→

*

（問６）

*

（問７）

*

（問８）

*

*

*

*

*

15行　13行

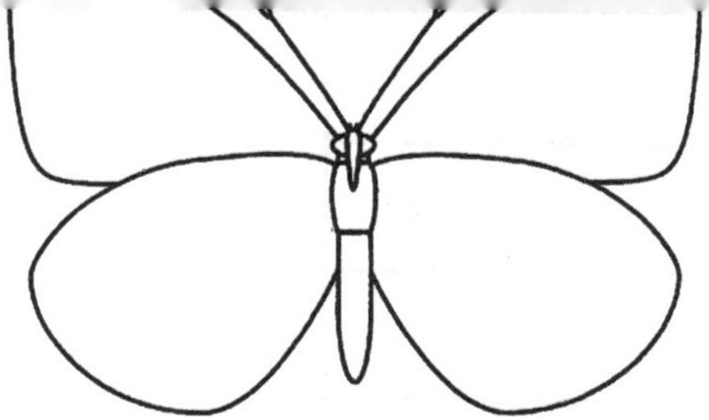

*	（問４）	あ
*		い
*	（問５）	→ → →
*	（問６）	う
*		え
*	（問７）	こと
*	（問８）	こと

*	（問３）		回折り
*	（問４）		面
*	（問５）		
*	（問６）		とおり
*	（問７）	①	とおり
*		②	枚《まい》

受検番号	

*

県立中学校及び県立中等教育学校適性検査　検査Ⅱ　解答用紙（2）

【課題３】

* *
（問１）

	m^2

*
（問２）

①		mL
②		g

*

（考え方）

受検番号	

*

※200点満点
(配点非公表)

県立中学校及び県立中等教育学校適性検査　検査Ⅱ　解答用紙（1）

【課題1】

*	(問1) ①	km
*	②	日
*	(問2) ①	分間
*	②	分速　　　m
*	(問3)	テレビとうの展《てん》望スペースの位置（［　　］m,［　　］m,［　　］m）

【課題2】

*	(問1)	
*	(問2)	

【解答

受検番号

県立中学校及び県立中等教育学校適性検査　検査Ⅰ　解答用紙（2）

【課題3】

大切さを実感した言葉

受検番号	

*

県立中学校及び県立中等教育学校適性検査　検査Ⅰ　解答用紙（1）

※100点満点
（配点非公表）

【課題1】

*

* （問1）

* （問2）

* （問3）

はじめの5字

おわりの5字

* （問4）

* （問5）

* （問6）

からですね。

* （問7）

* （問8）

（問３）―――部㋑について，チョウのあしは体のどこについているか，あしをかき加え，**図３**の絵を完成させなさい。

図３

（問４）―――部㋒について，こうじさんが説明しました。[あ]，[い]それぞれに入る言葉を書きなさい。

指導員	ヒトは食べ物を口からとり，その中にふくまれる養分と水分を体内に取り入れ，不要なものを体外に出しています。㋓口からこう門までの食べ物の通り道を消化管といいます。養分の吸収《きゅうしゅう》は調理のしかたによって変わってきます。
さくら	家庭科で栄養素のことを学習して，野菜をゆでたり，いためたりして調理実習をしました。調理用具には，金属やガラスなどでできているものがありました。
指導員	それでは，金属のあたたまり方について実験してみましょう。

[実験３]

1　金属の板に，ろうをうすくぬる。金属の板のはしの部分を，下から実験用ガスコンロで熱し，ろうのとけ方を観察する。（**図４**）

2　切りこみのある金属の板を用いて，1と同じように実験し，観察する。（**図５**）

図４　**【上から見た図】**

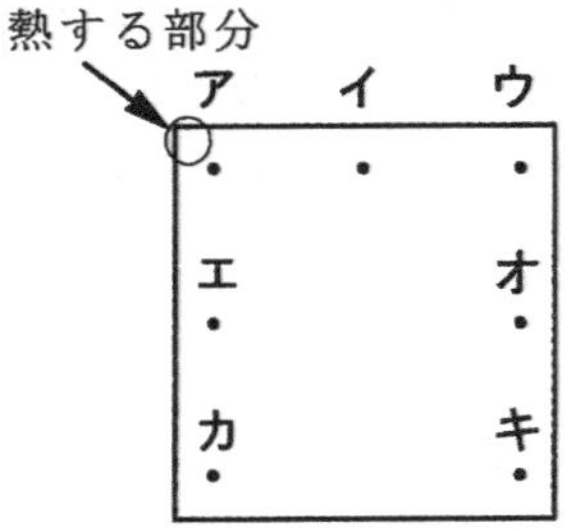

［さくらさんのノートの一部］

○金属の板のろうは，**ア**がとけ，次に**イ・エ**がとけた。最後に**キ**がとけた。（**図４**）
○切りこみのある金属の板のろうは，**ア**，**イ**，**ウ**の順にとけた。次に[う]がとけ，最後に[え]がとけた。（**図５**）

図５　**【上から見た図】**

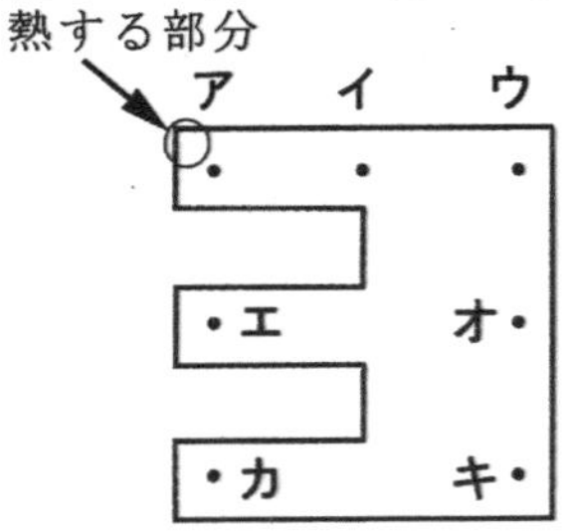

しおり	ろうのとけ方から，金属は，形がちがっても[お]ことがわかります。
指導員	そうですね。では，水はどのようにあたたまるのでしょう。
こうじ	そういえば，家庭科の学習でみそしるをつくるとき，ガラスのなべに水を入れ，にぼしでだしをとりましたね。
さくら	ガラスのなべを火にかけて，しばらくすると，にぼしが動いて，おどっているように見えました。
しおり	なべの中のにぼしの動きから考えると，なべの水は，どのようにして全体があたたまっていくのかがわかりますね。
たけし	水は，[か]ことがわかりました。
指導員	そうですね。金属と水のあたたまり方のちがいがわかりましたね。また，いろいろな実験をしてみましょう。

（問５）―――部㋓について，次の**ア**～**エ**を口から入った食べ物が通る順に並《なら》べ，記号を書きなさい。

ア　小腸　　**イ**　大腸　　**ウ**　胃　　**エ**　食道

（問６）**図５**の切りこみのある金属の板では，ろうがどのようにとけるか，**［さくらさんのノートの一部］**の[う]，[え]に入るものを，**図５**の**エ**～**キ**の中から１つずつ選び，記号を書きなさい。

（問７）しおりさんは[お]で金属のあたたまり方について答えました。[お]に入る適切な言葉を「こと」につながるように書きなさい。

（問８）たけしさんは[か]で水のあたたまり方について答えました。[か]に入る適切な言葉を「こと」につながるように書きなさい。

【課題３】さくらさんの学校では，クラブ活動の時間にさまざまな活動をしています。次の問いに答えなさい。

（問１）アートクラブでは，パネルに色をぬっています。$\frac{3}{5}$ m^2のパネルをぬるのに緑のペンキを$\frac{3}{4}$ dL使います。このペンキでは，1dLあたり何m^2ぬれるか，書きなさい。

（問２）調理クラブでは，ホットケーキをつくっています。ホットケーキをつくるのに，ホットケーキのもと150ｇと牛乳《にゅう》100mLを混ぜます。次の①・②に答えなさい。

① ホットケーキのもとが75ｇあるとき，同じ味のホットケーキをつくるには，牛乳を何mL混ぜればよいか，書きなさい。

② ホットケーキのもと150ｇで，ホットケーキを３枚《まい》つくります。１人分を２枚にしたとき，調理クラブの９人分のホットケーキをつくるには，ホットケーキのもとは何ｇ必要か，書きなさい。また，考え方を言葉や数，式を使って書きなさい。

（問３）折り紙クラブでは，正方形の折り紙を使って模《も》様をつくっています。下の**図１**のように，折り紙を折って，直角の部分を直角二等辺三角形になるように切り取った後，開きます。

図１

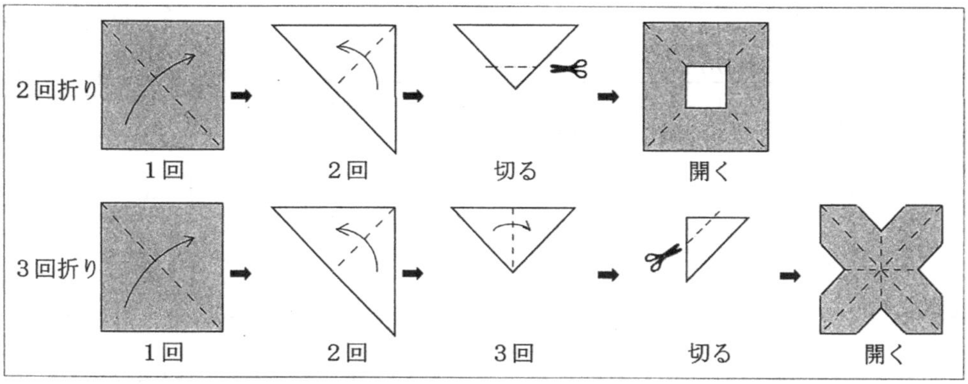

図２

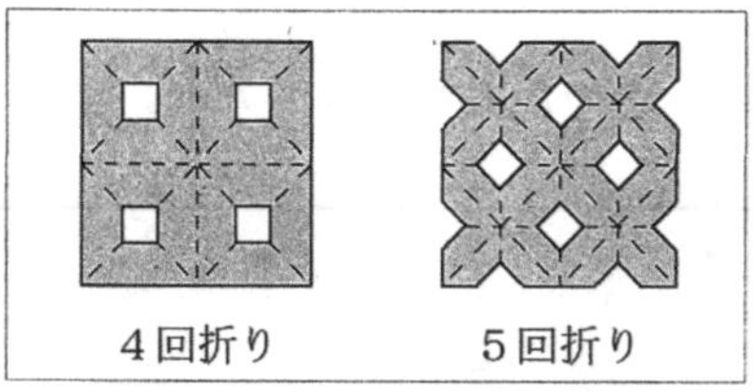

図３

次に２回折り，３回折りの模様づくりと同じ方法で，４回折り，５回折りの模様をつくります。**図２**は，４回折りの模様と５回折りの模様を示したものです。

同じ方法で何回か折って模様をつくったとき，**図３**の模様がつくれました。**図３**の模様は何回折りの模様か，書きなさい。

（問４）バドミントンクラブは，体育館で活動しています。体育館のゆかの形は長方形で縦《たて》が36m，横が18mです。他のクラブと体育館のゆかの面積全体の $\frac{2}{3}$ と $\frac{1}{3}$ の２つの長方形の場所に分けて活動をします。バドミントンクラブは体育館のゆかの面積全体の $\frac{2}{3}$ の長方形の場所にバドミントンのコートをつくります。コートは縦が13.4m，横が6.1mの長方形です。コートを最も多くつくることができるように体育館の活動場所をとります。その場所でつくることができるコートは最大何面か，書きなさい。

（問５）なわとびクラブでは，大なわで８の字とびの連続記録にちょう戦をしています。現在の記録は274回です。７人でとび，下の**【上から見た図】**のように**ア**の人からスタートし順番に１人につき１回まわしに１回とび，**キ**の人までがとべば，また，**ア**の人から同じようにとびます。新記録になる275回めをとぶのは**ア**～**キ**のだれになるか，記号を書きなさい。

【上から見た図】

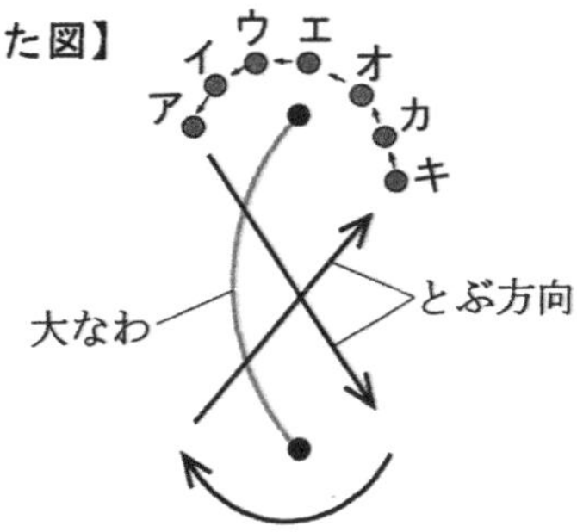

（問６）球技クラブでは，赤，白，黄の３チームがチーム対こうでドッジボールをします。どのチームも１回ずつあたるようにします。コートが１つのときの試合の順番を考えます。全部で何とおりあるか，書きなさい。

（問７）工作クラブでは，いろいろな物をつくっています。次の①・②に答えなさい。

① 右の**図１**のような両面に方眼がかかれている正方形の工作用紙を使ってパズルをつくります。この工作用紙を方眼の点線に沿《そ》って４つの同じ大きさ，同じ形に分け，切り取りました。

図２の形に切り取ったパズルのピースを４つ使い，正方形にしきつめた場合，しきつめ方は何とおりあるか，書きなさい。ただし，しきつめた正方形を回したり，裏《うら》返したりしたときに同じしきつめ方になる場合は，同じものとします。

図１

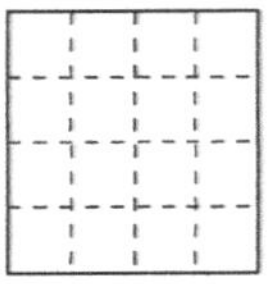

図２

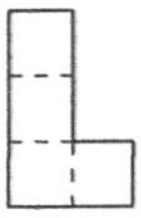

② １辺が18㎝の正方形の厚紙を使って円の形をしたメダルをつくります。下の**図**のように４種類の大きさのメダルを，それぞれの枚数ずつつくるときに使う正方形の厚紙の枚数は，いちばん少ないときで何枚か，書きなさい。

図

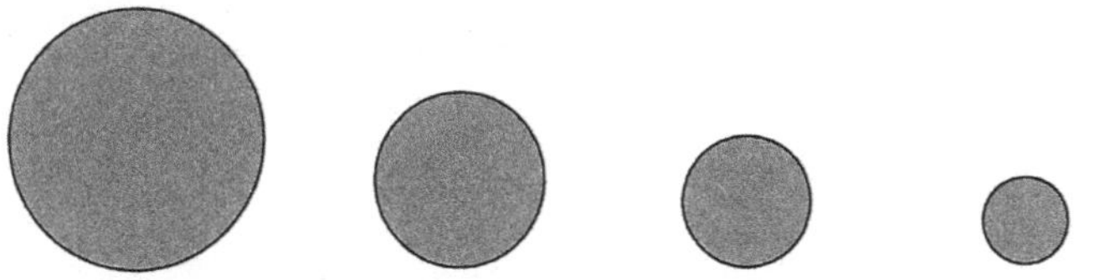

直径18㎝	直径12㎝	直径９㎝	直径６㎝
６枚	６枚	24枚	48枚

徳島県立
城ノ内中学校
富岡東中学校
川島中学校

受検番号	

平成31年度

県立中学校適性検査
検査Ⅰ

問　題　用　紙

（時間45分）

【注　意】

1　「始め」の合図があるまで，問題用紙を開いてはいけません。

2　問題用紙は，5ページまであります。

3　解答は，この問題用紙ではなく，解答用紙の決められた場所に，ていねいに記入しなさい。

4　「始め」の合図があったら，まず，問題用紙の表紙と解答用紙のすべてに，受検番号を記入しなさい。

5　解答用紙の［*　］には，何も記入してはいけません。

6　印刷がはっきりしなかったり，問題用紙や解答用紙がたりなかったりする場合は，静かに手をあげなさい。

7　「やめ」の合図で，すぐにえん筆をおき，解答用紙を裏《うら》返しにして2枚《まい》重ねて机《つくえ》の上におきなさい。

ありました。
そもそもアリや菜の花っちゅう名前自体、人間が勝手につけたものですよね。われわれが社会生活をするうえでは名前がなくちゃ困《こま》るけれど、名前で呼ぶことと、そのものの本質を感じることは別なんじゃないでしょうか。なのに、「あ、チョウチョだ。あれはモンシロチョウか」と思った瞬《しゅん》間、たいていはわかったような気になって、その対象を見るのをやめてしまう。
どんな存在も見かけだけのものじゃないのに、人間はその名前を読むことしかしたがらないんですよね。本当に見ようとは、感じようとはしない。それは、じつにもったいないことだと思います。
アリや菜の花と呼ばれているものの存在そのものを感じたいと思うなら、名前にとらわれないほうがいい。だから私は、名前をはなれ、自分の五感のすべてを使って、名前の後ろにかくれている、ものそのものの本質に少しでも近づきたいと思っておるんです。
……だけど、これが難《むずか》しいんだなぁ。なんとか書けた、その存在をそっくり表現できたと思うこともありますが、それはほんとに瞬間でね。あとから自分の詩を読むと、「なぁんだ」と思うことばかりです。
ものの本質に迫《せま》りきれないのは、もちろん私自身の力が足らんから。
ただ、それだけが原因じゃないような気がします。ひとつには、その存在を五感で受け止めようとしているこちらの状態が同じじゃないということ。うれしいときとか悲しいときとか、いろんな気分のときがありますからね。
そして最大の理由は、どんな存在も限りなく不思議で複雑だから。この世の中には不思議でないもの、複雑でないものなんてないんですよ。人間は科学っちゅうものを使っていろいろやっとるけれど、限りある人間の能力じゃとても届《とど》かんぐらい、すべての存在が複雑※2精妙《みょう》で珍《めずら》しい。人間さまだけが特別ってわけじゃないのは確かです。

（まど・みちお「いわずにおれない」より。一部省略等がある。）

※1　エゴ…自分勝手、わがまま。
※2　精妙…細かく見事なこと。

（問1）【資料1】の詩について書かれたこととして、あてはまらないものを、ア〜エの中から一つ選び、記号を書きなさい。
ア　同じ言葉がくり返されて、リズム感が生まれている。
イ　対象に語りかけることにより、温かさが感じられる。
ウ　たとえを用いることで、読み手に想像をさせている。
エ　平仮名と片《かた》仮名だけで表し、親しみやすさがある。

（問2）【資料2】の〜〜〜部「咲いてたなぁ」の主語はどれですか。ア〜オの中から一つ選び、記号を書きなさい。
徳山の（ア）　中学校の（イ）　庭にも、（ウ）　これが（エ）　いっぱい（オ）　咲いてたなぁ。

（問3）［あ］に入る言葉を、【資料2】より、十字で書きぬきなさい。

（問4）══部「言わずにおれなくなって」とありますが、このときのまどさんの気持ちとして適切なものを、ア〜エの中から一つ選び、記号を書きなさい。
ア　反省　　イ　混乱《らん》　　ウ　安心　　エ　感謝

（問5）――部①は、【資料2】のどの一文ですか。はじめとおわりの四字を書きなさい。（「、」や「。」も一字に数えます。）

（問6）［い］にあてはまる一行を、【資料1】より書きぬきなさい。

（問7）［う］に入る言葉を、「名前」、「本質」の二語を使って、「〜こと」につながるように、三十五字以上、四十五字以内で書きなさい。
（「、」も一字に数えます。）

（問8）――部②「まどさんの考え」として、最も適切なものを、ア〜エの中から一つ選び、記号を書きなさい。
ア　すべての存在に、新しい名前をつけることをめざしている。
イ　人間をふくめて、この世の中のどんな存在も特別である。
ウ　自分が書く詩は、最終的には満足できるものになっている。
エ　いろんな気分のときがあるからこそ、すぐれた詩ができる。

【課題1】さくらさんの班《はん》は、国語の時間に、資料をもとに話し合っています。［資料1］、［資料2］、［話し合いの一部］を読んで、あとの問いに答えなさい。

［資料1］

アリくん

まど・みちお

アリくん　アリくん
きみは　だれ
にんげんの　ぼくは
さぶろうだけど
アリくん　アリくん
きみは　だれ

アリくん　アリくん
ここは　どこ
にんげんで　いえば
にっぽんだけど
アリくん　アリくん
ここは　どこ

（「まど・みちお詩集」岩波文庫より。）

［資料2］

ニワゼキショウ、アヤメの類です。小さいころ住んでいた徳山の中学校の庭にも、これがいっぱい咲《さ》いてたなぁ。

この花もあの花もニワゼキショウで、どっちもそっくりみたいだけれど、よく見れば違《ちが》ってますよね。一本一本、それぞれに個性がある。同じ人間だって、あなたと私《わたし》じゃまるっきり大違いでしょ。ほかの存《そん》在も、みんなそうなんです。植物も動物も鳥も虫も魚も……。単細胞《ぼう》の原生生物であるアメーバでさえ、個性があると言われてるんですから。

あるとき、そのことにハッと気づいたら、自分が人間本意のエゴ※1のかたまりだったように思えて、ほかの存在に申し訳《わけ》なくってね。言わずにおれなくなって、詩（題「アリくん」）を書いたんです。アリたち一匹《びき》一匹に名前を聞いて、教えてもらった名前でそれぞれを呼《よ》んでやることができたら楽しいだろうなぁ……そんな気持ちも

［話し合いの一部］

さくら　［資料1］で、アリに話しかけているのは、小さな男の子だと思っていましたが、［資料2］を読むと、まどさん自身に思えてきました。

こうじ　まどさんは、よく見れば、そっくりに見えるすべての存在にも、[あ]ことに気づいたと述べています。

しおり　私なら、その気づきを「発見だ」とうれしく思いますが、まどさんは「申し訳なくってね」と言うことに驚《おどろ》きました。そして、「言わずにおれなくなって」、詩「アリくん」を書いたのですね。

さくら　私は、まどさんの、名前についての言葉が印象に残りました。私たち人間が①ついしてしまいがちなことを具体例を挙げて説明している一文がありますね。私にもそんな経験があります。

こうじ　まどさんは、［資料1］で、目の前の生き物が、人間がつけた名前でいうと「アリ」だと分かっていても、[い]と語りかけてもっと知ろうとしていますよね。

たけし　［資料2］には、まどさんが詩を書くときに大切にしていることが[う]ことだと書かれています。

しおり　本質って何でしょう。まどさんが「アリくん」を書いたときに、何が見えたり感じられたりしたのか聞いてみたいです。

たけし　こうしてみると、［資料2］には、ほかにも②まどさんの考えが書かれていますね。

こうじ　このような作者の考えを知ることで、作品の読み方は変わる気がします。

さくら　そうですね。私は、これからまどさんの詩を読むとき、まどさんが見たり感じたりしたものを想像しながら読みたいです。

【課題２】さくらさんたちは，オリンピック・パラリンピックについて調べたことをもとに話し合っています。**［話し合いの前半］**，**［話し合いの後半］**，**資料１〜４**をもとにして，あとの問いに答えなさい。

［話し合いの前半］

さくら	2016年には㋐<u>ブラジル</u>で夏季大会が，2018年には韓国《かんこく》で冬季大会が開さいされました。2020年は日本（東京）で夏季大会が開さいされます。それぞれ調べたことを発表してください。
たけし	㋑<u>オリンピック・シンボルの５つの輪は，南極大陸をのぞく，北アメリカ大陸，南アメリカ大陸，アフリカ大陸，［ Ａ ］大陸，［ Ｂ ］大陸の団結を表しています。</u>５色とまわりの白を加えた６色で，世界の国旗のほとんどがかけることから，「世界はひとつ」という意味がこめられています。パラリンピックのシンボルには，世界の国旗で最も多く使用されている青・赤・緑の３色が使われています。
しおり	㋒<u>東京大会に向け，「都市鉱山からつくる！みんなのメダルプロジェクト」というリサイクルの取り組みが行われています。回収《しゅう》したけい帯電話などの電子機器にふくまれる金，銀，銅からメダルをつくるというものです。</u>
こうじ	東京での開さいは２回目で，１回目は1964年でした。この年，日本を訪《おとず》れた外国人は約35万人で，その後，増えてきています。㋓<u>国は，2020年に4000万人の外国人が日本を訪れることを目標にしています。</u>

（問１）―― 部㋐のブラジルには，赤道が通っています。地球上の位置を表す緯度《いど》は，赤道を０度として，そこからどの向きに何度まで分けて表されるか，**ア**〜**エ**の中から１つ選び，記号を書きなさい。

ア　南北に90度　**イ**　南北に180度　**ウ**　東西に90度　**エ**　東西に180度

（問２）―― 部㋑について，［ Ａ ］・［ Ｂ ］にあてはまる言葉を書きなさい。

（問３）―― 部㋒にはリサイクルの１つの例が書かれています。リサイクルとは，何をどのようにすることか，リユースとのちがいをふまえ，「〜を〜こと。」に合うように書きなさい。

（問４）―― 部㋓について，日本を訪れる外国人を増やすためには，どのような場所で，どのような工夫をすることが必要だと考えられるか，**資料１**，**資料２**を関連づけ，あなたの考えを書きなさい。また，そう考えた理由を，それぞれの資料の中の言葉と数値《ち》を１つ以上用いて書きなさい。

資料１　訪《ほう》日外国人が最も期待していたこと

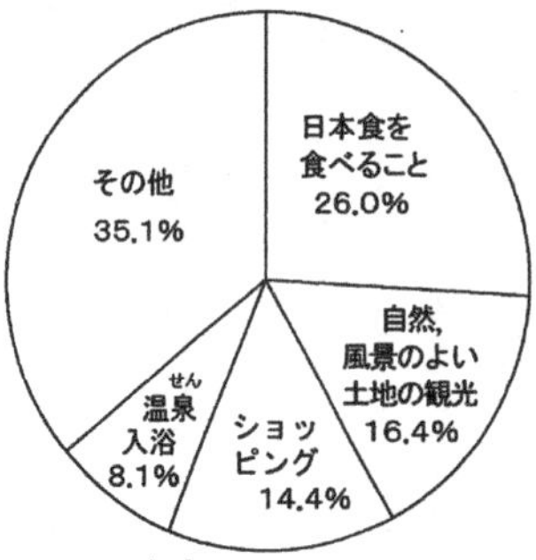

（観光庁《ちょう》　平成28年　年次報告書
「訪日外国人の消費動向」より作成）

資料２　訪日外国人が最も困《こま》ったこと

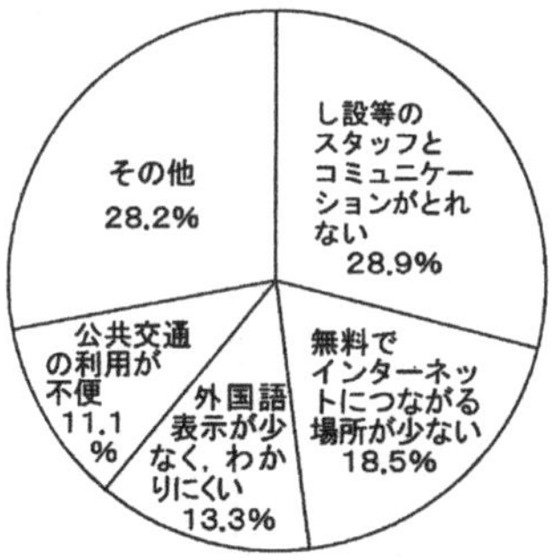

（観光庁　平成28年調査　「訪日外国人旅行者の国内における受入環《かん》境整備に関するアンケート」結果より作成）

［話し合いの後半］

さくら	2020年のオリンピック・パラリンピック東京大会で，日本を世界にアピールしたいです。例えば，㋔世界遺《い》産はどうでしょうか。日本にある世界遺産を知り，興味をもってもらえたらうれしいです。
たけし	大会のエンブレムは藍《あい》色でえがかれた模《も》様が採用されました。藍色は徳島県の色に制定されており，阿波《あわ》藍は県を代表する㋕伝統文化のひとつです。
しおり	阿波藍の製造はいつごろから盛《さか》んになったのですか。
たけし	室町時代にはつくられていたようですが，江戸時代から製造量が増加し，船で㋖大阪《おおさか》に出荷されました。その後，江戸へも運ばれるようになりました。
さくら	他にも徳島県に関連した取り組みはありますか。
こうじ	選手村の建物を各県産の木材で建てる取り組みがあり，徳島県もスギを提供《きょう》します。国産木材の活用で大会を盛《も》り上げ，林業の活性化をめざすことにより，「植える→育てる→ばっ採する→利用する」という森林のじゅんかんが推《すい》進されます。
たけし	木を切ることは，かん境破かいにつながりませんか。
こうじ	日本では，地球温暖《だん》化を防ぐために，㋗十分に成長した人工林の木を切って使い，新たになえ木を植えて育てることがすすめられています。人工林にはスギが多く植えられています。
さくら	だから林業を盛んにし，森林の手入れをしていくことが大切なのですね。
しおり	各県産の木材で建てられた選手村ができる東京大会が楽しみです。

（問５）―― 部㋔について，日本には世界遺産に登録された場所がいくつかあります。次の**Ａ**・**Ｂ**の世界遺産に最も関係のある府県を，**ア**～**カ**の中から１つずつ選び，記号を書きなさい。

Ａ　法隆寺地域《ほうりゅうじちいき》の仏教建造物　　**Ｂ**　厳島《いつくしま》神社

ア 京都府	**イ** 岡山《おかやま》県	**ウ** 奈良《なら》県	**エ** 山口県	**オ** 滋賀《しが》県	**カ** 広島県

（問６）―― 部㋕について，**ア**～**エ**を時代の古い順に並《なら》べ，記号で書きなさい。

ア　雪舟《せっしゅう》が，水墨画《すいぼくが》の技法を日本ふうの様式に完成させた。

イ　清少納言《せいしょうなごん》は，かな文字ですぐれた文学作品を生み出した。

ウ　歌川広重《うたがわひろしげ》のかいた浮世絵《うきよえ》が，木版の技術を用いて大量につくられた。

エ　豊臣秀吉《とよとみひでよし》が軍を送った朝鮮《ちょうせん》の技術が伝わり，有田《ありた》焼や萩《はぎ》焼の生産が始まった。

（問７）―― 部㋖について，「天下の台所」とよばれた当時の大阪のようすを，「航路」，「特産物」という言葉を用いて，書きなさい。

（問８）―― 部㋗を行うことが，地球温暖化の防止につながるのはどうしてか，**資料３**，**資料４**を関連づけ，その理由を書きなさい。

資料３　※1樹《じゅ》れい別のスギの※2二酸化炭素吸収《きゅうしゅう》量

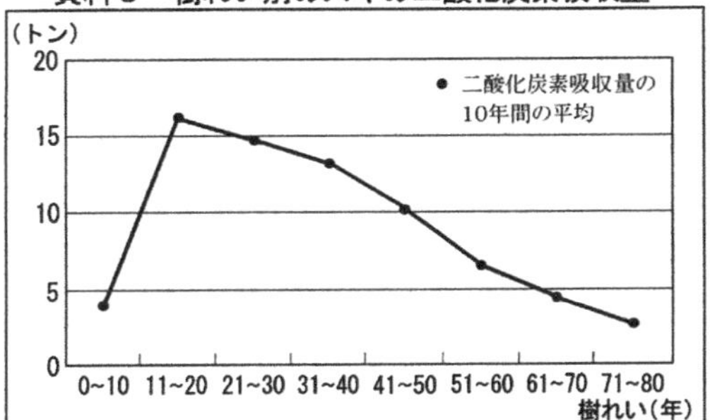

（林野庁　平成16年「森林・林業白書」より作成）

資料４　樹れい別の日本の人工林の面積

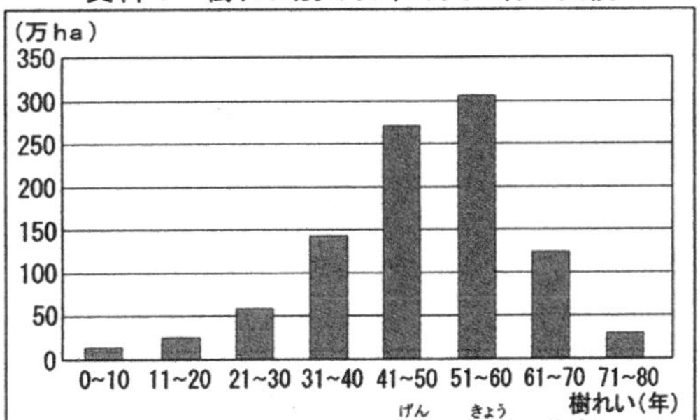

（林野庁　平成29年「森林資源《げん》の現況《きょう》」より作成）

※１　樹れいとは木の年れいのこと。
※２　二酸化炭素吸収量は，森林１haあたりで１年間に吸収された重さ。

【課題３】６年生のたけしさんたちは，卒業にあたり，在校生へのおくりものの一つとして，来年度に委員会活動を始める現在の４年生に，各委員会の紹介《しょうかい》文を書くことにしました。あなたがたけしさんなら，どのように書きますか。次の条件に合わせて書きなさい。

（条件）

・紹介する委員会名を解答用紙の □ の中に書くこと。
・題と氏名を書かずに，本文から書き始めること。
・３段《だん》落構成で書くこと。
・１段落目には，その委員会の活動内容を４行以内で書くこと。
・２段落目には，その委員会活動に取り組む中で，大変だったことと学んだことを，あなたの体験などを例にあげて書くこと。
・３段落目には，在校生が楽しく豊かな学校生活を送るために，その委員会の活動について提案するアイデアや工夫を書くこと。
・漢字を適切に使い，原こう用紙の正しい使い方に従《したが》って書くこと。
・13行から15行までにおさめること。

受検番号	

平成31年度
県立中学校適性検査
検査Ⅱ

問　題　用　紙

（時間50分）

【注　意】

1　「始め」の合図があるまで，問題用紙を開いてはいけません。

2　問題用紙は，５ページまであります。

3　解答は，この問題用紙ではなく，解答用紙の決められた場所に，ていねいに記入しなさい。

4　「始め」の合図があったら，まず，問題用紙の表紙と解答用紙のすべてに，受検番号を記入しなさい。

5　解答用紙の * には，何も記入してはいけません。

6　印刷がはっきりしなかったり，問題用紙や解答用紙がたりなかったりする場合は，静かに手をあげなさい。

7　「やめ」の合図で，すぐにえん筆をおき，解答用紙を裏《うら》返しにして２枚《まい》重ねて机《つくえ》の上におきなさい。

【課題１】さくらさんとお姉さんは，日曜日の午前に公園で行われた清そうボランティア活動に参加しました。次の問いに答えなさい。

（問１）清そうボランティア活動の参加者数の合計は756人です。参加申しこみは，年れい別に6才以上12才未満，12才以上16才未満，16才以上の区分になっています。また，これらの区分のそれぞれの参加人数を比で表すと4:5:3になります。さくらさんとお姉さんの年れいは右のとおりです。次の①・②に答えなさい。

さくらさん 12才　お姉さん 17才

① さくらさんが入る年れいの区分にあてはまるのは何才か，整数ですべて書きなさい。

② お姉さんが入る年れいの区分の参加者は何人になるか，書きなさい。

（問２）清そうボランティア活動では，公園を東側と西側に分けて活動をします。清そうする面積と活動人数は右の表のようになります。１人あたりの面積で比べると，どちらが広く，広い方の面積は何m^2になるか，書きなさい。

	東側	西側
面積	$27216m^2$	$13356m^2$
人数	504人	252人

（問３）公園の西側には池があります。さくらさんは，池の周りの道に落ちているごみを拾うために，その道を１周しました。池の周りの道は１周が675mです。Aをスタートして，分速15mで歩き，Aに帰ってきたとき，時刻《こく》はちょうど午前９時20分でした。スタートしたのは午前何時何分だったか，書きなさい。

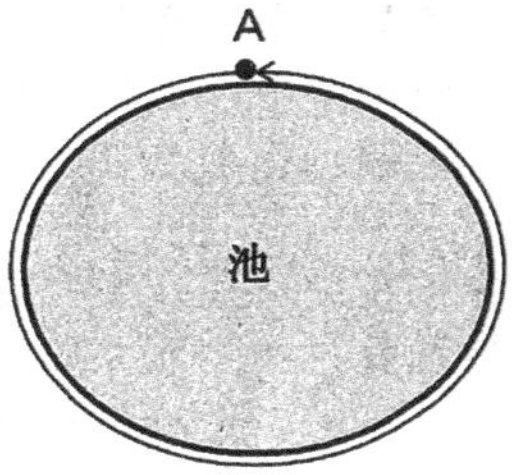

（問４）公園の中には，アルミかんリサイクルのための回収《しゅう》ボックスがあります。回収されたアルミかんの個数全体から４割《わり》減った個数が新しいアルミかんになります。昨年，この公園で回収されたアルミかんの個数からは，新しいアルミかんが7236個つくられると考えられます。昨年回収したアルミかんの個数は何個だったか，書きなさい。

（問５）ごみを回収するために，実行委員会が活動しているそれぞれのグループにごみぶくろを配りました。準備していたごみぶくろをそれぞれのグループに７枚《まい》ずつ配ると20枚余り，10枚ずつ配ると64枚たりなくなります。このとき，準備していたごみぶくろは何枚か，書きなさい。

【課題２】さくらさんたちは，科学センターで開かれている「楽しい理科教室」に参加しました。 実験１ ， 実験２ ，指導員の先生とさくらさんたちの会話をもとにして，あとの問いに答えなさい。

さくら　この前の晴れた日の夕方５時ごろ，科学センターのベランダから三日月《みかづき》（**図１**）を見ました。その日の夜の８時過ぎに同じ場所から見ると，三日月はしずんでいました。

図１

たけし　その日，さくらさんはベランダから， あ の空を見ていたのですね。

図２

さくら　はい，そうです。今日は土曜日で，この前，科学センターのベランダから三日月を見たときと，同じ時刻《こく》です。でも，そのときの月とは形がちがっていて半月（**図２**）になっています。

たけし　さくらさんが三日月を見たのは，いつですか。

さくら　 い の月曜日です。なぜ，月の形の見え方が変わるのですか。

指導員　月の形の見え方が変わるのは，月と太陽の位置関係が変わるからです。実験で確かめてみましょう。

実験１

1　**図３**のように，暗くした部屋《へや》で，ボールを月に，電灯を太陽に見立てて，ボールに一方向から光を当てる。

2　ボールを**ア**～**ク**の位置に置いて，見る向きを変えたとき，光が当たった部分の形が，それぞれどのように見えるか調べる。

図３

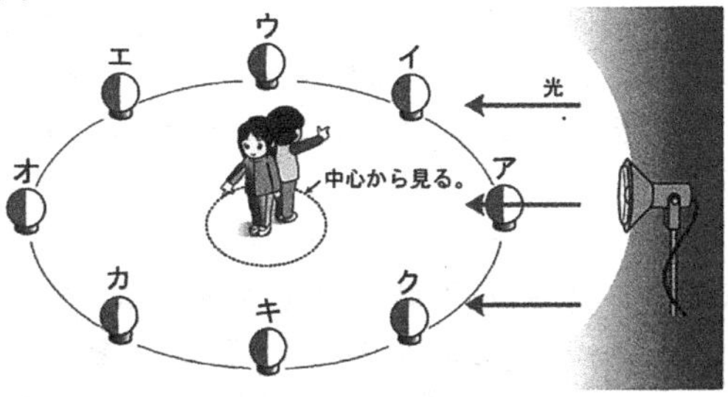

さくら　月の形の見え方が変化する理由が，実験からわかりました。

指導員　そうですか。ところで，「菜の花や月は東に日は西に」という俳《はい》句を聞いたことがありますか。どのような景色がうかびますか。

さくら　菜の花のさく春のようすで，月が東の空に，太陽は西の空にあります。

たけし　そのとき月は， う だったのですね。

指導員　そうですね。月は太陽の光を反射《しゃ》して，明るくかがやいているのですね。

さくら　日光についても調べてみたいです。

（問１）たけしさんは あ で，方位を答えました。 あ に入る方位を，**東・西・南・北**の中から最も適切なものを１つ選び，書きなさい。

（問２）さくらさんが答えた い に入るものを，**ア**～**エ**の中から１つ選び，記号を書きなさい。

ア　今週　　**イ**　先週　　**ウ**　２週間前　　**エ**　３週間前

（問３）―― 部について，**図４**は菜の花のなかまであるアブラナの花びらを１枚《まい》外して観察したときのスケッチです。**図４**のうち育って実になる部分を黒くぬりなさい。

図４

（問４）アブラナのように，花がさいて実をつける植物はどのように生命を受けついでいくのか，「受粉」，「種子」という言葉を使い，「生命を受けついでいく。」につながるように書きなさい。

（問５）たけしさんは う で，月がどのような形に見えたかを答えました。 う に入る言葉を書きなさい。また，そう考えた理由を，このときのボールの位置を**図３**の**ア**～**ク**で示し，月と太陽の位置関係を明確にして書きなさい。

*	(問2)	A		B	
*	(問3)	を			こと。
*	(問4)	場所と工夫			
*		理由			
*	(問5)	A		B	
*	(問6)	→	→	→	
*	(問7)				
*	(問8)				

15行　13行

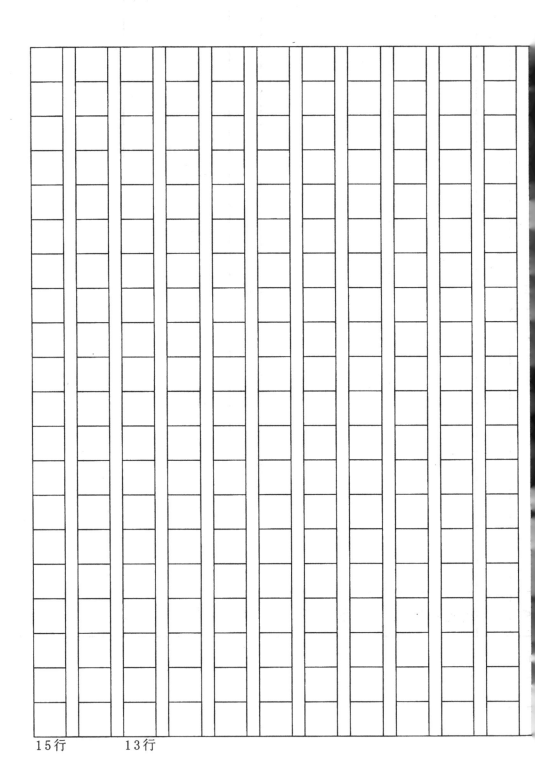

* （問４）

生命を受けついでいく。

* （問５）

う

* 理由

* （問６）

* （問７）

* （問８）

からです。

【解答

*	(問４)	回
*	(問５)	m
*	(問６) ①	こうじ　点 ゆうき　点
*		みつる　点 まこと　点
*	②	約　点

受検番号	

*

県立中学校適性検査　検査Ⅱ　解答用紙（２）

*

【課題３】

採点欄	問	解答欄
*	（問１）	組
*	（問２）	倍
*	（問３）	約　　秒

（考え方）

受検番号	

*

県立中学校適性検査　検査Ⅱ　解答用紙（１）

※200点満点
(配点非公表)

【課題１】

*

* (問１) ① 才

* ② 人

* (問２) 側が広く，１人あたり m^2

* (問３) 午前　時　分

* (問４) 個

* (問５) 枚

【課題２】

*

* (問１)

* (問２)

【解答

受検番号	

*

*

*

*

*

*

*

*

県立中学校適性検査　検査Ⅰ　解答用紙（2）

【課題3】

委員会

受検番号	

*

県立中学校適性検査　検査Ⅰ　解答用紙（１）

※100点満点
（配点非公表）

*

【課題１】

* （問１）

* （問２）

* （問３）　10

* （問４）

* （問５）
はじめの４字
おわりの４字

* （問６）

* （問７）　35　45　こと

* （問８）

【課題２】

次の日に，さくらさんたちは科学センターで指導員の先生と，日光と光電池のはたらきについて調べるために，太陽の方に向けてソーラーカー（**図5**）を走らせたり，光電池を使ってモーターを回したりしました。

ただし，この日の天気は晴れで，ソーラーカーの光電池は，地面に平行になっています。

図5

指導員　電流計を使うと，回路を流れる電流の強さを調べることができます。電流の強さが予想できないときは，光電池の−《マイナス》極側につながっている導線を電流計のどの−たんしにつなぎますか。

さくら　[え] です。

指導員　そうですね。電流計がこわれることがあるので，電流計に光電池だけをつないではいけませんよ。気をつけて，実験を始めましょう。

[実験２]

1　**図6**のように，光電池とモーター，電流計をつないで回路をつくり，光電池に日光を当てる。

2　**図7**のように，光電池のかたむきを**ア**，**イ**，**ウ**のようにしたときのモーターの回る速さや電流の強さを調べる。

図6

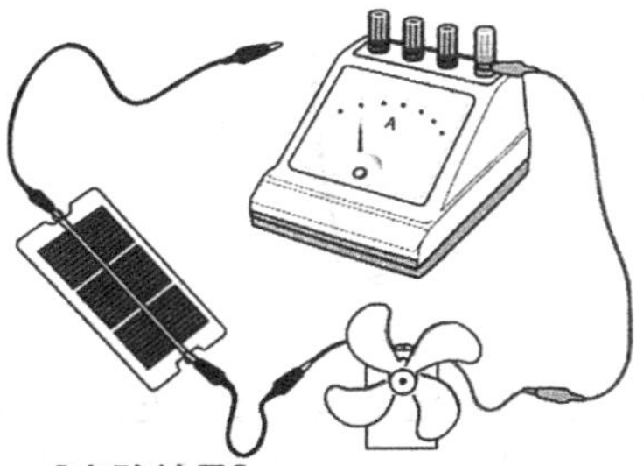

図7

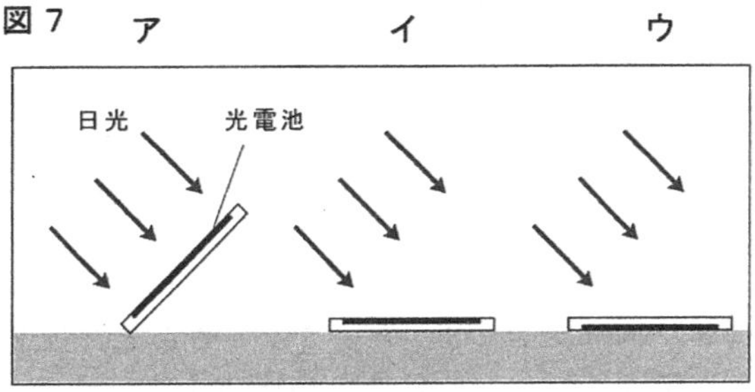

[実験結果]

光電池のかたむき	モーターの回る速さや電流の強さ
ア	電流が流れ，モーターが回った。
イ	弱い電流が流れ，モーターがゆっくりと回った。
ウ	電流は流れず，モーターが回らなかった。

さくら　光電池のかたむきが変わると，モーターの回る速さが変わりますね。

たけし　光電池をひっくり返すと日光が当たらないので，**ウ**は回路に電流が流れず，モーターが回らないのですね。

指導員　そうですね。

たけし　あれ，朝９時ごろに計測したときより正午の今の方が，ソーラーカーが速く走っています。同じソーラーカーで，光電池のかたむきを変えていないのにどうしてですか。

さくら　[お] からです。

指導員　よくわかりましたね。また，いろいろな実験をしましょう。

（問６）さくらさんが答えた [え] に入るものを，**ア**～**ウ**の中から１つ選び，記号を書きなさい。

ア　50mA　　**イ**　500mA　　**ウ**　5A

（問７）[実験２] で，光電池のかたむきが**イ**のとき，電流計は**図8**のようになりました。−たんしは500mAにつないでいるものとして，電流計の目盛《も》りを読み，単位をつけて書きなさい。

（問８）さくらさんは [お] で，ソーラーカーが速く走るようになった理由を答えました。[お] に入る言葉を [実験２] の結果をもとにして書きなさい。

図8

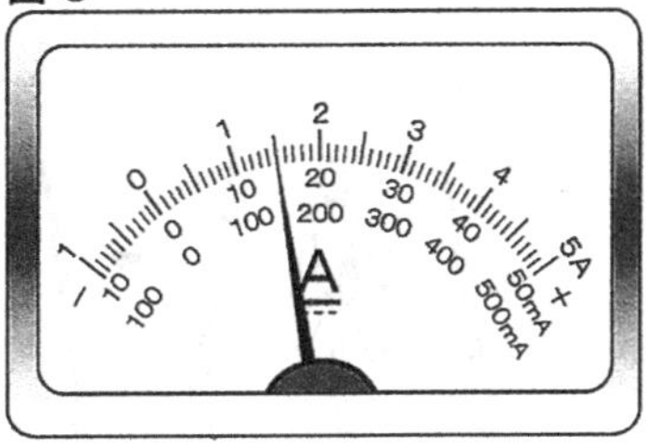

【課題３】たけしさんたち６年生は，学校の体育館や運動場で新体力テストを行います。次の問いに答えなさい。

（問１）20mシャトルランを行います。６年生の男子は全員で57人います。ひと組12人で行うとき，男子全員が行うためには何組必要になるか，書きなさい。

（問２）ソフトボール投げのラインをひきます。下の**図**のように半径１mの円をかき，円の中心から投げる方向に向かって30°になるように30mの直線を２本ひいて，おうぎの形をかきます。下の**図**の円周**ア**の長さは太線**イ**の長さの何倍になるか，書きなさい。ただし，円周率は3.14とします。

図

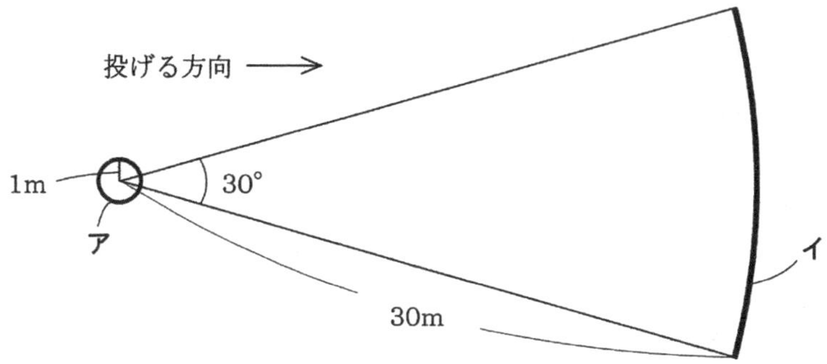

（問３）50m走をしました。こうじさんとたけしさんは同じ組で走りました。こうじさんが先にゴールし，記録は8.0秒でした。そのとき，たけしさんの位置は下の**図**のようにゴールまで残りちょうど２mの地点でした。このあと，たけしさんもゴールしました。たけしさんの記録は何秒だったか，四捨《しゃ》五入で $\frac{1}{10}$ の位までのがい数にして，書きなさい。また，考え方を言葉や式を使って書きなさい。

ただし，スタートからゴールまでは，一定の速さで走ったこととします。

図

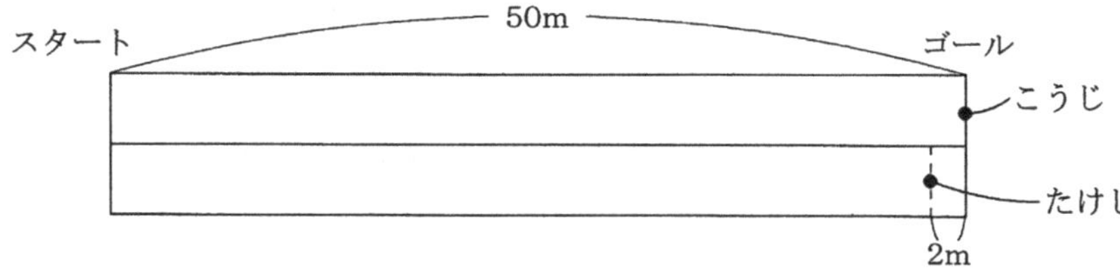

（問４）反復横とびをしました。下の**図**のように**イ**の線をまたいで立ち，「**ウ→イ→ア→イ→**…」の順にくり返し動きます。それぞれの線をふむかまたぐかで１回と数えます。

終わりの笛が鳴ったとき，たけしさんの足は**ア**の線をまたいだところにありました。回数は45回はこえて，55回にはとどきませんでした。たけしさんの回数は何回だったか，考えられる回数をすべて書きなさい。ただし，ふみ忘《わす》れなどの失敗はなかったこととします。

図

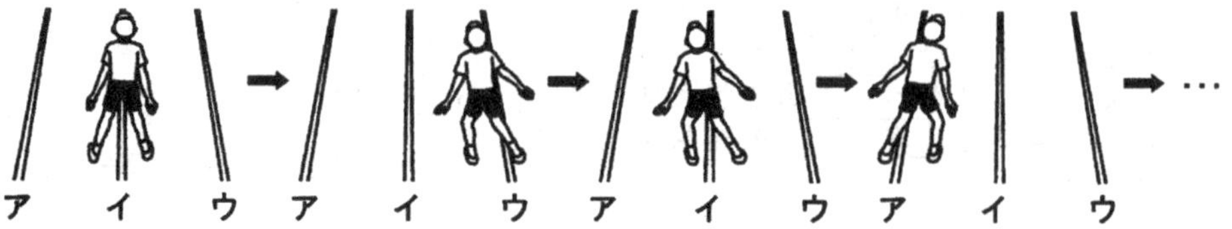

（問５）下の**図**は，たけしさんの学校の校舎や体育館，運動場などをふくむしき地全体を真上から見た $\frac{1}{2000}$ の縮《しゅく》図です。学校のしき地はＡＢＣＤのような台形で，校舎や体育館が建っているしき地と運動場があるしき地とは，点Ａを通る直線で分けられています。この直線が辺ＢＣと交わる点をＰとすると，校舎や体育館が建っているしき地が三角形ＡＢＰ，運動場があるしき地が四角形ＡＰＣＤで，三角形ＡＢＰの面積は四角形ＡＰＣＤの面積の $\frac{3}{5}$ 倍です。このとき，点Ｐは点Ｂから実際の長さで何ｍのところにあるか，書きなさい。

図

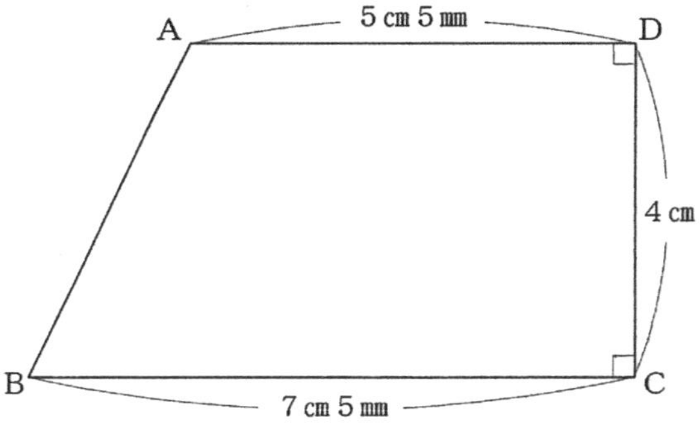

（問６）６年１組，２組，３組の新体力テストの結果を得点にして整理しています。６年１組の男子は全員で19人で，19人の得点の平均は，ちょうど55点でした。次の①・②に答えなさい。

①　左下の**新体力テストの得点（６年１組男子）**のグラフは，６年１組男子19人全員の得点を柱状グラフで表しています。また，右下の**【得点メモ】**は，６年１組男子19人全員の得点を１人ずつ書いていたメモですが，一部が破れてしまい４人の得点だけがわからなくなりました。**【得点メモ】**のうち，得点がわからなくなった４人（こうじ，ゆうき，みつる，まこと）の得点については，下の□の中に書いてあることがわかっています。こうじ，ゆうき，みつる，まことの得点はそれぞれ何点か，書きなさい。

新体力テストの得点（６年１組男子）

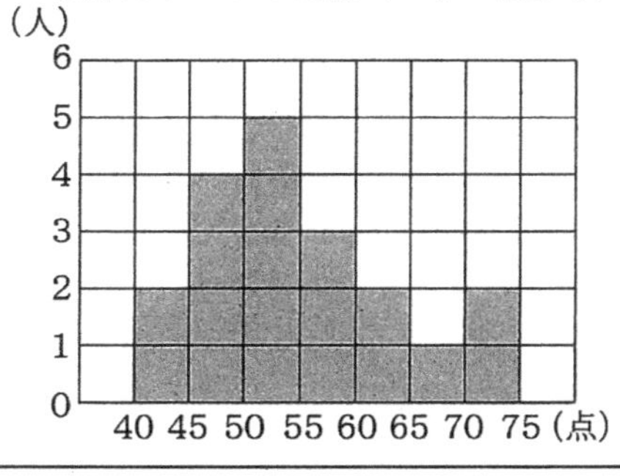

【得点メモ】

61	56	49
51	67	
42	45	
53	48	
48	54	
64	73	
41	55	

・こうじさんの得点は高い方から12番目で，こうじさんの得点と同じ得点の人はいません。
・最高得点は73点で２人います。
・ゆうきさんの得点は，みつるさんの得点より高いです。
・まことさんの得点は，３番目に人数の多い区間に入っています。

②　新体力テストを行った６年生の，１組と２組の得点合計は4725点，２組と３組の得点合計は4939点，１組と３組の得点合計は4544点でした。１組の男子，女子を合わせた人数は37人で全員がテストを行いました。このとき，１組女子の得点の平均は何点になるか，四捨五入で $\frac{1}{10}$ の位までのがい数にして，書きなさい。

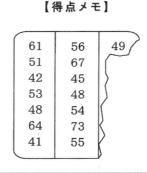

徳島県立
　　城ノ内中学校
　　富岡東中学校
　　川島中学校

受検番号	

平成30年度

県立中学校適性検査
検査Ⅰ

問　題　用　紙

（時間45分）

【注　意】

1　「始め」の合図があるまで，問題用紙を開いてはいけません。

2　問題用紙は，5ページまであります。

3　解答は，この問題用紙ではなく，解答用紙の決められた場所に，ていねいに記入しなさい。

4　「始め」の合図があったら，まず，問題用紙の表紙と解答用紙のすべてに，受検番号を記入しなさい。

5　解答用紙の * には，何も記入してはいけません。

6　印刷がはっきりしなかったり，問題用紙や解答用紙がたりなかったりする場合は，静かに手をあげなさい。

7　「やめ」の合図で，すぐにえん筆をおき，解答用紙を裏《うら》返しにして2枚《まい》重ねて机《つくえ》の上におきなさい。

とは、すばらしいことです。美しいけしきにであえるだけでなく、自分たちとはちがうくらしのありかたを知ることができます。それが心を豊かにし、ひろい目でものごとをかんがえる力になっていきます。

しかし、むかしむかしの世界へいきたいと思っても、バスもありません。電車もありません。そういうとき、民話を語ってもらったり、本で読んでほしいのです。そこにくりひろげられる物語は、時間をこえて、あなたを遠いむかしの国へつれていってくれます。

そこには、いまは見られないひろびろとした野や山があります。山には、やまんばがすんでいます。川には、かっぱがすんでいます。てんぐが空をとび、大蛇はうねうねと山の木や草をおしわけてすすみ、まっかなしたをぴらぴらさせます。日が暮《く》れればキツネ火がもえ、タヌキが人をばかします。

むかしの人びとは、そういう い な世界にすんでいました。しかし、ただ、 い といってしまえば、それまでです。ありそうにもないこと、でありながら、そこにはあんがい、ほんとうのことが語られているのではないでしょうか。

いまよりももっとまずしく、米の飯など正月にしか口に入らないくらしの中で生きた人びとは、おそれる心をもっていました。山をおそれ、川をおそれ、水をおそれ、風をおそれました。それが、やまんばやかっぱとなったのかもしれません。

しかし、むかしの人びとは、おそれてばかりはいません。力強く、たくましく、知恵《え》やとんちをはたらかせながら生きぬいてきました。

民話には、そうした祖先の心が、いきいきと語られています。人びとのねがい、喜び、悲しみ、おかしさがあふれています。

（日本児童文学者協会編「徳島県の民話」より。一部省略等がある。）

（問2）［資料］の〰〰部「もっとも」と同じ意味で使われているものを、ア～エの中から一つ選び、記号を書きなさい。

ア　別の道を進めばよいという意見が出た。もっともだ。

イ　提案された方法の中でもっとも効果的な方法は、A案だ。

ウ　明日は雨でも出かけよう。もっともよほどひどければ別だ。

エ　もっともらしい理由を考えるのは、よい方法ではない。

（問3）――部①について、［資料］では、どのように説明されていますか。ア～エの中から一つ選び、記号を書きなさい。

ア　昔話や伝説、世間話以外のはっきりきめられない話が、民話である。

イ　場所やものがのこっている話は、伝説ではあるが、民話ではない。

ウ　世間話は、「むかしむかし、あるところに」ではじまる民話である。

エ　昔話や伝説や世間話がいりまじっているような話も、民話である。

（問4）━━部「飛行機」と同じ成り立ち（構成）の熟《じゅく》語を、ア～カの中からすべて選び、記号を書きなさい。

ア　決勝戦　イ　高性能　ウ　心技体　エ　無意識　オ　氷河期　カ　輸出入

（問5）――部②は、［資料］のどの部分ですか。はじめとおわりの五字を書きなさい。（「、」や「。」も一字に数えます。）

（問6） い には、なぜそうなのか科学や常識では十分説明しきれないという意味の、ひらがなで書いても、漢字で書いても三字の言葉が入ります。その言葉を、漢字で書きなさい。

（問7）‖部「ほんとうのことが語られている」とありますが、「ほんとうのこと」とは何ですか。［資料］の言葉を使って、四十字以上、五十字以内で書きなさい。（「、」も一字に数えます。）

（問8）――部③について、［資料］には、民話の魅力がどのように書かれていますか。ア～エの中から適切なものを一つ選び、記号を書きなさい。

ア　登場人物が、読者に語りかけるように書かれている。

イ　実感がわくよう、具体的な例を用いて書かれている。

ウ　結論《ろん》が示されたあとで、複数の根拠《きょ》が書かれている。

エ　問いに対して答える形で、順序立てて書かれている。

【課題1】総合的な学習の時間の発表会に向けて、民話について調べていたさくらさんたちは、資料をもとに、話し合っています。［資料］と［話し合いの一部］を読んで、あとの問いに答えなさい。

［資料］

わたしたちが生まれ、そだったふるさとには、たくさんのお話がつたわっています。

「むかしむかし、あるところに」ではじまるのを、昔話といいます。

――むかしむかし、あるところに、おじいさんとおばあさんがおったそうな。ある日のこと、おじいさんは山へしばかりに、おばあさんは川へせんたくに……。

知っているでしょう。『桃太郎《ももたろう》』のはじまりです。『うり子姫《ひめ》』も、こんなふうにはじまります。こういうのが昔話です。

――なんとか山の、なんとか池には、むかし、おそろしい主がすんでいた。その主は大蛇《じゃ》だったと。

こんなふうに、いまでも場所や、ものがのこっているような話を、伝説といいます。

伝説は、池とか山とかだけではありません。道ばたに立っているお地蔵《じぞう》さまにも、町のまん中に立っている木などにもあります。

このほか、村むらで語られてきた話、これを世間話といいます。

なんとか村の、なにべえさんは、キツネにばかされてね、という話や、なんとか村の、なにすけさんは、たいへんな力持ちでね、などという話です。とんちのある人が、とんちで殿《との》さまをやっつけたりする話もあります。

もっとも、昔話のようでもあり、伝説のようでもあり、世間話のようでもある、はっきりきめられない話もあります。なにしろ口から口へ、語りつたえられてきたものですから、いりまじってもしかたありませんし、それはそれでいいのです。

こうした、語りつたえられてきた話をまとめて、民話といいます。

みなさんは、旅行がすきでしょう。電車に乗ったり、バスに乗ったり、もしかすると飛行機に乗ったりして、遠い土地へいくこ

［話し合いの一部］

さくら　民話は、村むらで人びとに［あ］話なのですね。

たけし　それが、民話の大きな特ちょうなのでしょう。

こうじ　［資料］から、①民話と昔話や伝説、世間話の関係もよくわかります。

しおり　そのような民話を読んだり聞いたりすると、遠いむかしの国を旅行している気持ちになれます。民話は、バスや電車、飛行機では行くことのできない世界につれていってくれるのですね。

たけし　［資料］には、②遠いむかしの国を実際に歩いているような気持ちになれるところがありますよ。そこを読むと、むかしの風景や民話のいろいろな登場人物が出てきて、わくわくしてきます。それに、同じ文末がくり返されていて、リズムがとてもよいです。

さくら　このような民話の世界を、筆者は［い］な世界と言っています。［い］という言葉から、「ありそうにもない」ことに心をおどらせる楽しさが伝わってきます。

しおり　そして、その民話の世界では、「ありそうにもないこと」でありながら、「ほんとうのことが語られている」のですね。

こうじ　そうですね。だから、民話を読むと、むかしの人びとのねがい、喜び、悲しみ、おかしさが伝わってくるのですね。

さくら　［資料］を読んで、③民話の魅《み》力がよくわかりました。民話は、わたしたちの宝《たから》物なのですね。発表会では、徳島の民話を紹介《しょうかい》する中で、民話の魅力を伝えていきましょう。

（問1）［あ］に入る十字の言葉を、［資料］より見つけて、書きぬきなさい。

【課題２】自動車の部品をつくっている近所の工場へ見学に出かけたさくらさんたちは，工場の林さんに質問をしました。次の **［林さんとの会話の一部］**，翌《よく》日の **［話し合いの一部］**，**資料１～４**をもとにして，あとの問いに答えなさい。

［林さんとの会話の一部］

さくら　どのような自動車部品を，この㋐工場でつくっているのですか。
林さん　左右のタイヤをつなぐ車じくとハンドルとを結ぶ部品をつくっています。
たけし　徳島県には，他にも自動車の部品をつくっている関連工場があるのですか。
林さん　ありますよ。関連工場でつくられた部品は，自動車工場に届《とど》けられます。自動車を効率的に組み立てるために，ジャスト・イン・タイム方式というしくみがあります。これは，［　あ　］しくみです。
たけし　わかりました。ところで，自動車工場はどのような場所にありますか。
林さん　㋑関東地方の南部から九州地方の北部にかけて，海岸沿《ぞ》いに広がる［　A　］とよばれる工業のさかんな地域《いき》に，多くの自動車工場があります。
しおり　以前の社会の時間に，工業地帯や工業地域の特ちょうを学習しました。
林さん　では，ここにある２つの資料を見てください。**資料１**は，工業別の製造品出荷《か》額の上位３府県を表したものです。**資料２**は，**資料１**の府県をふくむ工業地帯の製造品出荷額の構成を表したグラフです。たとえば，大阪《さか》府をふくむ工業地帯のグラフが，**資料２**の**ア～ウ**のどれかわかりますか。
さくら　**資料１，２**から考えると，大阪府をふくむ工業地帯のグラフは（ ① ）です。理由は［　い　］

（問１）―― 部㋐について，「工場」を表す地図記号を，**ア～エ**の中から１つ選び，記号を書きなさい。

（問２）林さんは［　あ　］で「ジャスト・イン・タイム方式」について説明しました。「これは，」に続けて［　あ　］に入る適切な言葉を書きなさい。

（問３）―― 部㋑について，［　A　］にあてはまる言葉を書きなさい。

（問４）さくらさんが答えた（ ① ）にあてはまる工業地帯のグラフを，**資料２**の**ア～ウ**の中から１つ選び，記号を書きなさい。また，**資料１，２**を関連付け，［　い　］に入る適切な言葉を，製造品出荷額の数値を根拠《きょ》にして書きなさい。

資料１　工業別の製造品出荷額の上位３府県

	金　属	機　械	化　学
1	愛知 4兆6000億円	愛知 30兆7000億円	千葉 6兆7000億円
2	大阪 3兆7000億円	静岡《おか》 8兆3000億円	神奈川 4兆9000億円
3	兵庫 3兆1000億円	神奈川 7兆7000億円	大阪 3兆7000億円

注：出荷額は千億の位までのがい数
（「日本国勢図会2017/18」より作成）

資料２　工業地帯の製造品出荷額の構成

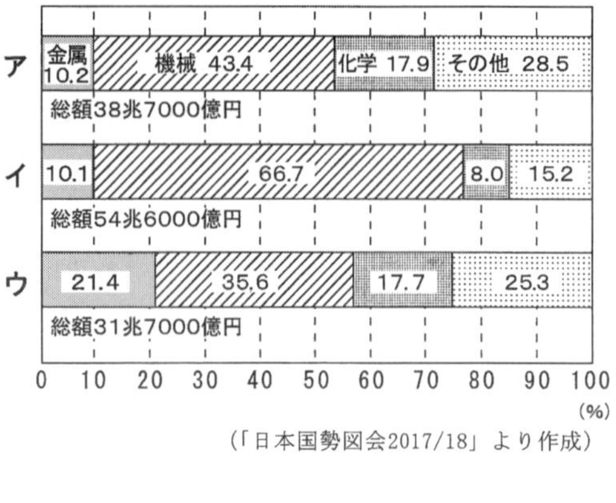

（「日本国勢図会2017/18」より作成）

[話し合いの一部]

さくら　きのう，見学に行った工場では，たくさんの機械を使って製品がつくられていました。日本に近代的な工場がつくられたのは，いつごろでしょう。

たけし　明治時代，政府は㋒明治維新《いしん》とよばれる政治や社会の改革《かいかく》を進め，近代的な産業をおこすために，富岡製糸場などの官営工場をつくりました。そして，工業や建築など，各分野で㋓外国の技術者や学者から，進んだ技術や知識を教わりました。

しおり　㋔明治時代から大正時代，昭和時代の初めにかけては，生糸《きいと》などのせんい工業がさかんでした。今は機械工業が工業生産の中心となっています。

たけし　原料の多くを輸入し，それを工場で加工して輸出していることも日本の工業生産の特色の一つですね。

しおり　また，外国で生産された部品を輸入して，国内で工業製品をつくることも増えてきています。

さくら　日本の工業生産は，世界のさまざまな国や地域と結び付くことによって成り立っているのですね。**資料３，４**を見てください。２つの資料から，貿易や海外生産がさかんになっている現在，［　う　］が求められていることがよくわかります。

たけし　世界の国とともに工業生産をしていくために，いろいろな工夫がされているのですね。

（問５）―― 部㋒について，政府は，国の収入を安定させるために，江戸時代の年貢《ねんぐ》に代わって，地租《そ》という税金を取る地租改正を行いました。なぜこのことが，国の収入が安定することにつながるのか，年貢とのちがいをふまえ説明しなさい。

（問６）―― 部㋓について，日本は昔からさまざまな国と交流し，技術や知識をはじめ，多くのことを取り入れてきました。次の**ア**～**ウ**の人物に，最も関係のあるものを，**A**～**F**の中から１つずつ選び，記号を書きなさい。

ア　小野妹子《おののいもこ》　　**イ**　鑑真《がんじん》　　**ウ**　杉田玄白《すぎたげんぱく》

A　古事記伝《こじきでん》	B　延暦寺《えんりゃくじ》	C　遣隋使《けんずいし》	D　解体新書《かいたいしんしょ》	E　大化《たいか》の改新《かいしん》	F　唐招提寺《とうしょうだいじ》

（問７）次の**ア**～**エ**は，―― 部㋔のころの出来事です。古い順に並《なら》べ，記号を書きなさい。

ア　25才以上の男性すべてに選挙権《けん》が認《みと》められる。
イ　小村寿太郎《こむらじゅたろう》が関税自主権を確立させ，不平等条約が改正される。
ウ　板垣退助《いたがきたいすけ》が自由民権運動を主導し，自由党《とう》をつくる。
エ　ドイツの憲《けん》法を参考にしてつくられた大日本帝国憲法《だいにっぽんていこくけんぽう》が発布される。

（問８）**資料３，４**をもとに，「共通」という語句を用いて，［　う　］に入る適切な言葉を書きなさい。

資料３

2014年4月21日付けで六角ボルト，六角ナットのJIS（日本工業規格）改正が行われました。この改正は，日本の会社が今後，海外生産，世界調達に対応するためであり，ねじ業界は，2020年までに，この規格に従《したが》い供《きょう》給体制を整えます。

（ねじ商工連盟《めい》「附《ふ》属書品から本体規格品への切り替《か》えガイド」2014より作成）

資料４

衣類などの生産や流通は海外との取引が一般《ぱん》的になっています。そのため，平成28年12月から，衣類などの洗濯《せんたく》表示が国内外で統一されることになりました。

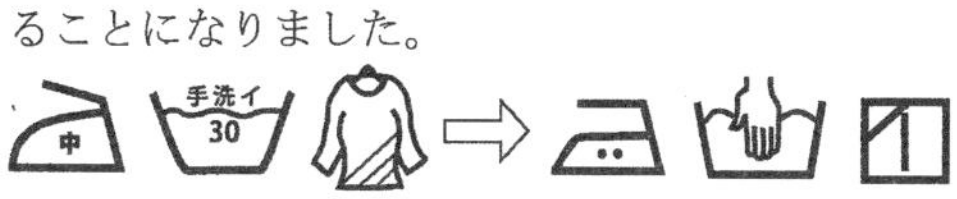

（経済産業省，消費者庁《ちょう》「衣類の新しい『取扱《とりあつか》い表示』で上手な洗濯！」2015より作成）

【課題３】さくらさんたちは，身近にある物について，いろいろな観点から見つめ直して書く学習をしています。そこで，さくらさんは，えん筆について，下の**ア**～**ウ**の３つの観点の中から１つ選び，見つめ直すことにしました。あなたがさくらさんなら，どの観点から，どのように書きますか。次の条件に合わせて書きなさい。

（条件）
- 下の**ア**～**ウ**の３つの観点の中から，あなたが選んだ観点の記号を，解答用紙の□の中に書くこと。
- 題と氏名を書かずに，本文から書き始めること。
- ３段《だん》落構成で書くこと。
- １段落目には，えん筆について，これまでどのように見たり思ったりしていたのか，５行以内で書くこと。
- ２段落目には，あなたが選んだ観点からえん筆について見つめ直して，新しく見えてきたことを書くこと。
- ３段落目には，あなたが選んだ観点からえん筆について見つめ直した感想を書くこと。
- 漢字を適切に使い，原こう用紙の正しい使い方に従《したが》って書くこと。
- 13行から15行までにおさめること。

［見つめ直す観点］

ア **他の物と比べて見る**

イ **部分に着目して見る**

ウ **自分以外の人や物になって見る**

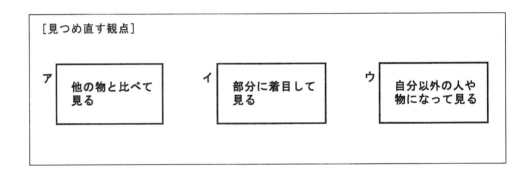

受検番号	

平成30年度

県立中学校適性検査
検査Ⅱ

問　題　用　紙

（時間50分）

【注　意】

1　「始め」の合図があるまで，問題用紙を開いてはいけません。

2　問題用紙は，5ページまであります。

3　解答は，この問題用紙ではなく，解答用紙の決められた場所に，ていねいに記入しなさい。

4　「始め」の合図があったら，まず，問題用紙の表紙と解答用紙のすべてに，受検番号を記入しなさい。

5　解答用紙の * には，何も記入してはいけません。

6　印刷がはっきりしなかったり，問題用紙や解答用紙がたりなかったりする場合は，静かに手をあげなさい。

7　「やめ」の合図で，すぐにえん筆をおき，解答用紙を裏《うら》返しにして2枚《まい》重ねて机《つくえ》の上におきなさい。

【課題１】たけしさんの学級では，世界の国について学習しています。次の問いに答えなさい。

（問１）世界の国の人口について調べています。６か国の人口は次のとおりでした。

オーストラリア　21727158人，	中国　1339724852人，	イタリア　59433744人
アメリカ　308745538人，	ブラジル　190755799人，	インド　1210185977人

（国際連合「2016年　世界の国々の人口」より作成）

この６か国の人口を多い順に並《なら》べたとき，人口が４番目に多い国は約何人になるか，その国の人口を，四捨五入《ししゃごにゅう》で百万の位までのがい数にして，数字で書きなさい。

（問２）世界の国に行く時間を調べています。調べるうちに日本から世界の国へ飛んでいる飛行機の速さが話題になりました。中国のシャンハイへは，日本の空港を午後６時20分に出発すれば，シャンハイの空港に同じ日の午後9時ちょうどに着きます。日本の空港とシャンハイの空港の間のきょりは1350kmです。このきょりを飛行機が出発からとう着まで同じ速さで飛んだとき，時速は何kmになるか，書きなさい。ただし，時刻《こく》はすべて日本時間とし，時差は考えないこととします。

（問３）世界の国旗について調べています。国旗のデザインにはきまりがあることがわかりました。日本の国旗は，縦《たて》の長さが横の長さの $\frac{2}{3}$ で，中央の赤い丸の直径は，縦の長さの $\frac{3}{5}$ ときめられています。横の長さが120cmのとき，赤い丸の円周は何cmになるか，書きなさい。ただし，円周率は3.14とします。

（問４）たけしさんたちの住んでいる地域《いき》に，外国の人が何人くらい住んでいるかが，話題になりました。調べると，次のようなことがわかり，表にまとめることにしました。

・地域に住む外国の人の数は1200人で，そのうち男性は619人です。
・中国の人は480人，かん国の人は456人です。
・中国の人のうち男性は275人，その他の国の人のうち女性は161人です。

	中　国	かん国	その他	合　計
男				
女				
合　計				

①　かん国の人のうち男性は何人になるか，書きなさい。

②　この地域に住む中国，かん国，その他の国の人の人数の割合《わりあい》を表した円グラフをかきなさい。ただし，円グラフは，割合の多い順にかき，国名，「その他」を書いて表しなさい。

（問５）国際郵《ゆう》便について調べています。たけしさんは外国に住んでいる友達に，はがきを送ります。切手代金を調べたところ70円であることがわかりました。

たけしさんの手元には，右のように５種類の切手が合計９枚《まい》あります。これらの切手を組み合わせて，切手代金の70円ちょうどにするには，何とおりの方法があるか，書きなさい。

5円切手	２枚
10円切手	２枚
20円切手	３枚
30円切手	１枚
50円切手	１枚

【課題２】さくらさんたちは，科学センターで開かれている「楽しい理科教室」に参加しました。 実験１ ～ 実験４ ，指導員の先生とさくらさんたちの会話の一部をもとにして，あとの問いに答えなさい。

さくら　この科学センターにあるホールのふりこは，ゆっくり動いていますね。
指導員　ふりこの速さは何に関係しているのか，調べてみましょう。

実験１ （図１）

1　おもりの重さ10ｇ，ふりこの長さ50cm，ふれはばは15°とするふりこを用意する。
2　おもりの重さ，ふりこの長さ，ふれはばを１つずつ変えて，それぞれ10往復する時間を10回測定し，平均して１往復する時間を求める。

図１

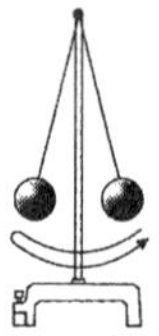

［実験結果１］

おもりの重さ	１往復する時間
10ｇ	1.4秒
20ｇ	1.4秒

ふりこの長さ	１往復する時間
50cm	1.4秒
100cm	2.0秒

ふれはば	１往復する時間
15°	1.4秒
30°	1.4秒

指導員　これらの実験から，ふりこが１往復する時間にどのようなきまりがあるかわかりますか。
たけし　［　　あ　　］
指導員　そうですね。下の表は，ふりこの長さと１往復する時間の関係をくわしく調べた結果です。この表からふりこの長さを決めると，正確な時間を調べられることがわかります。ふりこの長さが800cmのときの１往復する時間は，何秒になると考えられますか。

［実験結果２］

ふりこの長さ	25cm	50cm	100cm	200cm	400cm
１往復する時間	1.0秒	1.4秒	2.0秒	2.8秒	4.0秒

さくら　［ い ］秒です。
指導員　よくできましたね。

（問１）たけしさんは ［ あ ］ で，ふりこのきまりについて答えました。［ あ ］ に入る適切な言葉を書きなさい。
（問２）さくらさんが答えた ［ い ］ に入る数字を書きなさい。

次に，さくらさんたちは，生物教室に移動しました。いろいろな生物について教えてくれます。

［たけしさんのメダカのスケッチ］

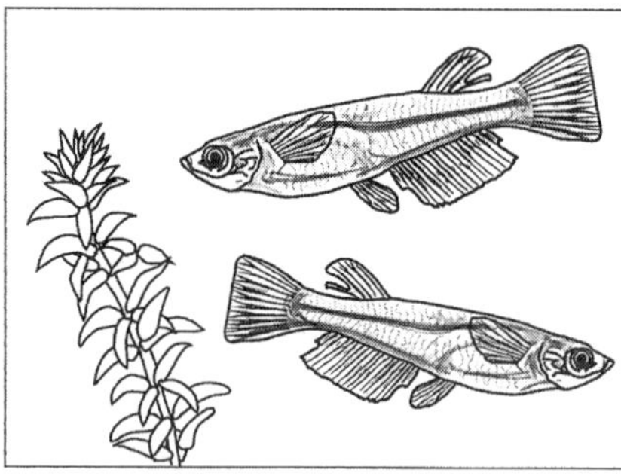

たけし　家でメダカを２ひき飼っています。体は大きくなったけれど，たまごを産みません。えさもあたえているし，水草も入れてあるのにどうしてですか。これがメダカのスケッチです。
指導員　このスケッチを見て，その理由がわかりました。［　　う　　］
　ここに，センターで飼っているメダカが産んだたまごがあります。観察してみましょう。

実験２

たまごを水草ごとペトリ皿に取り，そう眼実体けんび鏡で観察する。

（問３）指導員は ［ う ］ で，メダカがたまごを産まない理由を説明しました。［たけしさんのメダカのスケッチ］をもとに，［ う ］ に入る適切な言葉を書きなさい。
（問４）次は，受精して10日目のメダカのたまごを，たけしさんがそう眼実体けんび鏡で観察し，学習したことを記録したものです。［ え ］ に入る適切な言葉を書きなさい。

【受精して10日目】
・たまごの中で，メダカがぐるっと回るように動いた。
・メダカの体の中に，赤い血液が流れているのが見えた。
　血液が流れているのは，［　　え　　］からだ。

［たまごのスケッチ］

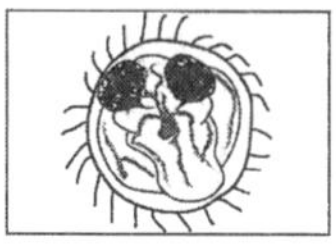

【課題２】

*		
*	（問１）	
*	（問２）	これは，　　　　しくみです。
*	（問３）	
*	（問４）	①
		い
*	（問５）	
*	（問６）	ア　　イ　　ウ
*	（問７）	→　→　→
*	（問８）	

15行　13行

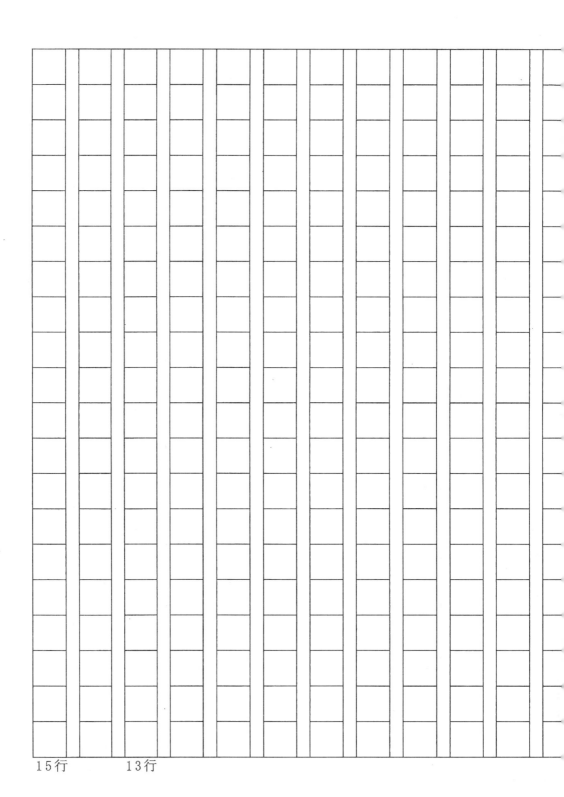

【課題２】

*

*	(問１)	
*	(問２)	秒
*	(問３)	
*	(問４)	
*	(問５)	
*	(問６)	
*	(問７)	
*	(問８)	調べる方法
		結　　果
*	(問９)	

*	（問６）	午後　　　　時　　　　分
*	（問７）	分　　　　秒後
*	（問８）	cm^2

受検番号	

*

県立中学校適性検査　検査Ⅱ　解答用紙（2）

【課題3】

*

*	（問1）		左から　　　　　列目の上から　　　　　段《だん》目
*	（問2）	①	回
*		②	人
*	（問3）		個
*	（問4）		m
*	（問5）		曜日

（考え方）

受検番号

*

※200点満点
（配点非公表）

県立中学校適性検査　検査Ⅱ　解答用紙（1）

*

【課題１】

*	（問１）	約　　　　人
*	（問２）	時速　　　　km
*	（問３）	cm
*	（問４）①	人
*	②	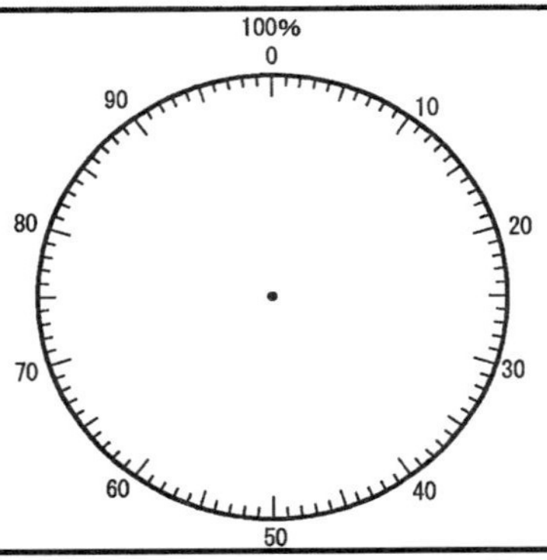

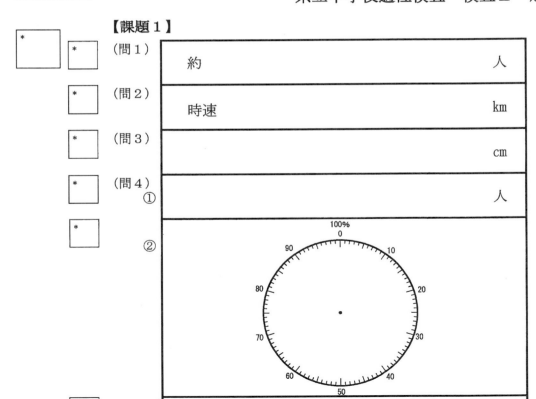

受検番号	

*

県立中学校適性検査　検査Ⅰ　解答用紙（2）

*

*

*

*

*

*

*

【課題3】

見つめ直す観点

受検番号	

*

※100点満点
（配点非公表）

県立中学校適性検査　検査Ⅰ　解答用紙（１）

【課題１】

*

*	（問１）	（10字）
*	（問２）	
*	（問３）	
*	（問４）	
*	（問５）	はじめの５字
		おわりの５字
*	（問６）	
*	（問７）	（40・50字）
*	（問８）	

さくら　外の池にもメダカがいるのですね。えさをあたえていますか。
指導員　いいえ，あたえていません。どうしてかわかりますか。池の中にいる小さな生物について考えてみてください。
たけし　㋐イカダモはミジンコに食べられ，ミジンコをメダカが食べるからです。
指導員　そうですね。外の池にどんな生物がいるか，実験室にもどり，けんび鏡を使って，くわしく観察してみましょう。

実験３

1　池の水を，目の細かいあみで何回もすくい，あみについたものを，ビーカーの水の中にあらい出す。
2　１の水をスポイトで１てき取り，プレパラートをつくって，けんび鏡で観察する。

（問５）―― 部㋐について，生物どうしの「食べる・食べられる」の関係のつながりを何というか，書きなさい。

（問６）けんび鏡で，倍率100倍のとき，イカダモが**図２**のように見えました。倍率を変えずに，イカダモが中央に見えるようにプレパラートを動かす向きとして正しいものを，**ア**～**エ**の中から１つ選び，記号を書きなさい。

図２

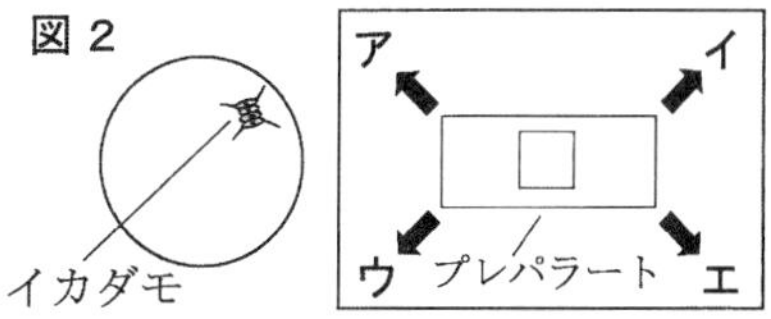

次に，指導員の先生が水草とメダカが入った水そうを見せてくれました。
たけし　この水そうにはエアポンプがないけれど，メダカは大じょうぶですか。
指導員　では，実験で調べてみましょう。

実験４（**図３**）

1　600mLのくみ置きの水にBTB液を数てき加えて青色にし，ストローで息をふきこみ，緑色になるように調整する。
2　１で緑色になった水を，ビーカー**A**～**D**にそれぞれ150mLずつ分けて入れる。
3　ビーカー**A**はそのまま，**B**にはメダカ，**C**には水草，**D**には水草とメダカを入れる。ビーカー**A**～**D**を明るいところにしばらく置く。ただし，水草，メダカはそれぞれ同じ大きさ，数とする。

図３

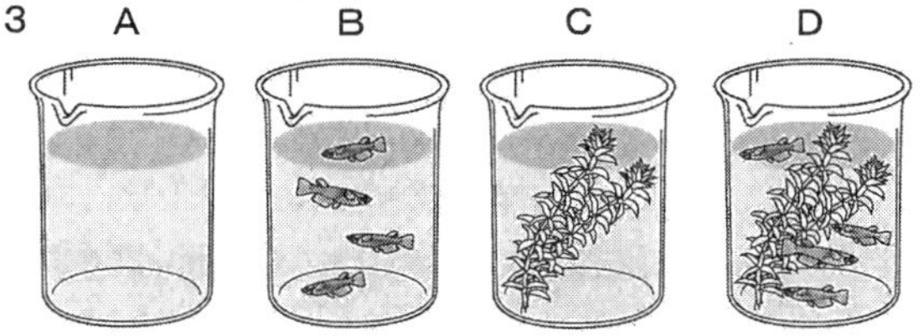

〈BTB液〉
水よう液の性質について調べる薬品
・酸性のとき黄色
・中性のとき緑色
・アルカリ性のとき青色

たけし　ビーカー**A**には，メダカも水草も入っていませんが，実験に必要ですか。
指導員　そうですね。では，ビーカー**A**，**B**，**C**について考えてみてください。
たけし　［お］
指導員　よくわかりましたね。では，ビーカーに変化が見られるまで待ちましょう。
指導員　そろそろ３時間たちました。ビーカーの色の変化を確かめてください。
たけし　ビーカー**A**，**D**は緑色，**B**は黄色，**C**は青色になっています。
指導員　ビーカー**B**が黄色に変わったのは，メダカの呼《こ》吸《きゅう》により二酸化炭素が増えたからです。
さくら　わたしたちも呼吸をし，㋑はき出した息の中に二酸化炭素があるのですが，メダカも同じなのですね。
指導員　ところで，ビーカー**D**の色は変化していませんね。その理由をこの実験結果から考えてください。
さくら　［か］
指導員　そのとおりです。実験からいろいろなことがわかりましたね。

（問７）たけしさんは［お］で，ビーカー**A**が実験に必要な理由をビーカー**A**，**B**，**C**という言葉を用いて答えました。［お］に入る適切な言葉を書きなさい。

（問８）―― 部㋑について，わたしたちがはき出した息の中に二酸化炭素があるかを調べる方法とその結果を書きなさい。ただし，気体検知管は使わないものとします。

（問９）さくらさんは［か］で，ビーカー**D**の色が変化しなかった理由を答えました。「水草」「メダカ」の言葉を使い，気体名をあげて，［か］に入る適切な言葉を書きなさい。

【課題３】さくらさんたち６年生は，卒業をひかえ学校の思い出の場所をめぐっています。次の問いに答えなさい。

（問１）思い出の場所めぐりのスタートは，児童げん関です。児童げん関には，くつ箱が並んでいます。右のような順に番号を付けると，21番目であれば，左から４列目の上から３段《だん》目になります。さくらさんのくつ箱は76番目です。さくらさんのくつ箱は，左から何列目の上から何段目にあるか，書きなさい。

1	7	13	19	25
2	8	14	20	26
3	9	15	21	27
4	10	16	22	28
5	11	17	23	29
6	12	18	24	30

（問２）次に，学校図書館に行きました。ここは，ボランティアの人が読み聞かせをしてくれた思い出の場所です。2017年度の読み聞かせのボランティア登録をしている人は，保護者が20人，地域の人が16人，町の図書館の人が４人の合計40人です。

①　下の表は，10月の１か月間にボランティアの人が何回読み聞かせに来てくれたかを調べたものです。１人平均何回読み聞かせに来たか，書きなさい。

回数(回)	1	2	3	4	5	6
人数(人)	5	8	7	9	8	3

②　下のグラフは，さくらさんたちが入学した2012年度の読み聞かせのボランティア登録をしていた人数の割合を表したもので，そのうち保護者の割合は52%，町の図書館の人の割合は12%でした。2012年度の読み聞かせのボランティア登録をしていた保護者の人数は，2017年度の読み聞かせのボランティア登録をしている保護者の人数の65%にあたります。2012年度に読み聞かせのボランティア登録をしていた地域の人は何人か，書きなさい。

2012年度の読み聞かせのボランティア登録をしていた人数の割合

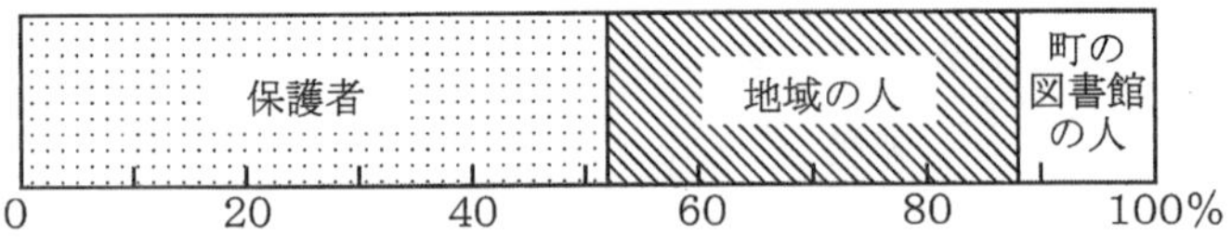

（問３）学校図書館前のけい示板には，右の図のように16個の点が上下左右に等しい間かくで並んでいます。休み時間には，このうちの４個の点を頂《ちょう》点とする正方形を考えました。正方形は全部で何個できるか，書きなさい。

図

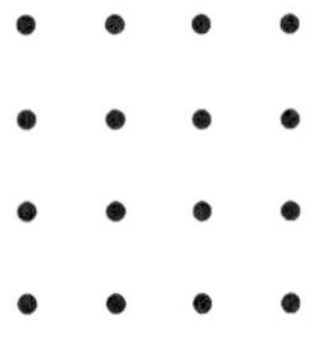

（問４）次は校庭に行きました。校庭には，大きな木があります。この木の高さが気になり見に行くと，右のように地面には長さ15m，へいには長さ1.2mの木のかげができていました。このとき，地面に垂《すい》直に立てた長さ１mの棒《ぼう》のかげの長さは２mでした。この木の高さは何mになるか，書きなさい。

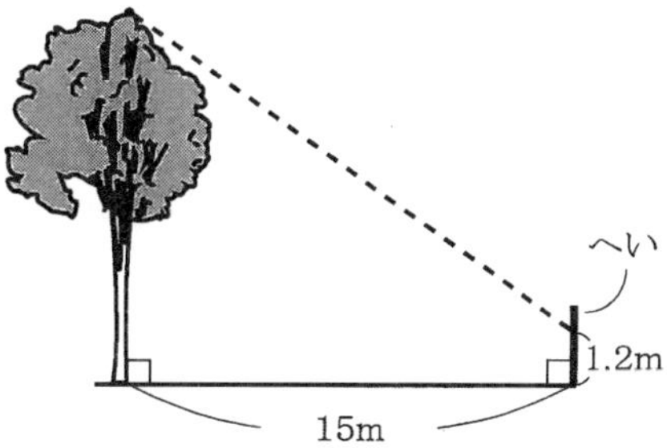

（問５）大きな木の横に卒業記念としてタイムカプセルを，３月５日の月曜日に６年生全員でうめました。そして，このカプセルをほり出すときは８年後の同じ日と決めました。８年後の３月５日は何曜日か，書きなさい。ただし，それまでの間にうるう年（平年より１日多い年）が２回あります。また，考え方を言葉や式を使って書きなさい。

（問６）校庭にある時計台の時計を見たとき，午後３時を過ぎていました。次にその時計を見たとき長針《しん》が短針の方に近づいていましたが，４分のきょりだけはなれていました。そのときの時刻は午後何時何分か，書きなさい。ただし，長針は１周していないこととします。

（問７）中庭には，**図１**のような直方体の一部が段になっている池があります。池の水入れや水ぬきについて調べました。空のこの池に水を一定の量で入れたとき，いちばん深い所で測った水の深さと水を入れ始めてからの時間との関係を表したのが**図２**のグラフです。

また，この池にいっぱいに入れた水は，はい水口を開けると15分で空になることもわかりました。

空のこの池に水を一定の量で入れ始め，と中ではい水口を開けたときから８分後に水はなくなりました。このとき，水を入れ始めてから何分何秒後に，はい水口を開けたか，書きなさい。

図１

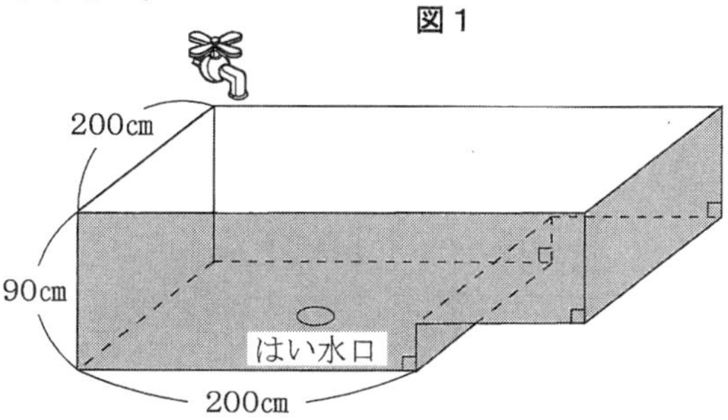

図２

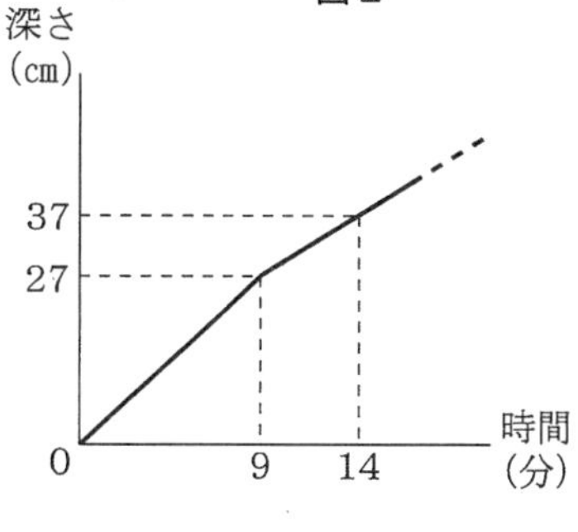

（問８）最後に校舎にもどってきました。正面げん関のゆかの真ん中には，右のような模《も》様があります。この模様は１辺の長さが72cmの正方形を４枚しきつめたものです。また，１枚の正方形の中には，各辺を３等分した点を結んでできた同じ大きさの正方形が２つ重なっています。色の付いたところの面積は何cm²になるか，書きなさい。

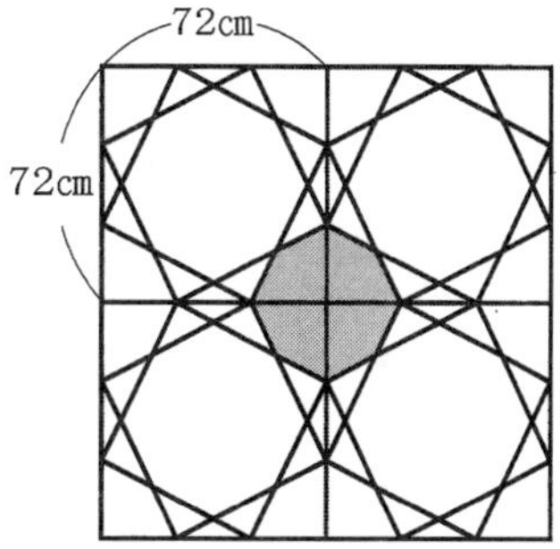

受検番号	

平成28年度

県立中学校　適性検査Ⅱ

問　題　用　紙

（時間50分）

【注　意】

1　「始め」の合図があるまで，問題用紙を開いてはいけません。

2　問題用紙は，５ページまであります。

3　解答は，この問題用紙ではなく，解答用紙の決められた場所に，ていねいに記入しなさい。

4　「始め」の合図があったら，まず，問題用紙の表紙と解答用紙のすべてに，受検番号を記入しなさい。

5　解答用紙の * には，何も記入してはいけません。

6　印刷がはっきりしなかったり，問題用紙や解答用紙がたりなかったりする場合は，静かに手をあげなさい。

7　「やめ」の合図で，すぐにえん筆をおき，解答用紙を裏《うら》返しにして２枚《まい》重ねて机《つくえ》の上におきなさい。

さくら　ビーチボールのかたさのちがいは，砂の温度と海水の温度が関係しているのですね。
指導員　いいところに気がつきましたね。では，電灯であたためたときの，ビーカーに入れた砂と海水の温度の変化を確かめてみましょう。

実験３

1　**図３**のように，Aのビーカーの中にかわいた砂を，Bのビーカーの中に海水を，同じ量だけ入れる。
2　砂や海水の表面近くの温度が測定できるように，温度計をさす。Bの温度計は，液だめの部分をアルミニウムはくでおおう。
3　上から太陽に見立てた電灯を点灯させ，砂と海水をあたため，砂と海水の温度を５分ごとに記録する。

図３

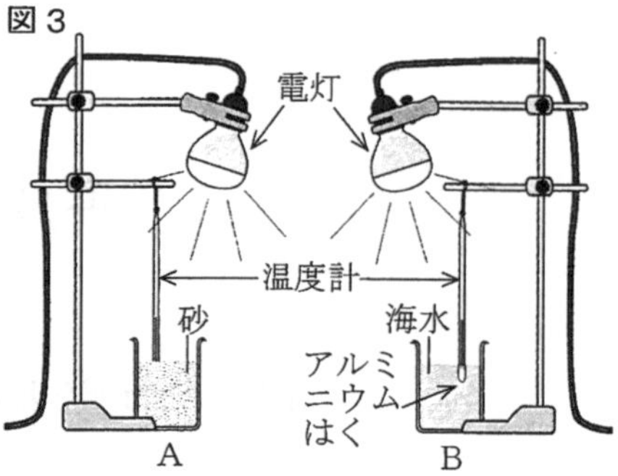

［**さくらさんのノートの一部**］

時　間　(分)	0	5	10	15	20	25
砂の温度（℃）	26	31	35	39	42	44
海水の温度（℃）	26	28	30	32	33	34

指導員　砂と海水を電灯であたためたときの温度を，折れ線グラフに表してみましょう。
さくら　はい，かけました。
指導員　よくかけています。

（問４）―――部で，Bの温度計の液だめをアルミニウムはくでおおうのはなぜか，その理由を書きなさい。

（問５）さくらさんは，［**さくらさんのノートの一部**］をもとに，電灯を点灯させてから25分後までの時間と，砂と海水の温度変化を折れ線グラフに表しました。横じくを時間，縦《たて》じくを温度として，折れ線グラフを完成させなさい。（それぞれの折れ線に，砂か海水かを示しておくこと）

指導員　これまでの実験の結果から，ビーチボールのかたさのちがいについて，なぜそのようになったかわかりましたね。説明してください。
さくら　［　お　］
指導員　そのとおりです。だから，ビーチボールを砂の上に置いたときのかたさと，そのあと，海水につけたときのかたさとでは，ちがいがあったのです。

（問６）さくらさんは［お］で，ビーチボールを砂の上に置いたときのかたさと，そのあと，海水につけたときのかたさがちがっていたことについて答えました。これまでの実験の結果をふまえて書きなさい。

さくら　先生，もう１つ質問してもいいですか。お父さんが帰りの車の中で，夕焼けを見ながら「『夕焼けになると，次の日は晴れる』という昔からの言い伝えがあるので，きっと明日も晴れると思うよ。」と言っていました。どうして，夕焼けになると，明日も晴れると予想できるのですか。
指導員　それは，日本付近の雲の動きと関係がありますよ。考えてごらん。
さくら　あっ，わかりました。［　か　］
指導員　よくできました。

（問７）さくらさんは［か］で，夕焼けになると次の日は晴れる理由を答えました。日本付近での雲の動きと天気の関係をふまえ，「日本付近では，」という言葉に続けて書きなさい。

【課題１】さくらさんとおばあさんは，ショッピングセンターへ行きました。次の問いに答えなさい。

（問１）さくらさんは，文ぼう具店で，同じ値段《ねだん》のノートを４冊《さつ》と，90円の消しゴムを１個買い，全部で650円を支はらいました。ノート１冊の値段は何円か，書きなさい。ただし，消費税は考えないことにします。

（問２）おばあさんは，スポーツ店で，Ｔシャツとタオルを１枚《まい》ずつ買いました。定価は，Ｔシャツが1980円で，タオルは780円ですが，売り出し期間中なので，Ｔシャツが半額，タオルは20％引きで買えました。あわせていくら支はらったか，書きなさい。ただし，消費税は考えないことにします。

（問３）広場には，ふん水Ａとふん水Ｂがあります。ふん水Ａとふん水Ｂは，**【ふん水について】**に書かれている動きをくり返します。さくらさんたちは，ふん水Ａとふん水Ｂが，午前11時ちょうどに，同時に水をふき上げ始めたのを見ました。ふん水Ａとふん水Ｂが，次に同時に水をふき上げ始めるのは，午前何時何分何秒になるか，書きなさい。

ふん水Ａ

ふん水Ｂ

【ふん水について】

ふん水Ａ

・水を60秒間ふき上げたあと，
　30秒間ふき上げるのをやめます。

ふん水Ｂ

・水を100秒間ふき上げたあと，
　50秒間ふき上げるのをやめます。

（問４）さくらさんたちはハンバーガーショップに行き，昼食を下のハンバーガーの**ア・イ・ウ・エ**と，ドリンクの**オ・カ**の中から選んで食べました。さくらさんもおばあさんも，ハンバーガーの**ア・イ・ウ・エ**から１品，ドリンクの**オ・カ**からもう１品の合計２品ずつを選びます。さくらさんとおばあさんは，ハンバーガーもドリンクも，それぞれ相手とはちがう品を注文します。次の①・②に答えなさい。

①　２人のハンバーガーとドリンクの選び方は全部で何とおりあるか，書きなさい。

②　食事のあと，おばあさんは，２人分の昼食代として，1500円を支はらっておつりをもらいました。例えば，２人が選んだ４品の組み合わせが（**アエオカ**）の場合は，値段の合計が1370円になります。この（**アエオカ**）以外に，1500円を支はらっておつりをもらえるときの４品の値段の合計をすべて書きなさい。ただし，消費税は考えないことにします。

ハンバーガー		値段
ア	チーズバーガー	470円
イ	ダブルバーガー	520円
ウ	フィッシュバーガー	500円
エ	チキンバーガー	390円

ドリンク		値段
オ	クリームソーダ	300円
カ	オレンジジュース	210円

【課題2】さくらさんたちは，所属する地域《いき》の科学クラブで指導員の先生と，ものの温度と体積について実験しています。［　　］の中の［実験1］～［実験3］や，指導員の先生とさくらさんたちの会話をもとにして，次の問いに答えなさい。

指導員　さくらさんは，夏休みに家の人たちといっしょに海に行ったのですよね。
さくら　はい。海には昼ごろに着きました。よく晴れていて，とても暑かったです。海では泳いだり，ビーチボールで遊んだりしました。
指導員　ふくらませたビーチボールをおしたとき，手ごたえはどうでしたか。
さくら　おし返される感じでした。
指導員　それは，とじこめた空気の性質によるものです。実験で確かめてみましょう。

［実験1］

図1のように，ゴムの板に注しゃ器を直角に立て，注しゃ器の中の空気をピストンでおす。

図1

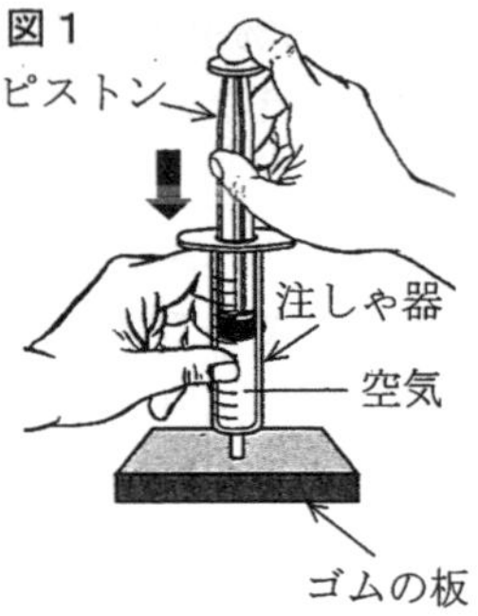

指導員　ピストンをゆっくりおしていくと，手ごたえはどうなりましたか。
さくら　手ごたえは［ あ ］なりました。
指導員　そのとき，注しゃ器の中の空気の体積は，おす前とくらべると，どう変化しましたか。
さくら　注しゃ器の中の空気の体積は［ い ］なりました。
指導員　そうですね。では，おしている手をはなすと，ピストンはどうなりましたか。
さくら　ピストンは，もとにもどりました。
指導員　そうですね。この実験から，どのようなことがわかりますか。
さくら　とじこめた空気は，おしちぢめられると［　　　う　　　］がわかります。
指導員　よくできました。

（問1）さくらさんの答えた［ あ ］と［ い ］に入る言葉を書きなさい。
（問2）さくらさんは［ う ］で，［実験1］からわかることを答えました。「とじこめた空気は，おしちぢめられると」という言葉に続けて書きなさい。

さくら　ところで，先生，ビーチボールを砂《すな》の上に置いたときのかたさと，そのあと，海水につけたときのかたさがちがっていたのですが，どうしてですか。
指導員　それは，空気の温度と体積が関係しています。たけしさんといっしょに実験をして，調べてみましょう。

［実験2］

1　図2のように，少しへこませてキャップをしめた空のペットボトルを，約60℃の湯と，氷水の中に入れる。
2　ペットボトルの変化を見る。

図2

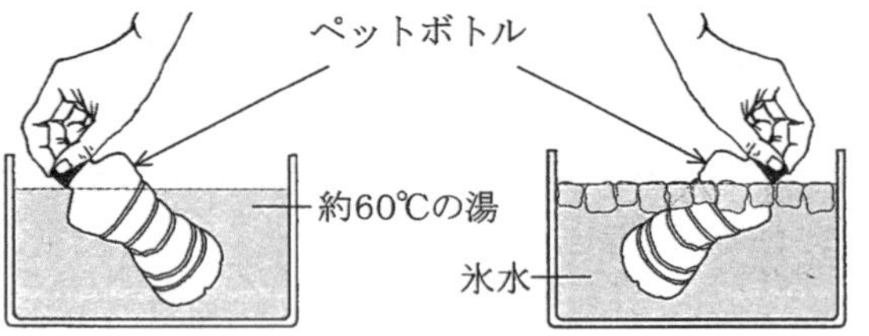

指導員　ペットボトルは，どうなりましたか。
たけし　約60℃の湯の中に入れたとき，ペットボトルは，ふくらみました。
さくら　氷水の中に入れたとき，ペットボトルは，さらにへこみました。
指導員　そうですね。この実験の結果から，どのようなことがわかりますか。
たけし　［　　　　　　　　え　　　　　　　　］
指導員　よくわかりました。

（問3）たけしさんは［ え ］で，空気をあたためたときと冷やしたときの体積の変化について答えました。［ え ］にあてはまる言葉を書きなさい。

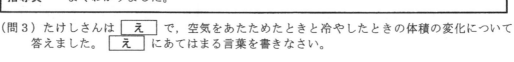

【課題３】たけしさんの学校では，さまざまな委員会活動が行われています。次の問いに答えなさい。

（問１）運動委員会では，全校児童で持久走をする計画を立てています。１周160mのトラックを，自分のペースに合わせて走ります。次の①・②に答えなさい。

① たけしさんは，毎日同じきょりを走ることを目標にしました。１日にトラックを５周走るとすると，10日間で何km走ることになるか，書きなさい。

② 運動委員会で，トラックを何周走ったかを記入するカードを作ります。カードは，縦《たて》18cm，横12cmの大きさの長方形で，このカードを，４つ切り画用紙からできるだけ多く切り取っていきます。４つ切り画用紙は，縦392mm，横542mmの大きさの長方形です。この大きさの画用紙１枚《まい》から，カードを何枚切り取れるか，書きなさい。

（問２）しおりさんたち生活委員会は，毎朝，学校の正門前であいさつ運動をしています。あいさつ運動は午前７時45分から始まるので，生活委員はその１分前には正門前に並《なら》びます。学校に着いてから，自分の教室へかばんや荷物を置いて正門前に並ぶのに５分かかります。しおりさんの家から学校までの道のりは1200mで，しおりさんの歩く速さは時速３kmです。しおりさんは，おそくとも午前何時何分までに家を出るとよいか，書きなさい。

（問３）環境《かんきょう》委員会では，空きかんのプルタブやペットボトルのキャップを集めて，リサイクル運動をしています。次の①・②に答えなさい。

① さくらさんのクラスが，１か月で150個のプルタブを集め，その重さを量ると75ｇありました。全校で集めたプルタブを環境委員会で量ると1.28kgでした。このとき，約何個のプルタブを集めることができましたか。答えは，四捨五入《ししゃごにゅう》で，百の位までの概数《がいすう》にして，書きなさい。

② 環境委員会で，集めた青色と白色の２色のペットボトルのキャップをしきつめてメッセージボードを作りました。ペットボトルのキャップは同じ大きさで，**図１**のようにすき間なく並べました。まん中に，青色のキャップを正方形になるように並べ，その周りに白色のキャップを５重になるように並べて囲みました。完成したあと，いちばん外側の周りの白色のキャップを数えると68個ありました。青色と白色のキャップを，それぞれ何個並べたか，書きなさい。

図１

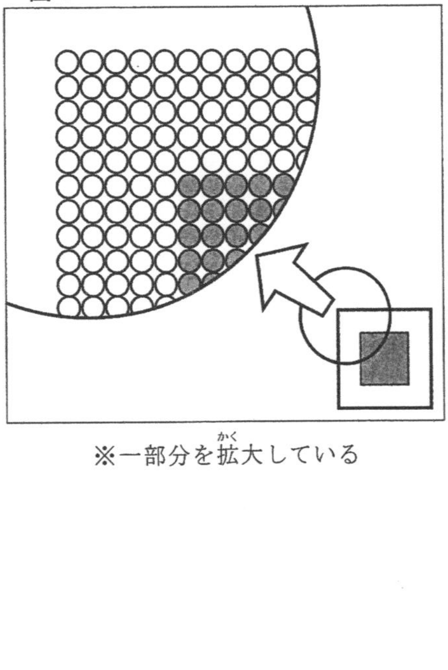

※一部分を拡《かく》大している

（問４）集会委員会では，集会活動で行う全校ゲームの種目の相談をしています。全校ゲームの種目の候補《ほ》は，**ア・イ・ウ・エ**の４つあり，29名の集会委員が１人１票ずつ投票をして，票の多い順に２つを全校ゲームの種目に決めます。次の①・②に答えなさい。

① 全校ゲームの種目に確実に選ばれるためには，少なくとも何票入ればよいか，書きなさい。

② 投票を21人分まで開票したところ，右のようになりました。この場合，**イ**が，全校ゲームの種目に確実に選ばれるためには，**イ**に，少なくともあと何票入ればよいか，書きなさい。

全校ゲームの種目について

種目		投票の数
ア	正正	10
イ	正一	6
ウ	下	3
エ	丅	2

（問５）図書委員会では，先月，社会科の学習で，図書館の本やインターネットを使ったかどうかを，高学年全員にたずね，全員に答えてもらいました。高学年全員の人数に対する図書館の本を使ったと答えた人数の割《わり》合は72％でした。同様に，インターネットを使ったと答えた人数の割合は33％，図書館の本もインターネットも使わなかったと答えた人数の割合は13％でした。このとき，図書館の本もインターネットも両方を使ったと答えた人数が36人だったとすると，高学年は全員で何人になるか，書きなさい。また，考え方を言葉や式を使って書きなさい。

（問６）こうじさんたちさいばい委員会では，学校の花だんにチューリップの球根を植えます。次の①・②に答えなさい。

① こうじさんたちは，先生といっしょに，花だんに植える球根50個を買いに行きました。球根には，１個の値《ね》段《だん》が150円，120円，90円の３種類があり，その３種類の球根をあわせて50個買い，6120円を支はらいました。50個の球根のうち，150円と120円の球根の数は同じでした。90円の球根を何個買ったか，書きなさい。ただし，消費税は考えないことにします。

② こうじさんたちは，もとから学校にある球根と買ってきた球根とをあわせて，花だんに植えます。球根は，下のようなきまりにしたがって並べていきます。はじめに，花だんの真ん中に黄色の花の球根を植えます。２周目に赤色の花の球根を植えます。３周目に黄色の花の球根を植えます。このようにして９周目まで植えるとすると，黄色の花の球根と赤色の花の球根は，それぞれ何個必要になるか，書きなさい。

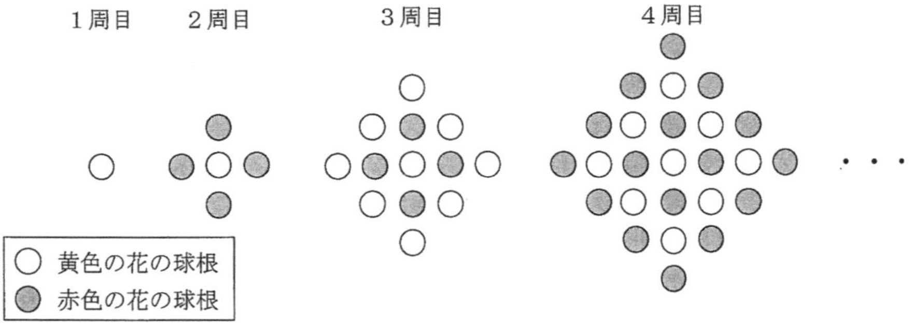

受検番号	

平成28年度

県立中学校　適性検査 I

徳島県立城ノ内中学校
徳島県立富岡東中学校
徳島県立川島中学校

問　題　用　紙

（時間45分）

【注　意】

1　「始め」の合図があるまで，問題用紙を開いてはいけません。

2　問題用紙は，5ページまであります。

3　解答は，この問題用紙ではなく，解答用紙の決められた場所に，ていねいに記入しなさい。

4　「始め」の合図があったら，まず，問題用紙の表紙と解答用紙のすべてに，受検番号を記入しなさい。

5　解答用紙の [*] には，何も記入してはいけません。

6　印刷がはっきりしなかったり，問題用紙や解答用紙がたりなかったりする場合は，静かに手をあげなさい。

7　「やめ」の合図で，すぐにえん筆をおき，解答用紙を裏《うら》返しにして2枚《まい》重ねて机《つくえ》の上におきなさい。

K 教英出版

【課題２】さくらさんたちは，社会科の授業で，メディアの利用について発表するために話し合っています。［**話し合いの前半**］，［**話し合いの後半**］，**資料１・２**，［**発表で使う表**］をもとにして，あとの問いに答えなさい。

［**話し合いの前半**］

さくら　わたしたちは，テレビや新聞，インターネットなどいろいろなメディアを利用しているね。

たけし　そういえば，姉は，インターネットをよく利用していて，祖父は，新聞をよく読んでいるよ。

さくら　もしかしたら，年れいによってちがいがあるのかもしれないね。

こうじ　こんな資料があるよ。**資料１**を見ると，予想したとおりちがいがあるのがわかるよ。テレビの利用者率は，年代によって大きなちがいはないけれど，インターネットや新聞の利用者率は，年代によってずいぶんちがいがあるね。

しおり　そうだね。インターネットの利用者率は，20才代がいちばん高く，年れいが上がるにつれて低くなっているよ。けれど，新聞の利用者率は，[あ]ね。

たけし　また，**資料１**を年代ごとにくわしく見てみると，20才代では，インターネットの利用者率は新聞の利用者率の約８倍になっているよ。でも，60才代では，インターネットの利用者率は新聞の利用者率の約[い]倍だね。

こうじ　ところで，さっきしおりさんが，インターネットの利用者率は20才代がいちばん高いと言っていたね。そうすると，インターネットを利用している人数は，各年代の中で20才代がいちばん多いということになるのかな。

しおり　わたしは，インターネットを利用している人数は，20才代がいちばん多いとはいえないと思うよ。なぜなら，[う]。

こうじ　なるほど。よくわかったよ。

資料１　メディアの利用者率と人口　（年代別）

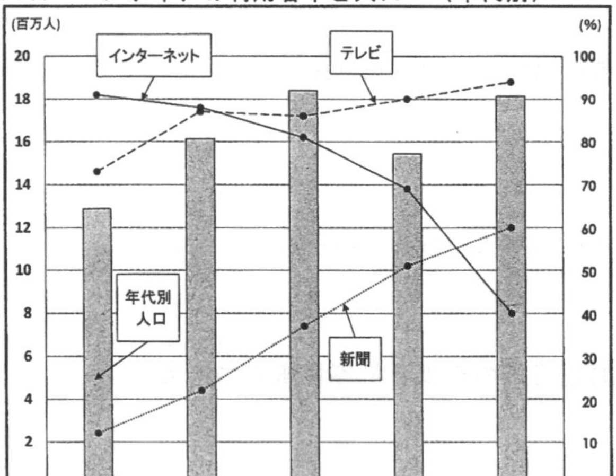

総務省「情報通信白書(2015年)」・「人口推計(2015年)」より作成

＊メディアの利用者率について

調査日に，どのメディアを利用したのかをたずね，その結果を割《わり》合で表しています。

その割合を使って，各メディアを利用している人数を，次の式で求めることができます。

各メディアを利用している人数 ＝ 年代別人口 × 各メディアの利用者率

（問１）しおりさんは，[あ]で，新聞の利用者率について発言しました。―――部と同じような書き方で書きなさい。

（問２）[い]にあてはまる数を，小数第１位までの概数《がいすう》にして書きなさい。

（問３）しおりさんは，[う]で，20才代がいちばん多いとはいえない理由を，「インターネットを利用しているおよその人数」を比べて説明しました。あなたがしおりさんならどのように説明しますか，書きなさい。

【課題１】さくらさんの子供《ども》会では，地域《いき》の外国の人をお招きする国際交流会の準備をしています。さくらさんのグループは案内状の作成を担《たん》当しています。［**国際交流会の案内状の下書き**］，［**「やさしい日本語」に書きかえた運動会の案内状**］，［**話し合いの一部**］を読んで，あとの問いに答えなさい。

［国際交流会の案内状の下書き］

国際交流会のご案内

　地域に住んでいらっしゃる外国の人たちとの国際交流会を行います。楽しみにしていますので，たくさんの人が参加してくださるのを楽しみにしています。

新緑子供会

○日　時：平成28年2月13日（土）
　　　　　午前９時から午後１時まで
○会　場：緑町コミュニティーセンター
　　　　　集会室（２階東）
○参加費：＜　う　＞

［「やさしい日本語」に書きかえた運動会の案内状］

《書きかえる前》

町内運動会について（ご案内）

　さわやかな秋晴れが続いています。いかがお過ごしでしょうか。さて，花まる町では，次の通り，運動会を開催《さい》します。ぜひ，おいでください。

日　時：平成27年９月27日（日）
　　　　午前９時から午後３時まで
会　場：花まる小学校　運動場

＊雨天延《えん》期

《書きかえた後》

町内運動会《ちょうないうんどうかい》の　お知《し》らせ

花《はな》まる町《まち》の　運動会《うんどうかい》に　来《き》てください。

い　つ：2015年《ねん》９月《がつ》27日《にち》（日《にち》）
　　　　午前《ごぜん》９時《じ》から　午後《ごご》３時《じ》まで
どこで：花《はな》まる小学校《しょうがっこう》　運動場《うんどうじょう》

＊雨《あめ》が　降《ふ》ったら，ちがう
日《ひ》に　します。

［話し合いの一部］

さくら　［**国際交流会の案内状の下書き**］を見て，気がついたところはありませんか。

たけし　「日時」「会場」などが，［　あ　］わかりやすいですね。

こうじ①　それに，集会室の位置を書いているところもよいと思います。なぜなら，初めていらっしゃる人が，迷わずに参加できるからです。

しおり　でも，「楽しみにしていますので，たくさんの人が参加してくださるのを楽しみにしています。」の文は，直したほうがよいですね。そのわけは，［　い　］

たけし　賛成です。それと，外国の人が参加してくださるので，親しみをもってもらうために，子供会の名前はローマ字で書けばよいのではないでしょうか。

さくら　今，外国の人のことを考えて，表現をくふうしようという意見が出ました。ほかに，言葉や文字，書き方などでくふうできるところはないでしょうか。

たけし　そういえば，この前の防災教室で防災センターの先生が，災害が起こったとき，外国の人に「やさしい日本語」で情報を伝えることが効果的だとおっしゃっていました。

さくら　そのとき，「やさしい日本語」についての資料をいただきましたね。その資料の中に，［**「やさしい日本語」に書きかえた運動会の案内状**］がありましたよ。見てみましょう。

～（[「やさしい日本語」に書きかえた運動会の案内状］を見ながら話し合う）～

たけし　漢字にふりがなが付けられています。漢字を読むのが苦手な人も，安心ですね。

こうじ　それに，難《むずか》しい言葉を言いかえているところが，たくさんあります。例えば，「日時」を「いつ」に，「雨天延《えん》期」を「雨《あめ》が　降《ふ》ったら，ちがう　日《ひ》に　します。」に言いかえています。外国の人にとって，言葉の意味がわかりやすくなりますね。ぼくたちの［**国際交流会の案内状の下書き**］の「＜　**う**　＞」も，「お金《かね》は　いりません。」と言いかえることができますね。

しおり　ほかにも，「さわやかな秋晴れが」から「ぜひ，おいでください。」までの４文が，「花《はな》まる町《まち》の　運動会《うんどうかい》に　来《き》てください。」の１文に書きかえられていますね。よく見ると，「さわやかな秋晴れ」「次の通り」や「開催《さい》します」といった情報が省かれています。「さわやかな秋晴れが続いています。」などはすてきな言葉なのですが，ここでは，相手の立場に立って必要なことだけにしぼりこんでいるのですね。

こうじ②　確かに，情報をしぼりこむことは欠かせません。どうしてかというと，日本語に慣れていない人にとって，たくさんの情報があると，読むのに時間がかかって，何が大事なのかがわからなくなってしまうからです。必要な情報だけにしぼりこむと，伝わりやすくなりますね。

たけし　今まで出された意見のほかに，書き方にくふうがされていますよ。外国の人にとって，ずいぶん読みやすくなっているのではないでしょうか。

さくら　［**「やさしい日本語」に書きかえた運動会の案内状**］では，ふりがなを付ける，情報をしぼりこむなど，さまざまなくふうがされていることがわかりました。そのようなくふうをするときに大事なことは，［　え　］考えることですね。「やさしい日本語」は，相手を大切にする思いやりの言葉なんですね。それでは，［**国際交流会の案内状の下書き**］のどこをどのように直せばよいか，決めていきましょう。

～（話し合いが続く）～

（問１）たけしさんの発言の［　あ　］に入る言葉を，次の**ア**～**エ**の中から選び，その記号を書きなさい。

ア　呼《よ》びかけられていて　　　**イ**　かじょう書きになっていて

ウ　図や表に整理されていて　　　**エ**　たとえが使われていて

（問２）しおりさんは，［　い　］で，直した方がよい理由を具体的に述べています。［　い　］に入る言葉を書きなさい。

（問３）たけしさんは，―――部「子供会の名前はローマ字で書けばよい」と述べています。子供会の名前「しんりょくこどもかい」を，ローマ字で書きなさい。ただし，すべて大文字で書きなさい。

（問４）こうじさんの発言と［**国際交流会の案内状の下書き**］の＜　**う**　＞に入る漢字２字の言葉を書きなさい。

（問５）たけしさんは，┅┅┅部「書き方にくふうがされていますよ。」と述べていますが，外国の人が読みやすくなるくふうとはどのようなものか，１つ書きなさい。

（問６）［**話し合いの一部**］の「**こうじ①**」と「**こうじ②**」の発言に共通する，「意見の述べ方」のよいところを書きなさい。

（問７）さくらさんの発言の［　え　］に入る９字の言葉を，［**話し合いの一部**］の中から見つけて書きぬきなさい。

（問８）さくらさんは，═══部「『やさしい日本語』は，相手を大切にする思いやりの言葉」と述べていますが，外国の人にかぎらず，「やさしい日本語」は生活のいろいろな場面で活用できると考えられます。あなたは，生活のどのような場面で，どのように「やさしい日本語」を使っていこうと考えますか。［**話し合いの一部**］をもとに，具体例を挙げて，80字以上100字以内で書きなさい。ただし，国際交流会の案内状と運動会の案内状を書くことは除《のぞ》きます。（「，」や「。」も１字に数えます。）

［話し合いの後半］

さくら　次に，テレビや新聞，インターネットの特ちょうを話し合ってみようよ。
こうじ　インターネットは，必要な情報をすばやく検さくできるので便利だね。それに，情報の受信や発信ができるところもいいね。
たけし　祖父は，新聞を毎朝，時間をかけてじっくり読んでいるよ。何度でも読み返すことができることや，記事を保存《ぞん》できることが便利だと言っていたよ。
こうじ　テレビは，情報を映《えい》像と音声でわかりやすく伝えているね。それに，特集番組などを録画して見ることもできるよ。
しおり　それぞれのメディアに特ちょうがあるね。もしかすると，利用する人たちは，その特ちょうを生かしているのかもしれないね。
こうじ　きっとそうだよ。**資料２**を見てよ。目的によって，利用するメディアには，ある程度のちがいがみられるね。
さくら　それでは，今まで話し合ったことや**資料２**をもとに，テレビや新聞，インターネットの利用について，表にまとめて発表しようよ。

資料２　目的別利用メディア

次のA・B・Cの目的のために，どのメディアを最も利用していますか。

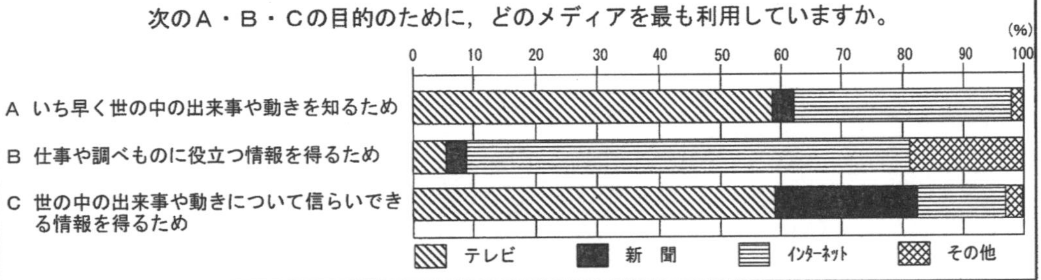

総務省「情報通信メディアの利用時間と情報行動に関する調査(2015年)」より作成

［発表で使う表］

	メディアの特ちょう	利用の目的
テレビ	・情報を映像と音声でわかりやすく伝えている ・特集番組などを録画して見ることもできる	［か］や［き］によく利用している
新聞	・何度でも読み返すことができる ・［え］	AやBよりも，Cによく利用している
インターネット	・［お］ ・情報の受信や発信ができる	［く］に最もよく利用している

＊A・B・Cは，資料２の各目的を表す。

（問４）**［話し合いの後半］**をもとにして，**［発表で使う表］**の［え］・［お］に入る言葉を書きなさい。

（問５）**［発表で使う表］**の［か］～［く］には，**資料２**のA・B・Cの目的が入ります。［か］～［く］にA・B・Cのいずれかを書きなさい。

（問６）さくらさんは，ノーベル賞のニュースを見て興味をもちました。そこで，「日本のノーベル賞の受賞者」に関してテーマを決め，休日に調べて，調べたことを朝の会の３分間スピーチで発表することにしました。あなたがさくらさんなら，「日本のノーベル賞の受賞者」に関して，どのようなテーマで，どのメディアを使って調べますか。**［話し合いの後半］**，**資料２**，**［発表で使う表］**をもとにして，調べるために使うメディアをテレビ，新聞，インターネットの中から１つ選び，そのメディアを選んだ理由も書きなさい。

（問７）インターネットは，情報の受信や発信ができるので便利ですが，使い方によっては，さまざまな問題が起こることもあります。インターネットで情報の受信や発信をするときに，気をつけなくてはならないルールやマナーを３つ書きなさい。

【課題３】たけしさんたちは，学習発表会でこれまで学習した歌の中から１曲選んで合唱することにしました。クラスで話し合った結果，合唱する歌の候補《ほ》が次の４曲にしぼられました。たけしさんは，その中からすいせんしたい歌を１曲決め，その歌をすいせんする理由を二つ述べることにしました。あなたがたけしさんなら，どの歌を選び，どのようにすいせんする理由を述べますか。次の条件に従《したが》って書きなさい。

（条件）

・あなたが選んだ歌の題名を，［　　　　　　］の中に書くこと。
・すいせんする理由二つを２段《だん》落構成で書き，１段落目は「一つ目の理由は」，２段落目は「二つ目の理由は」という言葉から書き始めること。
・理由は二つとも，歌詞《し》の内容をふまえて書くこと。
・漢字を適切に使い，原こう用紙の正しい使い方に従って書くこと。
・13行から15行までにおさめること。

さくら　さくら

さくら　さくら
野山も里も
見わたすかぎり
かすみか雲か
朝日ににおう
さくら　さくら
花ざかり

＊朝日ににおう…朝日にそまって美しい

（日本古謡）

茶つみ

夏も近づく　八十八夜
野にも山にも　わかばがしげる
あれに見えるは　茶つみじゃないか
あかねだすきに　すげのかさ

＊八十八夜…立春より数えて八十八日目
＊あれ…あそこ
＊あかねだすき…赤い色のたすき
＊すげのかさ…すげという草であんだかぶりもの

（文部省唱歌）

もみじ

秋の夕日に　照る山もみじ
こいもうすいも　数ある中に
まつをいろどる　かえでやつたは
山のふもとの　すそもよう

＊すそもよう…着物のすそに付けたもよう

（文部省唱歌）

とんび

飛べ飛べとんび　空高く
鳴け鳴けとんび　青空に
ピンヨロー　ピンヨロー
ピンヨロー　ピンヨロー
楽しげに　輪をかいて

（葛原しげる作詞　梁田貞作曲）

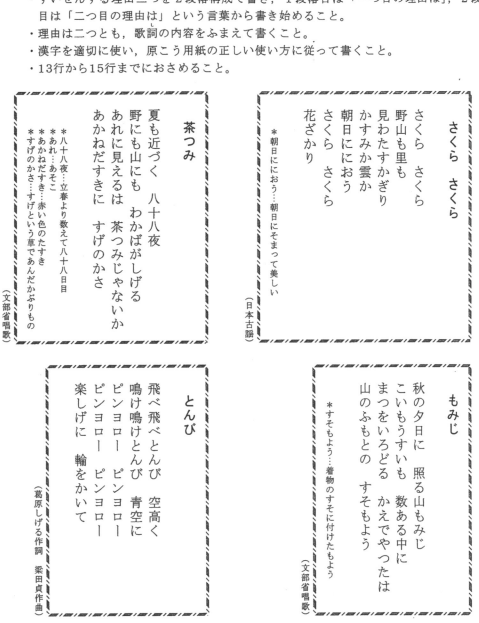

受検番号

＊

※100点満点
（配点非公表）

適性検査Ⅰ　解答用紙（1）

【課題1】

＊

＊（問1）

＊（問2）

＊（問3）

＊（問4）

＊（問5）

＊（問6）

＊（問7）　9

＊（問8）　80　100

【課題2】

＊

＊（問1）

＊（問2）

＊（問3）

＊（問4）
え

＊
お

＊（問5）
か　き

＊
く

＊（問6）
テーマ
選んだメディア
選んだ理由

＊（問7）

受検番号

適性検査Ⅰ　解答用紙（２）

【課題３】

選んだ歌の題名

すいせんする理由は、二つあります。

15行　13行

だから、この歌をすいせんします。

＊

受検番号 |

*

※200 点満点
(配点非公表)

適性検査Ⅱ　解答用紙（1）

【課題1】

(問1)　円

(問2)　円

(問3)　午前　時　分　秒

(問4)
①　とおり

②

【課題2】

(問1)

あ	
い	

(問2)

(問3)

(問4)

(問5)

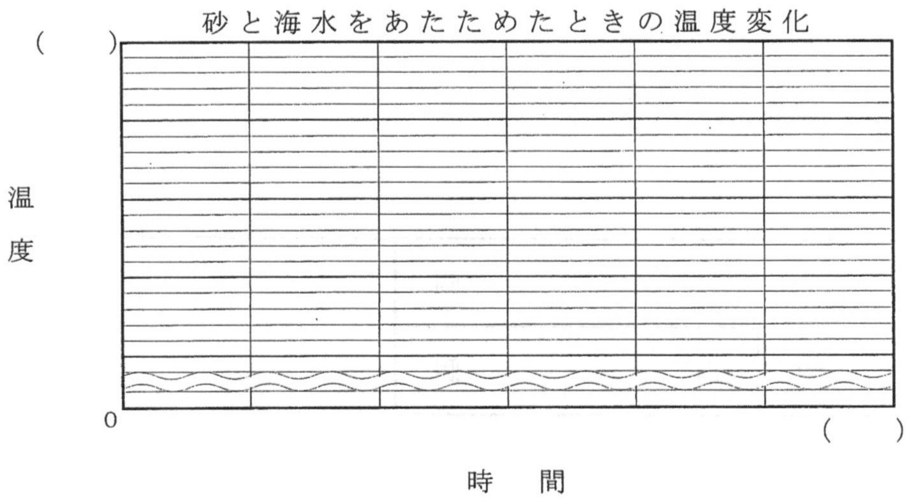

(問6)

(問7)　日本付近では,

受検番号	

＊

適性検査Ⅱ　解答用紙（２）

【課題３】

問			
（問１）①	＊		km
②	＊		枚
（問２）	＊	午前　　時	分
（問３）①	＊	約	個
②	＊	青色　　個	白色　　個
（問４）①	＊		票
②	＊		票
（問５）	＊		人
	＊	（考え方）	
（問６）①	＊		個
②	＊	黄色　　個	赤色　　個

受検番号	

平成27年度

県立中学校　適性検査Ⅰ

徳島県立城ノ内中学校
徳島県立富岡東中学校
徳島県立川島中学校

問　題　用　紙

（時間45分）

【注　意】

1　「始め」の合図があるまで，問題用紙を開いてはいけません。

2　問題用紙は，5ページまであります。

3　解答は，この問題用紙ではなく，解答用紙の決められた場所に，ていねいに記入しなさい。

4　「始め」の合図があったら，まず，問題用紙の表紙と解答用紙のすべてに，受検番号を記入しなさい。

5　印刷がはっきりしなかったり，問題用紙や解答用紙がたりなかったりする場合は，静かに手をあげなさい。

6　「やめ」の合図で，すぐにえん筆をおき，解答用紙を裏《うら》返しにして2枚《まい》重ねて机《つくえ》の上におきなさい。

【課題1】さくらさんたちは，国語の学習で，「和食：日本人の伝統的な食文化」が，ユネスコの無形文化遺《い》産に登録されたことについて，どのように新聞記事で伝えられているか，読み比べをしています。**記事A・記事B・記事C**と［**話し合いの一部**］を読んで，あとの問いに答えなさい。ただし，記事は一部省略等があります。

記事A

美意識が集約

熊倉功夫《くまくらいさお》静岡《おか》文化芸術大学長（日本文化史）の話　和食は国民全体がにない手の食文化だ。年中行事や祭り、儀《ぎ》式などの社会慣習[注1]の中で大きな役割《わり》を果たしている。箸《はし》づかい、塩分や調味料によらないうま味を楽しむせん細さ、季節感、もてなし、そして日本人の美意識が集約されている。しかし、ご飯《はん》やみそしる、おかず、漬物《つけもの》といった基本の形を日常で貫《つらぬ》くことが難《むずか》しくなっている。わかいうちから和食に親しむ機会をつくるなど、意識して取り組まなければならない段《だん》階まで来ている。

（後に続く文章は省略）

（平成25年12月5日「徳島新聞」より作成）

記事B

一汁《じゅう》三菜に立ち返れ

無形文化遺産への和食の登録に向けた活動に取り組んできたNPO法人[注2]「日本料理アカデミー」理事長村田吉弘《よしひろ》さんは登録決定後、報道関係者の取材に応じ「長かったけど、これからが出発だと思っている。」と喜んだ。（中略）

「子どもたちの食卓《しょくたく》から、米にものやみそしるを合わせた『一汁三菜』の形が失われつつある。（中略）洋食化で大きくはなったが、肥満や生活習慣病などが増加している。もう一度、日本人が50年前に食べていたものに戻《もど》るべきだ。」と語る村田さん。

（後に続く文章は省略）

（平成25年12月6日「産経新聞」より作成）

記事C

「和食」無形文化遺産に

健康食ブームを背《はい》景に世界中にファンがいる「和食」だが、今回の無形文化遺産の登録で、日本独自の食文化の価値《ち》が改めて認《みと》められた。

政府の提案によると、「和食」は自然を尊《そん》重する日本人の精神を体現した食に関する社会的慣習。内容としては、新鮮《せん》で多様な食材と持ち味の尊重、栄養バランスに優《すぐ》れた健康的な食生活、自然の美しさや季節の移ろいの表現、正月などの年中行事との密《みっ》接な関《かか》わりが挙げられている。食文化として体現される日本特有の価値観や生活様式、社会的伝統なども含《ふく》まれる。

（後に続く文章は省略）

（平成25年12月6日「毎日新聞」より作成）

※注1　慣習…ある社会で古くから受けつがれてきているならわし。
注2　NPO法人…民間で公益のための営利を目的としない団体。

［話し合いの一部］

さくら　まず，3つの記事の見出しの表現を比べてみましょう。
たけし　［あ］の見出しからは，「和食」が無形文化遺産に登録された喜びが伝わってきます。［い］の見出しは，強く呼《よ》びかけていて，危《き》機感を表しているように感じます。
しおり　そうですね。そして，［う］の見出しは，「和食」のすばらしさやおく深さについて気づかせてくれます。
こうじ　記事Bの「**一汁三菜**」は，「和食」の基本の形がこの4字の言葉に表されていて，とても印象的ですね。記事Bの本文に，「一汁三菜」の形を具体的に説明しているところがありますよ。
しおり　記事Aの「**美意識**」という言葉も，読み手の目を引く言葉ですね。
たけし　それに，どの記事の見出しも，呼びかけたり，短く言い切ったり，読み手を引きつけるためにくふうがされていますね。
さくら　見出しの効果について，いろいろ意見が出ました。次に，本文について比べてみましょう。
こうじ　記事Aでは「（　①　）の食文化」，記事Cでは「（　②　）の食文化」と書かれています。「和食」を食文化としてとらえているのですね。

たけし　そうですね。記事Ａでは，「和食」が年中行事や儀式などで「大きな役割を果たしている。」と書かれています。記事Ｃでも，「正月などの年中行事との密接な関わり」と，よく似たことが書かれていますね。
しおり　例えば，「和食」を年中行事や儀式と結び付けて考えてみると，思いつくのが，お正月の＜　a　＞や大みそかの年こしそば，子どもの日の＜　b　＞ですね。
たけし　それなら，お祝いする時によく食べる＜　c　＞もその１つですね。確かに「和食」は，伝統的な食文化として，ぼくたちの生活と深く結び付いているのですね。
さくら　ところで，記事Ａと記事Ｂを比べて読んでみると，「和食」には，ご飯とみそしるが欠かせないと感じました。そういえば，家庭科の調理実習でご飯とみそしるを作りましたね。
たけし　そのとき，授業で，だしをとったみそしると，だしをとらなかったみそしるの味を比べました。だしをとったみそしるがずっとおいしかったのは，記事Ａに書かれている（　③　）があるからですね。
しおり　また，記事Ａと記事Ｂでは，「和食」を受けついでいこうという主張がされています。記事Ａには「（　④　）」と，記事Ｂには「もう一度，日本人が50年前に食べていたものに戻るべきだ。」と書かれていますね。
こうじ　50年前と言えば，祖父や祖母が子どものころですね。けれども，ぼくたちは，本当に50年前に食べていたものに戻ることができるのでしょうか。
さくら　わたしは，すべて50年前に食べていたものに戻ることは難しいと思います。
なぜなら，［　　　　　　　　　　］。
けれども，［　　　　　　　　　　］。
～（話し合いが続く）～

（問１）たけしさんとしおりさんの発言の［あ］・［い］・［う］の中には，記事Ａ・記事Ｂ・記事Ｃのどれか１つが１回ずつ入ります。解答用紙の（　　）の中に，Ａ～Ｃの中から１つ選び，その記号を書きなさい。

（問２）こうじさんは，――― 部「記事Ｂの本文に，『一汁三菜』の形を具体的に説明しているところがありますよ。」と述べています。具体的に説明しているところを，15字で書きぬきなさい。

（問３）こうじさんの発言の（　①　）に入る9字の言葉，（　②　）に入る４字の言葉を，それぞれ記事の中から見つけて書きぬきなさい。

（問４）しおりさんとたけしさんの発言＜　a　＞＜　b　＞＜　c　＞の中に入る組み合わせを，次のア～エの中から１つ選び，その記号を書きなさい。

ア	a	かしわもち	b	ちまき	c	赤飯
イ	a	おせち料理	b	ちまき	c	かしわもち
ウ	a	ぞうに	b	かしわもち	c	赤飯
エ	a	ぞうに	b	おせち料理	c	ちらしずし

（問５）たけしさんの発言の（　③　）に入る３字の言葉を，記事Ａの中から見つけて書きぬきなさい。

（問６）しおりさんの発言の（　④　）に入る１文を，記事Ａの中から見つけて，始めと終わりの５字をそれぞれ書きなさい。（「。」も１字に数えます。）

（問７）さくらさんは，～～～～ 部「すべて50年前に食べていたものに戻ることは難しいと思います。」に続けて，「なぜなら，［　　　］。けれども，［　　　］。」と発言しました。あなたなら，どう発言しますか。「なぜなら，」に続けて書き始め，次に「けれども，」という接続語を使い，「なぜなら，」「けれども，」を含めて80字以上100字以内で書きなさい。（「，」や「。」も１字に数えます。）

【課題２】さくらさんたちは，社会科の授業で，日本の輸送について学習し，荷物がさまざまな輸送機関によって運ばれていることを知りました。学習のあと，さくらさんたちは，身近な「宅《たく》配便」について興味をもち，資料を持ち寄って話し合いました。その後，さくらさんは，宅配便の営業所へ行きました。［さくらさんたちの話し合いの一部］や［さくらさんと宅配便の営業所の林さんとの会話の一部］，資料１～５をもとにして，あとの問いに答えなさい。

［さくらさんたちの話し合いの一部］

さくら　宅配便は，どれくらい荷物を運んでいるのかな。
たけし　資料を見ると，2012年には，［あ］個運んでいるね。その27年前の1985年と比べると，約［い］倍の荷物を運んでいるよ。
しおり　こちらの資料を見ると，全国で運ばれた荷物の総重量（３日間調査）の中で，「トラック（宅配便）」のしめる割《わり》合は［う］%だよ。
たけし　でも，全国で運ばれた荷物の総件数（３日間調査）の中で，「トラック（宅配便）」のしめる割合は［え］%だね。
こうじ　なるほど，トラックで運んでいる宅配便の荷物は，［　①　］ということがわかるね。
さくら　宅配便は，多くの荷物を運んでいるけれど，どのようにして確実に運んでいるのかな。ちょうど県外のおばさんの家に荷物を送るので，宅配便の営業所へ行って調べてみるよ。

資料１　宅配便の取りあつかい個数の変化

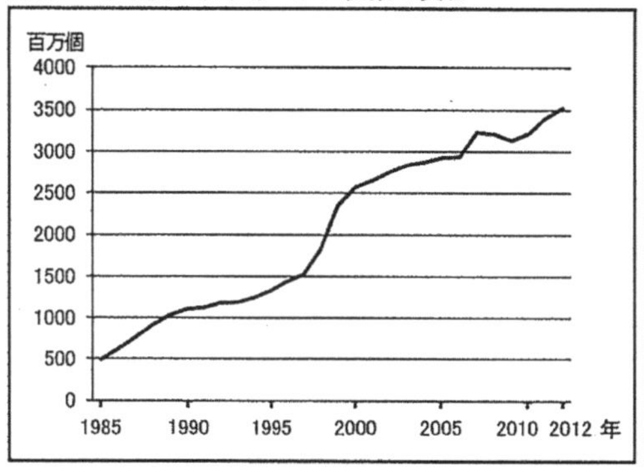

国土交通省「宅配便等取扱《あつかい》実績関係資料（2012年）」より作成

資料２　全国で運ばれた荷物の総重量（３日間調査）の輸送機関別の割合

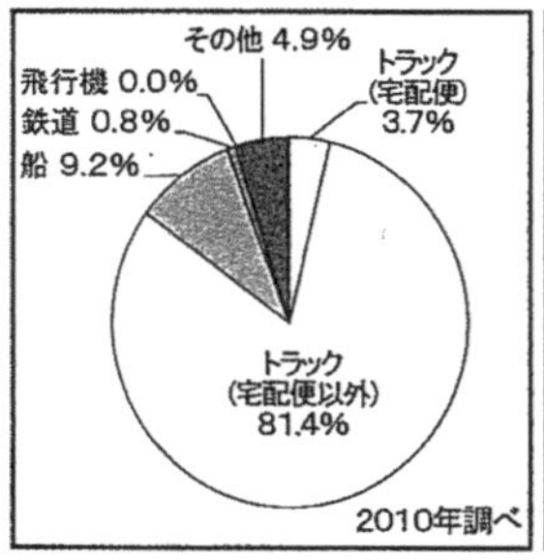

資料３　全国で運ばれた荷物の総件数（３日間調査）の輸送機関別の割合

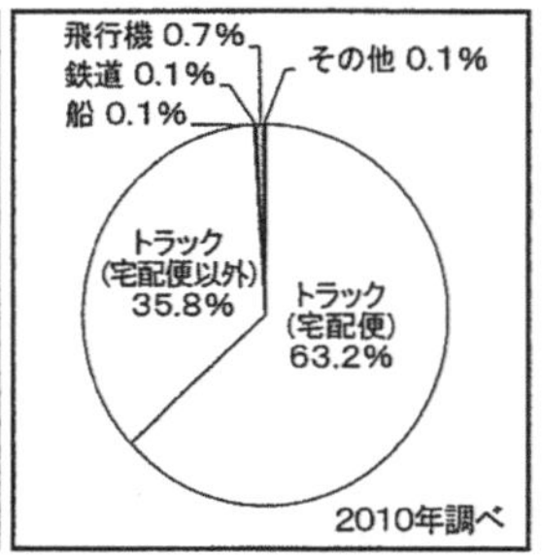

国土交通省「物流センサス報告書（2012年）」より作成

（問１）資料１をもとにして，［あ］にあてはまる数を，次のア～エの中から１つ選び，その記号を書きなさい。

ア　約3500万　　イ　約３億5000万　　ウ　約35億　　エ　約350億

（問２）資料１～３をもとにして，［い］～［え］にあてはまる数を書きなさい。

（問３）こうじさんは，資料２と資料３を比べて，――― 部「なるほど，トラックで運んでいる宅配便の荷物は，［　①　］ということがわかるね。」と述べています。トラックで運んでいる宅配便の荷物の特ちょうについて，どのようなことがわかりますか。「宅配便の荷物は，」に続けて書きなさい。

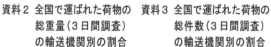

［さくらさんと宅配便の営業所の林さんとの会話の一部］

さくら　この荷物を，県外のおばさんの家に送りたいのですが，どのようにして運ぶのか，教えてください。

林さん　わかりました。わたしたちの会社では，輸送ネットワークを使ってこの荷物を運びます。

この資料を見てください。この荷物は，午後８時にこの営業所を出発するトラックにのせて，物流ターミナルＡへ運びます。その後，［　②　］

それから，午前10時に県外のおばさんの家の近くの営業所から出発する集配車にのせて，おばさんの家に届《とど》けます。

このようにして，輸送ネットワークを使って，トラックや集配車で県外のおばさんの家に運ぶのです。明日の昼過ぎには届く予定です。

さくら　早く着くのですね。ところで，輸送ネットワーク図では，荷物を運ぶトラックや集配車の大きさがちがっているのはどうしてですか。

林さん　いいところに気がつきましたね。それは，トラックや集配車をその大きさによって，使い分けているのですよ。［　③　］

さくら　よくわかりました。ところで，宅配便の送り状にバーコードが印刷されているのは，なぜですか。

林さん　このバーコードは，それぞれの荷物の番号を表しています。営業所やターミナルではバーコードを読み取って，機械で行き先ごとに仕分けています。荷物が今，どこにあるのか調べることもできます。つまり，輸送ネットワーク全体の中で，バーコードを使って，それぞれの荷物の情報をコンピュータで管理しているのです。

さくら　よくわかりました。ありがとうございました。

資料４ 輸送ネットワーク図

※図中の時計は出発時刻《こく》を表す。

（問４）宅配便の営業所の林さんは，［　②　］で，輸送ネットワークを使って，どのように荷物を運んでいるのか説明しました。**資料４**をもとにして，「出発時刻」と「運ぶ場所」を順に示しながら，「その後，」に続けて書き，林さんの言葉を完成させなさい。

（問５）宅配便の営業所の林さんは，［　③　］で，荷物を運んでいるトラックや集配車をその大きさによって使い分けている理由を答えています。あなたなら，どう答えますか。どのようにトラックや集配車を使い分けているか，具体的な例を挙げて理由を書きなさい。

（問６）**資料５**のような**宅配便の送り状**に印刷されているバーコードは，わたしたちの身の回りでも利用されています。宅配便の送り状以外で，バーコードはどのような場所で，どのようなときに利用されているか，１つ書きなさい。

資料５　宅配便の送り状

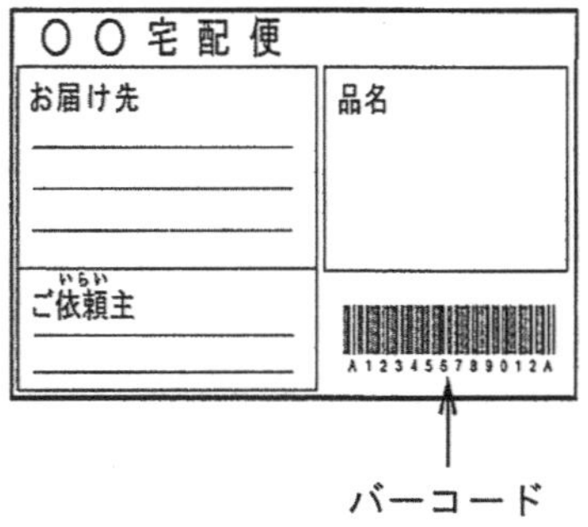

【課題３】さくらさんたちは，「わたしの成長」をテーマに文集を作っています。さくらさんは，これまでの生活をふり返って，自分のものの見方や考え方が大きく変わったと感じた出来事と，その出来事を通して自分のものの見方や考え方がどのように変わったのかを，原こう用紙に書きました。あなたなら，どのように書きますか。次の条件に従《したが》って書きなさい。

（条件）

・題と氏名を書かずに，本文から書き始めること。
・２段《だん》落構成とし，１段落目には，どのような出来事があったのか具体的に書き，２段落目には，その出来事を通して自分のものの見方や考え方がどのように大きく変わったのかを書くこと。
・漢字を適切に使い，原こう用紙の正しい使い方に従って書くこと。
・13行から15行までにおさめること。

受検番号	

平成27年度

県立中学校　適性検査Ⅱ

問　題　用　紙

（時間５０分）

【注　意】

1　「始め」の合図があるまで，問題用紙を開いてはいけません。

2　問題用紙は，５ページまであります。

3　解答は，この問題用紙ではなく，解答用紙の決められた場所に，ていねいに記入しなさい。

4　「始め」の合図があったら，まず，問題用紙の表紙と解答用紙のすべてに，受検番号を記入しなさい。

5　印刷がはっきりしなかったり，問題用紙や解答用紙がたりなかったりする場合は，静かに手をあげなさい。

6　「やめ」の合図で，すぐにえん筆をおき，解答用紙を裏《うら》返しにして２枚《まい》重ねて机《つくえ》の上におきなさい。

【課題１】たけしさんの学校では，運動会が行われました。次の問いに答えなさい。

（問１）運動会前日の準備について，次の①～③に答えなさい。

① たけしさんたちは，万《ばん》国旗の準備をしました。旗をロープに１枚《まい》ずつ全部で85枚結び付けました。１人が５枚ずつ結び付けたとすると，万国旗の準備をした人は何人か，書きなさい。

② 運動場に右の図のような横の長さが50ｍの長方形と半円を合わせた１周200ｍのトラックがかかれていました。このとき長方形のたての長さは何ｍか，書きなさい。ただし円周率は3.14とし，答えは小数第１位を四捨五入《ししゃごにゅう》して整数で求めなさい。

図

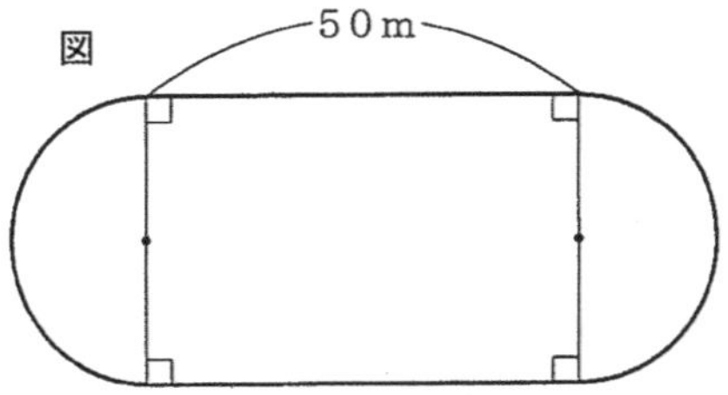

③ 運動委員会のひろしさんたちは，机《つくえ》といすを倉庫から運動場へ運び出し，テントの下に並《なら》べました。机といすを倉庫から運動場へ運ぶ係と，それらを運動場で受け取って並べる係のどちらかに分かれて，18人いる運動委員全員が作業を行いました。作業を終えたあと，運動委員全員に，自分がした作業についてたずねたところ，机といすを運動場で受け取って並べる係をした人は３人，倉庫から運動場へ運ぶ係のうち机を運んだ人は14人，いすを運んだ人は８人でした。このとき，机といすの両方を運んだ人は何人か，書きなさい。

（問２）運動会当日のプログラムについて，次の①～③に答えなさい。

① 赤組と白組に分かれて，玉入れが行われました。それぞれの組が入れた玉の個数を数えた結果は，白組の玉の個数が赤組の玉の個数より８個多く，赤組の玉の個数と白組の玉の個数の比は11：13でした。赤組と白組の玉の個数はそれぞれ何個であったか，書きなさい。

② 徒競走では，５人一組で走りました。たけしさんは，ひろしさん，こうじさん，ともやさん，かずやさんといっしょに走りました。たけしさんの組の**【徒競走の結果】**は，右のとおりでした。ゴールをした順番に，５人の名前を書きなさい。

【徒競走の結果】

・たけしは，ひろしより先にゴールした。
・こうじは，ともやより後にゴールした。
・かずやは，たけしより先にゴールした。
・ともやは，ひろしより後にゴールした。

③ たけしさんの学校の全校児童が運動場に集合して，運動会の閉《へい》会式が行われました。たけしさんの学校の男子の人数は，全校児童数の５分の２より68人多く，女子の人数は，全校児童数の７分の３より22人多いです。たけしさんの学校の全校児童の数は何人か，書きなさい。

【課題２】さくらさんは，理科の授業で，流れる水のはたらきや，もののとけ方について学習し，その学習をもとにして，所属する地域《いき》の科学クラブで，指導員の先生やたけしさんと，もう一度実験をしました。［　　］の中の［実験１］，［実験２］や指導員の先生とさくらさんたちの会話をもとにして，次の問いに答えなさい。

［実験１］

1　図１のように，すな，れき，どろの混じった土で山をつくり，水が流れるように，いしょくごてを使って山のしゃめんにＡ・Ｂの２本のみぞをつくる。
2　Ａ・Ｂそれぞれのみぞの両岸に旗を立てる。
3　山の上からＡ・Ｂそれぞれのみぞに，少しずつ水を流す。
4　水を流すのをやめ，立てた旗や水の流れたあとの様子をそれぞれ記録する。

図１

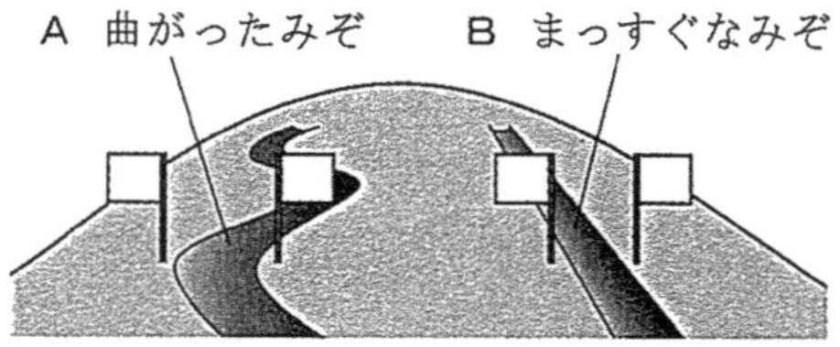

［さくらさんのかいたＡのみぞの記録］
水が曲がって流れたところでは，外側の旗がたおれ，内側の旗は立ったままだった。

［たけしさんのかいたＢのみぞの記録］

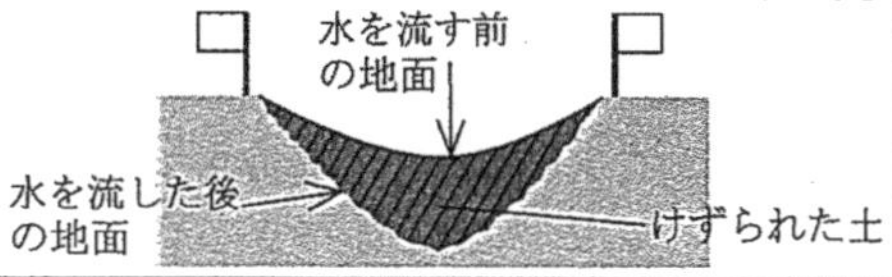

指導員　［さくらさんのかいたＡのみぞの記録］によると，外側の旗がたおれていますが，このことからどのようなことがわかりますか。
さくら　水が曲がって流れたところでは，［　あ　］ということがわかります。
指導員　そうですね。では，水が曲がって流れたところの内側は，土の様子はどうなっていますか。
さくら　［　い　］
指導員　そうですね。次に［たけしさんのかいたＢのみぞの記録］によると，旗はたおれていません。みぞの底は，両はしとまん中の土のけずられ方にちがいがありますね。このことからどのようなことがわかりますか。
たけし　［　う　］ということがわかります。
指導員　そのとおりです。

（問１）Ａのみぞの実験について，次の①・②に答えなさい。
①　さくらさんは［あ］で，外側の旗がたおれたことからわかることを答えました。水の流れる速さと水のはたらきの関係をふまえ，「水が曲がって流れたところでは，」という言葉に続けて書きなさい。
②　さくらさんは［い］で，水が曲がって流れたところの内側の土の様子について答えました。どのように答えるか，書きなさい。

（問２）たけしさんは［う］で，［たけしさんのかいたＢのみぞの記録］をもとに，水がまっすぐ流れたところの，みぞの土のけずられ方と水の流れる速さについて答えました。みぞの両はしとまん中を比べ，「土がけずられている」「水の流れる速さ」の言葉を使って書きなさい。

指導員　これを見てください。この容器は［実験１］で山をつくった土と水を入れてふり混ぜ，ひとばん置いたものです。容器の底には，すな，れき，どろが層《そう》になって積もっています。積もっている様子をスケッチしましょう。
さくら　はい，かけました。
指導員　よくかけています。

図２

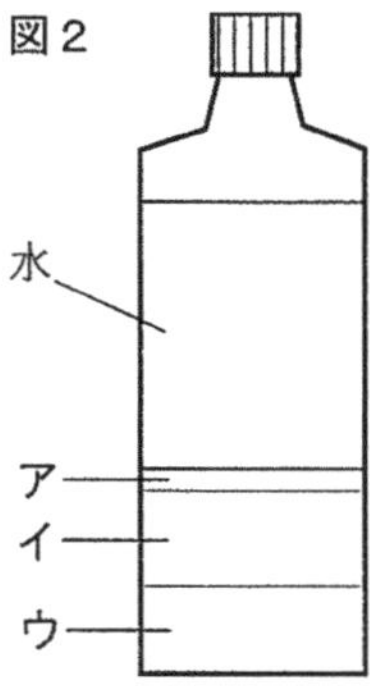

（問３）――― 部で，さくらさんは，山をつくった土が層になって積もっている様子を，図２のようにスケッチしました。ア～ウにあてはまるのは何か，すな，れき，どろの中からそれぞれ１つずつ選び，書きなさい。

［実験２］

1　水50mLの入ったビーカーに，ミョウバン１ｇを入れてよくかき混ぜる。完全にとけてから，さらにミョウバン１ｇを入れる。これをミョウバンがとけ残るまでくりかえす。
2　水100mLの入ったビーカーにも，１と同じことをする。
3　とけ残りが出たら，それまでにとけた量を表にまとめる。

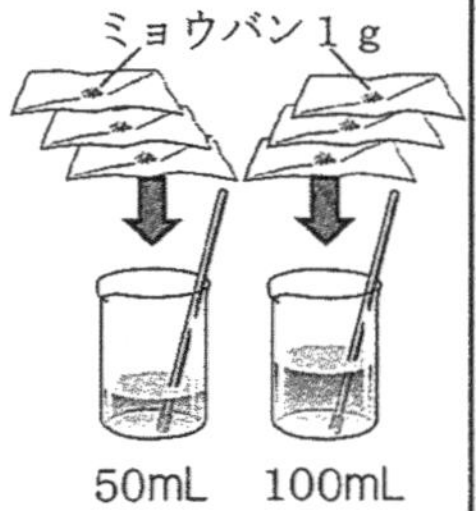

さくらさんのまとめた表

水の量	50mL	100mL
ミョウバン	４ｇ	８ｇ

指導員　ものが水にとけたときの特ちょうをあげると３つありますね。
さくら　はい。ものが水の中で全体に広がっていること，［　え　］，時間がたっても，とけたものは水と分かれないことです。
指導員　そうですね。この実験は２つのビーカーの水の量を変えていますが，２つのビーカーで同じにする条件は何ですか。
さくら　水の温度を同じにすることです。
指導員　そうですね。では，［実験２］から，水の温度が同じときの，水の量と，ミョウバンが水にとける量について，どのようなことが言えますか。
さくら　［　お　］です。
指導員　そうですね。次に資料を見てください。これは，水の温度を変えてミョウバンや食塩をそれぞれ１ｇずつ50mLの水にとかし，とけ残りが出たら，それまでにとけた量をグラフに表したものです。このグラフから，水の温度とミョウバンや食塩が水にとける量について，どのようなことが言えますか。
さくら　［　か　］です。
指導員　よくできました。では，この新しく用意した２つのビーカーを見てください。２つのビーカーには，60℃の水50mLをそれぞれ入れ，ひとつには食塩15ｇを，もうひとつにはミョウバン15ｇをとかしています。それでは，この２つの水よう液の温度を10℃まで下げましょう。
たけし　はい。10℃まで下がりました。片《かた》方のビーカーにだけ，つぶが現れました。これは，［　き　］のつぶですね。
指導員　そのとおりです。では，ビーカーの中に現れたつぶをろ過して，取り出してみましょう。
たけし　はい，やってみます。

資料　ミョウバンや食塩が水にとける量

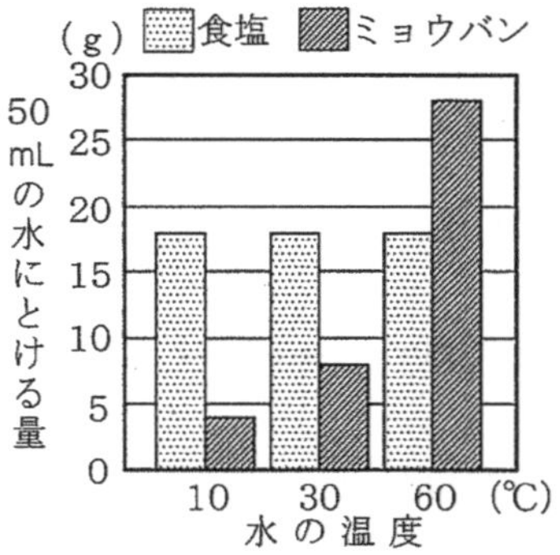

（問４）さくらさんは［え］で，ものが水にとけたときの，３つの特ちょうのうちの１つを答えました。どのように答えるか，書きなさい。

（問５）さくらさんは［お］で，水の温度が同じときの，水の量と，ミョウバンが水にとける量の関係について２つ答えました。どのように答えるか，２つ書きなさい。

（問６）さくらさんは［か］で，水の温度と，ミョウバンや食塩が水にとける量の関係を答えました。それぞれ，「ミョウバンは，」「食塩は，」に続けて書きなさい。

（問７）たけしさんは［き］で，ビーカーの中に現れたつぶについて答えました。何のつぶが現れたか，書きなさい。

（問８）図３は，たけしさんがろ過している様子ですが，指導員の先生から「ろ過のしかたとして，正しくないところが２か所あります。」と言われました。その２か所についてどのように直すか，２つ書きなさい。

図３

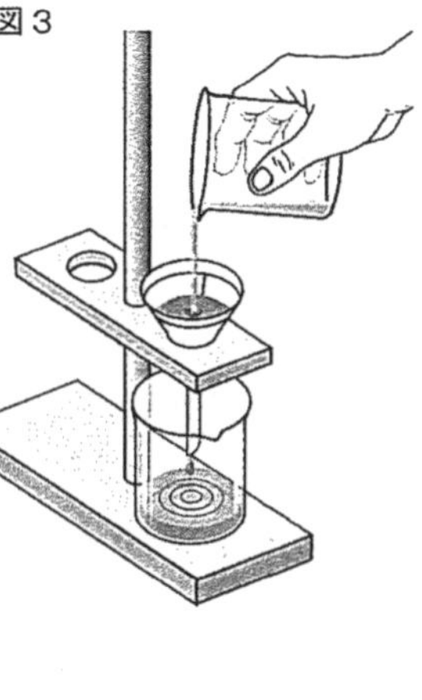

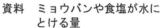

【課題３】さくらさんたちは，地域《いき》の子ども会で，オリエンテーリングなどの体験ができる「キャンプ村」へ行きました。次の問いに答えなさい。

（問１）さくらさんたちは，学校に集合したあと，学校から60kmはなれたところにあるキャンプ村まで，借りたバスに乗って行きました。朝９時30分に学校を出発し，とちゅうで15分間の休けいをしました。バスが時速40kmで走ったとすると，キャンプ村に着いたのは午前何時何分か，書きなさい。

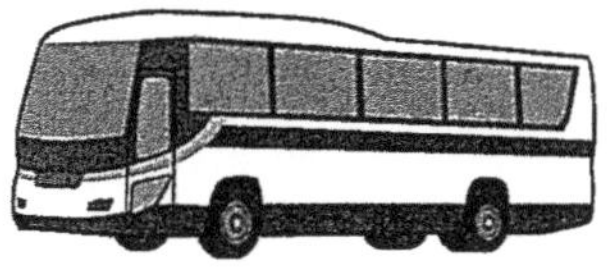

（問２）さくらさんたち子ども会は，キャンプ村でテントに泊《と》まります。借りるテントの数は決まっています。１はりのテントに４人ずつ入ると，12人が残ります。６人ずつ入ると，どのテントも同じ人数ずつになりますが，テントが１はり余ります。借りるテントの数とキャンプに参加した子ども会の人数をそれぞれ求めて，書きなさい。

（問３）図１は，オリエンテーリングのコースを示しています。スタート地点ＡからチェックポイントのＢ，Ｃ，Ｄ，Ｅを通り，スタート地点Ａへ帰ってきます。ＡからＢを通ってＣへ行く道のりを（ＡＢＣ）と表すとすると，各地点の間の道のりは次のとおりになります。スタート地点Ａから次のチェックポイントＢまでの道のりを求めて，書きなさい。

図１

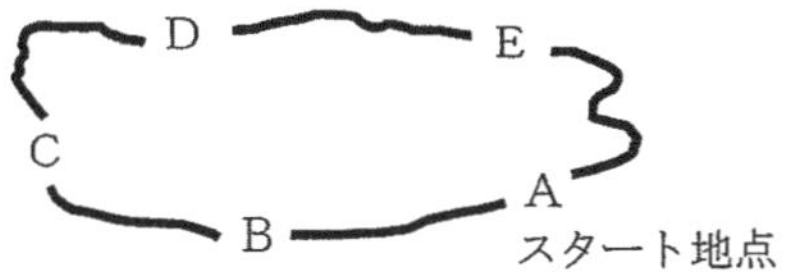

（ＡＢＣ）＝160m　（ＢＣＤ）＝135m
（ＣＤＥ）＝130m　（ＤＥＡ）＝120m
（ＥＡＢ）＝135m

（問４）さくらさんたちは，グループになって，オリエンテーリングのスタート地点Ａを出発しました。チェックポイントＢ，Ｃ，Ｄ，Ｅでは，それぞれ指導員の先生から問題が出されます。次の①～④に答えなさい。

①　チェックポイントＢでは，図２のような正方形のます目の模《も》様を表裏《うら》につけた折り紙を使った問題が出されました。次の【手順】のように，この折り紙を３回折り， の部分をはさみで切ってからひろげた形はどうなるでしょうか。解答用紙の折り紙の図の中に，切り取られた部分をななめの線 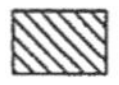 でかき入れなさい。

図２

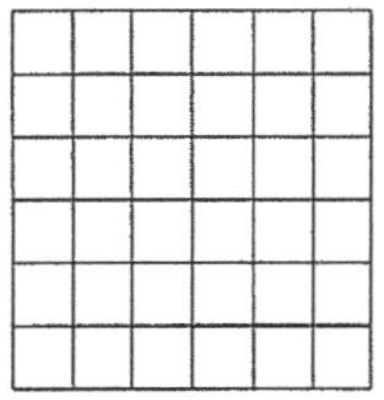

【手順】

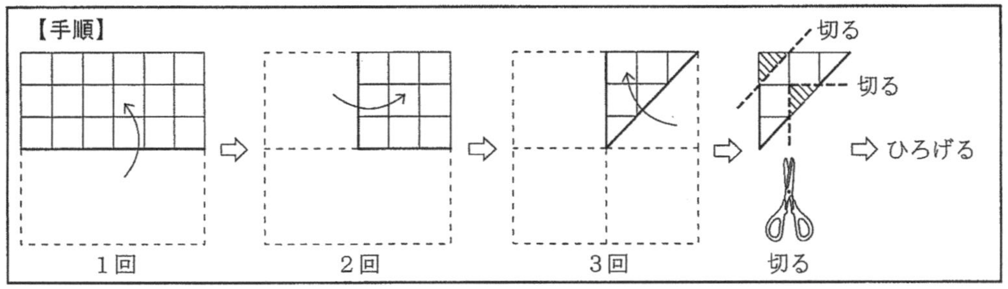

②　チェックポイントＣでは，５種類の記号●，▲，■，★，◆がかかれたカードを使った次のような問題が出されました。【きまり】は次のとおりです。５種類の記号にあてはまる数字をそれぞれ書きなさい。

■ ÷ ◆ ＝ ●　　◆ × ★ ＝ ◆

■ ＋ ● ＝ ▲　　● × ● ＝ ▲

【きまり】
・同じ記号には，同じ数字があてはまる。
・５種類の記号には，１から９までの異《こと》なる整数が１つずつあてはまる。

③　チェックポイントＤでは，１辺が10cmの立方体の１Ｌますに入った水を使った問題が出されました。ますには，深さ５cmまで水が入っています。このますを，指導員の先生が底面の１つの辺を固定してかたむけたとき，ＣＤの長さを測ると７cmになりました。このとき，指導員の先生が，さくらさんたちに「ＡＢの長さは何cmになるでしょう。」とたずねました。あなたなら，どう答えますか。ＡＢの長さを求めて，そう考えた理由を，言葉と式や図を使って書きなさい。ただし，ますの厚さは考えないものとします。

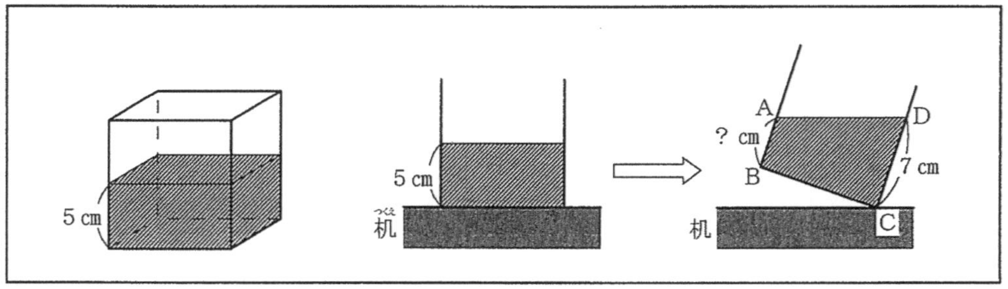

④　チェックポイントＥでは，右の【ルール】で，さくらさんたちと指導員の先生が，カードの枚《まい》数を競《きそ》うじゃんけんゲームを行いました。さくらさんたちは，最初10枚のカードを持っており，20回じゃんけんをしたら，さくらさんたちのカードが32枚になりました。さくらさんたちは何回勝ち，何回負けたか，書きなさい。ただし，引き分けはないものとします。

【ルール】
さくらさんたちが一人ずつ交代で，指導員の先生とじゃんけんをし，勝てば指導員の先生から２枚のカードをもらえる。負ければ指導員の先生にカードを１枚わたす。

（問５）ドラムかんのふろに必要な水を，左右２本のホースを使って給水します。２本同時に使って給水すると９分かかります。今日は，右のホース１本だけで５分給水したあと左右２本のホースを使って給水したところ，全部で11分かかりました。もし明日，左のホース１本だけを使って給水するとしたら，必要な水が入るまでに何分何秒かかるか，書きなさい。

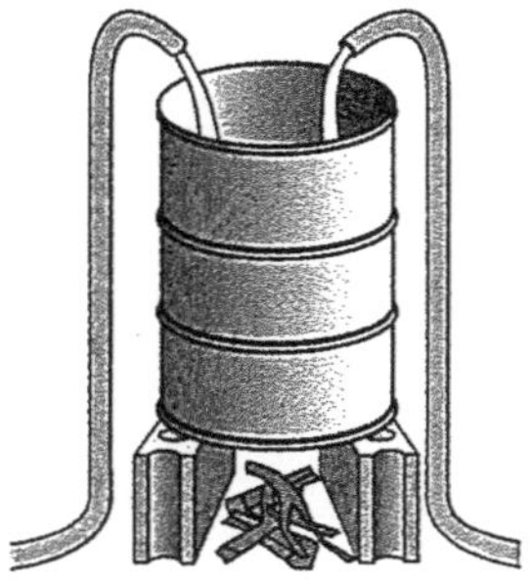

受検番号	

※100点満点
（配点非公表）

適性検査Ⅰ　解答用紙（1）

【課題１】

（問１）　あ　記事（　　）　い　記事（　　）　う　記事（　　）

（問２）　15

（問３）　①　9
②　4

（問４）

（問５）

（問６）　始めの５字　～　終わりの５字

（問７）　なぜなら，　80　100

【課題２】

（問１）　あ

（問２）　い　う　え

（問３）　宅配便の荷物は，

（問４）　その後，

（問５）

（問６）

受検番号	

適性検査Ⅰ　解答用紙（2）

【課題3】

15行　13行

受検番号	

※200点満点
（配点非公表）

適性検査Ⅱ　解答用紙（１）

【課題１】

（問１）

①	人
②	約　　　　　　m
③	人

（問２）

①	赤組　　　　個	白組　　　　個

②

１番	２番	３番	４番	５番

③	人

【課題２】

（問１）

①	水が曲がって流れたところでは,
②	

（問２）

（問３）

ア	イ	ウ

（問４）

（問５）

（問６）

ミョウバンは,
食塩は,

（問７）

（問８）

受 検 番 号	

適性検査Ⅱ　解答用紙（２）

【課題３】

（問１）

午前	時	分

（問２）

テントの数	はり
人数	人

（問３）

	m

（問４）

①

②

●		▲		■		★		◆	

③

（ＡＢの長さ）　　cm

（理由）

④

勝ち	回	負け	回

（問５）

分	秒